Z 19778

Paris
1824-1826

Descartes, René

Œuvres de Descartes, précédées de l'éloge de René Descartes par Thomas

janvier   **Tome 7**

Z. 2130
B. 7.

1778

OEUVRES
DE DESCARTES.

TOME SEPTIÈME.

DE L'IMPRIMERIE DE LACHEVARDIERE FILS,
SUCCESSEUR DE CELLOT, RUE DU COLOMBIER, N° 30.

OEUVRES

DE DESCARTES,

PUBLIÉES

PAR VICTOR COUSIN.

TOME SEPTIÈME.

A PARIS,

CHEZ F. G. LEVRAULT, LIBRAIRE,

RUE DES FOSSÉS-MONSIEUR-LE-PRINCE, n° 31;
ET A STRASBOURG, RUE DES JUIFS, n° 33.

M. DCCC. XXIV.

LETTRES.

ANNÉE 1638.

(SUITE.)

AU R. P. MERSENNE[1].

(Lettre 55 du tome III.)

Mon révérend père,

J'ai reçu l'écrit de M. de Fermat avec un billet que vous aviez mis dans le paquet du Maire[2], et depuis j'ai attendu huit jours sans y répondre, pour voir si je ne recevrois point cependant le paquet que vous me mandez par ce billet m'avoir adressé au même temps; mais je ne l'ai point reçu, et ainsi je crains qu'il n'ait été perdu, au moins si vous ne l'avez envoyé par une autre voie que par la poste. Je vous renvoie l'original de sa démonstration prétendue contre ma Dioptrique, pourceque vous me mandiez que c'étoit sans le

---

[1] « Cette lettre est du 18 janvier 1638, du même jour que la suivante. Voyez les raisons dans le nouveau cahier. »

[2] « Carcavi. »

su de l'auteur que vous me l'aviez envoyé ; mais pour son écrit *De maximis et minimis*, puisque c'est un conseiller de ses amis qui vous l'a donné pour me l'envoyer, j'ai cru que j'en devois retenir l'original, et me contenter de vous en envoyer une copie, vu principalement qu'il contient des fautes qui sont si apparentes, qu'il m'accuseroit peut-être de les avoir supposées, si je ne retenois sa main pour m'en défendre. En effet, selon que j'ai pu juger par ce que j'ai vu de lui, c'est un esprit vif, plein d'invention et de hardiesse, qui s'est, à mon avis, précipité un peu trop, et qui ayant acquis tout d'un coup la réputation de savoir beaucoup en algèbre, pour en avoir peut-être été loué par des personnes qui ne prenoient pas la peine ou qui n'étoient pas capables d'en juger, est devenu si hardi, qu'il n'apporte pas, ce me semble, toute l'attention qu'il faut à ce qu'il fait. Je serai bien aise de savoir ce qu'il dira, tant de la lettre jointe à celle-ci, par laquelle je réponds à son écrit *De maximis et minimis*, que de la précédente, où je répondois à sa démonstration contre ma Dioptrique ; car j'ai écrit l'une et l'autre afin qu'il les voie, s'il vous plaît ; même je n'ai point voulu le nommer, afin qu'il ait moins de honte des fautes que j'y remarque, et parceque mon dessein n'est point de fâcher personne, mais seulement de me défendre ; et pourceque je juge qu'il n'aura pas manqué de se vanter à mon préjudice en plusieurs de ses écrits, je crois qu'il est à propos que plusieurs voient aussi mes défenses : c'est pourquoi je vous prie de ne les lui point envoyer sans en retenir copie. Et, s'il vous parle de vous renvoyer encore ci-après d'autres écrits, je vous supplie de le prier de les mieux digérer que les précédents, autrement je vous prie de ne prendre point la commission de me les adresser ; car, entre nous, si, lorsqu'il me voudra faire l'honneur de me proposer des objections, il ne veut pas se donner plus de peine qu'il a pris la première fois, j'aurois honte qu'il me fallût prendre la peine de répondre à si peu de chose, et je ne m'en pourrois honnêtement dispenser lorsqu'on sauroit que vous me les auriez envoyées. Je serois bien aise que ceux qui me voudront faire des objections ne se hâtent point, et qu'ils tâchent d'entendre tout ce que j'ai écrit avant que de juger d'une partie, car le tout se tient, et la fin sert à prouver le commencement. Mais je me promets que vous me continuerez toujours à me mander franchement ce qui se dira de moi, soit en bien, soit en mal, et vous en aurez dorénavant plus d'occasion que jamais, puisque mon livre est enfin arrivé à Paris. Au reste, chacun sachant que vous me faites la faveur de m'aimer comme vous faites, on ne dit rien de moi en votre présence qu'on ne présuppose que vous m'en avertissiez, et ainsi vous ne pouvez plus vous en abstenir sans me faire tort.

Vous me demandez si je crois que l'eau soit en son état naturel étant liquide, ou étant glacée; à quoi je réponds que je ne connois rien de violent dans la nature, sinon au respect de l'entendement humain, qui nomme violent ce qui n'est pas selon sa volonté, ou selon ce qu'il juge devoir être, et que c'est aussi bien le naturel de l'eau d'être glacée lorsqu'elle est fort froide, que d'être liquide lorsqu'elle l'est moins, pourceque ce sont les causes naturelles qui font l'un et l'autre. Je suis, etc.

AU R. P. MERSENNE,

AU SUJET DU LIVRE DE MAXIMIS ET MINIMIS DE M. DE FERMAT[1].

(Lettre 56 du tome III.)

Mon révérend père,

Je serois bien aise de ne rien dire de l'écrit que vous m'avez envoyé, parceque je n'en saurois par-

---

[1] « Cette lettre est écrite le 18 janvier 1638, en pareil jour que la précédente. Voyez les raisons dans le nouveau cahier. Collationné sur l'original de M. de la Hire. Peu exact. »

ler autant que je voudrois [1] à l'avantage de celui qui l'a composé ; mais à cause que je reconnois que c'est celui-là même qui avoit ci-devant entrepris de réfuter ma Dioptrique, et que vous me mandez qu'il a envoyé ceci après avoir lu ma Géométrie, et s'étonnant de ce que je n'avois point trouvé la même chose, c'est-à-dire (comme j'ai sujet de l'interpréter) à dessein d'entrer en concurrence, et de montrer qu'il sait en cela plus que moi ; puis aussi à cause que j'apprends par vos lettres qu'il a la réputation d'être fort savant en géométrie, je crois être obligé de lui répondre. Premièrement donc, je trouve manifestement de l'erreur en sa règle, et encore plus en l'exemple qu'il en donne, pour trouver les tangentes de la parabole, ce que je prouve en cette sorte : soit BDN la parabole donnée, dont DC est le diamètre, et que du point donné B il faille tirer la ligne droite BE, qui rencontre DC au point E, et qui soit la plus grande qu'on puisse tirer du même point E, et jusques à la parabole. *Sic enim proponitur quærenda maxima.* Sa règle dit : *Statuatur quilibet quæstionis terminus esse A* ; je prends donc EC[2] pour A, ainsi qu'il a fait, *et inveniatur maxima* (à savoir BE) *in terminis, sub A, gradu, utlibet involutis.* Ce qui ne se peut faire mieux qu'en cette façon : que BC soit B, le carré

---

[1] *Pourveque je n'en saurois dire aucune chose qui soit à l'avantage*, etc.
[2] Figure 1.

de BE sera $Aq + Bq$, à cause de l'angle droit BCE. *Ponatur rursum idem terminus qui prius esse* $A + E$. A savoir, je fais que EC est $A + E$ (ou bien suivant son exemple $A - E$, car l'un revient à l'autre [1]); *iterumque inveniatur maxima* (à savoir BE) *in terminis, sub A, et E gradibus, utlibet coefficientibus*. Ce qui ne se peut mieux faire qu'en cette sorte. Posons que CD ait été ci-devant D, lorsque BC étoit B, et le côté droit de la parabole sera $\frac{Bq}{D}$, à cause qu'il est à BC, la ligne appliquée par ordre, comme BC est à CD, le segment du diamètre auquel elle est appliquée. C'est pourquoi maintenant que CE est $A + E$, DC est $D + E$; et le carré BC est $\frac{Bq \text{ in } D+E}{D} \cdot \frac{Bq \text{ in } E}{D}$, qui étant ajouté au carré de CE, qui est $Aq + A \text{ in } E \text{ bis} + Eq$, il fait le carré de BE. *Adæquentur duo homogenea maxime æqualia*, c'est-à-dire que $Aq + Bq$ soit posé égal à $Bq \frac{+ Bq \text{ in } E}{D} + Aq + A \text{ in } E \text{ bis} + Eq$. *Et demptis communibus*, il reste $\frac{Bq \text{ in } E}{D} + A \text{ in } E \text{ bis} + Eq$ égal à rien. *Applicentur ad E*, etc., il vient $\frac{Bq}{D} + A \text{ bis} + E$. *Elidatur E*, il reste $\frac{Bq}{D} + A \text{ bis}$ égal à rien. Ce qui

---

[1] « Il y avoit ainsi dans la lettre manuscrite de M. de la Hire, qui n'étoit pourtant pas de la main de M. Descartes, mais d'une écriture différente : « (*ou bien, suivant son exemple AE, car l'un revient à l'autre*) *in terminis sub A et E gradibus utlibet coefficientibus*, il dit qu'il faut mettre *viis a prioribus diversis*, ou *per diversum medium*, ou quelque chose de semblable, pour rendre la règle bonne ; *ce qui ne se peut mieux*, etc. »

[2] « La lettre D sous cette raie n'étoit point dans l'original de la Hire. »

ne donne point la valeur de la ligne A, comme
assure l'auteur; et par conséquent sa règle est
fausse.

Mais il se mécompte bien encore plus en l'exemple
de la parabole, dont il tâche de trouver la tangente; car, outre qu'il ne suit nullement sa règle,
comme il paroît assez de ce que son calcul ne se
rapporte point à celui que je viens de faire, il use
d'un raisonnement qui est tel, que si seulement,
au lieu de *parabole* et *parabolen*, on met partout
en son discours *hyperbole* et *hyperbolen*, ou le nom
de quelque ligne courbe, telle que ce puisse être,
sans y changer au reste un seul mot, le tout suivra
en même façon qu'il fait touchant la parabole
jusques à ces mots : *Ergo probavimus CE, duplam
ipsius CD, quod quidem ita se habet*[1]; *nec unquam
fallit methodus*. Au lieu desquels on peut mettre :
*Non ideo sequitur CE, duplam esse ipsius CD, nec
unquam ita se habet alibi quam in parabole, ubi
casu et non ex vi præmissarum, verum concluditur;
semperque fallit ista methodus*. Si cet auteur s'est
étonné de ce que je n'ai point mis de telles règles
en ma Géométrie, j'ai beaucoup plus de raison de
m'étonner de ce qu'il a voulu entrer en lice avec
de si mauvaises armes. Mais je veux bien lui donner encore le temps de remonter à cheval, et de

---

[1] « Il y avoit dans l'original de la Hire : *Ergo CE probavimus ipsius
CD, quod quidem ita se habet*, etc. »

prendre toutes les meilleures qu'il eût pu choisir pour ce combat, qui sont que, si on change quelques mots de la règle qu'il propose pour trouver *maximam* et *minimam*, on la peut rendre vraie et assez bonne. Ce que je ne pourrois néanmoins ici dire, si je ne l'avois su dès auparavant que de voir son écrit : car étant qu'il est, il m'eût plutôt empêché de la trouver qu'il ne m'y eût aidé ; mais quand je l'aurois ignorée, et que lui l'auroit parfaitement sue, il ne me semble pas qu'il eût eu pour cela aucune raison de la comparer avec celle qui est en ma Géométrie, touchant le même sujet. Car premièrement la sienne (c'est-à-dire celle qu'il a eu envie de trouver) est telle, que, sans industrie et par hasard, on peut aisément tomber dans le chemin qu'il faut tenir pour la rencontrer, lequel n'est autre chose qu'une fausse position fondée sur la façon de démontrer, qui réduit à l'impossible, et qui est la moins estimée et la moins ingénieuse de toutes celles dont on se sert en mathématiques ; au lieu que la mienne est tirée d'une connoissance de la nature des équations, qui n'a jamais été, que je sache, assez expliquée ailleurs que dans le troisième livre de ma Géométrie ; de sorte qu'elle n'eût su être inventée par une personne qui auroit ignoré le fond de l'algèbre, et elle suit la plus noble façon de démontrer qui puisse être, à savoir celle qu'on nomme *à priori*. Puis, outre cela, sa règle prétendue n'est pas universelle comme il lui semble, et elle ne se peut étendre à aucune des questions qui sont un peu difficiles, mais seulement aux plus aisées, ainsi qu'il pourra éprouver si, après l'avoir mieux digérée, il tâche de s'en servir pour trouver les tangentes, par exemple, de la ligne courbe BDN[1], que je suppose être telle, qu'en quelque lieu de sa circonférence qu'on prenne le point B, ayant tiré la perpendiculaire BC, les deux cubes des deux lignes BC et CD soient ensemble égaux au parallélipipède des deux mêmes lignes BC, CD et de la ligne donnée P (à savoir si P est 9 et que CD soit 2, BC sera 4, pourceque les cubes de deux et de quatre qui font 8 et 64 font 72, et que le parallélipipède composé de 9, 2 et 4 est aussi 72); car elle ne se peut appliquer ni à cet exemple, ni aux autres qui sont plus difficiles, au lieu que la mienne s'étend généralement à tous ceux qui peuvent tomber sous l'examen de la géométrie, non seulement en ce qui regarde les tangentes des lignes courbes, mais il est aussi fort aisé de l'appliquer à trouver *maximas* et *minimas* en toute autre sorte de problèmes.

De façon que s'il l'avoit assez bien comprise, il n'auroit pas dit, après l'avoir lue, que j'ai omis cette matière en ma Géométrie; il est vrai toutefois

[1] Figure 2.

que je n'y ai point mis ces termes *de maximis et minimis*, dont la raison est qu'ils ne sont connus que parceque Apollonius en a fait l'argument de son cinquième livre, et que mon dessein n'a point été de m'arrêter à expliquer aucune chose de ce que quelques auteurs ont déjà su, ni de réparer les livres perdus d'Apollonius, comme Viète, Snellius, Marinus Ghetaldus, etc., mais seulement de passer au-delà de tous côtés, comme j'ai assez fait voir en commençant par une question que Pappus témoigne n'avoir pu être trouvée par aucun des anciens; et, par même moyen, en composant et déterminant tous les lieux solides, ce qu'Apollonius cherchoit encore; puis en réduisant par ordre toutes les lignes courbes, la plupart desquelles n'avoient pas même été imaginées, et donnant des exemples de la façon dont on peut trouver toutes les propriétés; puis, enfin, en construisant[1] non seulement tous les problèmes solides, mais aussi tous ceux qui vont au sursolide, ou au carré du cube; et, par même moyen, enseignant à les construire en une infinité de diverses façons, d'où l'on peut aussi apprendre à déguiser en mille sortes la règle que j'ai donnée pour trouver les tangentes, comme si c'étoient autant de règles différentes. Mais j'ose dire qu'on n'en peut trouver aucune si bonne

---

[1] « Dans l'original il y avoit *en conduisant*, au lieu de *en construisant*, ce qui marque que cet original n'est point exact. »

et si générale que la mienne qui soit tirée d'un autre fondement. Au reste, encore que j'aie écrit que ce problème pour trouver les tangentes fût le plus beau et le plus utile que je susse, il faut remarquer que je n'ai pas dit pour cela qu'il fût le plus difficile, comme il est manifeste que ceux que j'ai mis ensuite, touchant les figures des verres brûlants, lesquels le présupposent, le sont davantage. De façon que ceux qui ont envie de faire paroitre qu'ils savent autant de géométrie que j'en ai écrit, ne doivent pas se contenter de chercher ce problème par d'autres moyens que j'ai fait, mais ils devroient plutôt s'exercer à composer tous les lieux sursolides, ainsi que j'ai composé les solides, et à expliquer la figure des vers brûlants, lorsque l'une de leurs superficies est une partie de sphère ou de conoïde donnée, ainsi que j'ai expliqué la façon d'en faire qui aient l'une de leurs superficies autant concave ou convexe qu'on veut; et enfin à construire tous les problèmes qui montent au carré du carré ou au cube du cube, comme j'ai construit tous ceux qui montent au carré du cube. Et après qu'ils auront trouvé tout cela, je prétends encore qu'ils m'en devront savoir gré, au moins s'ils se sont servis à cet effet de ma Géométrie, à cause qu'elle contient le chemin qu'il faut tenir pour y parvenir, et que si même ils ne s'en sont point servis, ils ne doivent pas pour cela prétendre aucun avantage par-dessus moi, d'autant qu'il n'y a aucune de ces choses que je ne trouve, autant qu'elle est trouvable, lorsque je voudrai prendre la peine d'en faire le calcul. Mais je crois pouvoir employer mon temps plus utilement à d'autres choses. Je suis, etc.

A M. *** .

RÉPONSE A UN ÉCRIT DES AMIS DE M. DE FERMAT.

(Lettre 57 du tome III.)

MONSIEUR,

J'admire que l'écrit *De maximis et minimis*, qui m'a été ci-devant envoyé, et qui, comme j'apprends maintenant, a été composé par M. de Fermat, ait trouvé des défenseurs, mais je ne vois pas qu'ils l'excusent en aucune façon. Car, premièrement, ils me font dire une chose à laquelle je n'ai jamais pensé, afin par après de la réfuter; à savoir, ils supposent que je parle *de tirer une ligne droite du point B, donné en la parabole BDN,*

' « Cette lettre est de M. Descartes, adressée à M. Mydorge pour en tirer copie, et la rendre ensuite à un ami de M. Fermat. Elle est datée du 24 février 1638. »

savoir la ligne droite BE, rencontrant le diamètre CD au point D, laquelle ligne BE soit la plus grande de toutes celles qui peuvent être menées du même point B, pris en la parabole, et coupant le même diamètre CD.

Ce sont leurs mots, et je confesse avec eux que cela est absurde; mais aussi ai-je dit tout autre chose, à savoir, qu'il faut chercher *la ligne droite BE, qui rencontre DC au point E, et qui soit la plus grande qu'on puisse tirer du même point E jusques à la parabole.* Or il est évident qu'on peut tirer une ligne de ce point E vers la parabole, qui soit la plus grande de toutes celles qui peuvent être menées de ce même point E [1] jusques à la même parabole, à savoir, celle qui sera menée au point B, si on suppose qu'elle touche la parabole en ce point B. Car de dire, par exemple, que EP est plus grande que n'est EB, ce n'est rien dire, à cause que cette ligne PE n'est pas tirée jusques à la parabole seulement, mais outre la parabole, et elle s'étend au-delà depuis S jusques à P, en sorte qu'il n'y a que sa partie ES qui soit menée jusques à la parabole, et ES est moindre que n'est EB : ce qui ne sauroit être nié par des personnes qui voudront entendre raison, et aussi n'ont-ils rien dit contre cela. Ensuite de quoi j'ai fait voir évidemment que la règle de M. de Fer-

[1] Figure 3.

mat, pour trouver *maximam et minimam*, est imparfaite, et je le pourrois encore montrer par une infinité d'autres exemples, mais la chose n'en vaut pas la peine; et je dirai seulement que cette règle étant corrigée comme elle doit être, le vrai moyen de l'appliquer à l'invention des tangentes des lignes courbes est de chercher ainsi le point E, duquel on puisse tirer une ligne jusques à B, qui soit la plus grande ou la plus petite qu'on puisse tirer du même point E jusques à la ligne courbe donnée. Ce que M. de Fermat témoigne n'avoir point su, puisqu'il en use d'une autre façon en cherchant la tangente de la parabole, à savoir, d'une façon en laquelle (pour nommer les choses par leur nom, et sans avoir pour cela aucun dessein de l'offenser) il se trouve un paralogisme qui ne peut, en aucune façon, être excusé. Je veux bien pourtant avouer que, pour appliquer son raisonnement à l'hyperbole, il ne faut pas seulement substituer *hyperbolen* au lieu de *parabolen*, mais qu'il y faut outre cela changer un petit mot qui ne fait rien du tout à la cause, et auquel je n'ai pas honte de dire que je n'avois pas fait de réflexion; car d'abord j'avois reconnu si évidemment le paralogisme de cet écrit, que je n'avois pas daigné par après le regarder, et j'ai pensé que l'auteur même ne pourroit faire aucune difficulté de le reconnoître sitôt qu'il en seroit averti. Ce mot donc est, qu'au lieu de dire, *major erit proportio CD ad DI quam quadrati BC ad quadratum OI*, il faut, en parlant de l'hyperbole, dire seulement, *major erit proportio CD ad DI quam BC ad OI*, ou bien, *major erit proportio quadrati CD ad quadratum DI quam quadrati BC ad quadratum OI*. D'où tout le reste suit en même façon que si on compare les lignes CD et DI aux carrés de BC et OI. Et ceci s'étend généralement à toutes les lignes courbes qui sont au monde. Mais, afin qu'on ne puisse chercher sur cela aucune excuse, qu'on mette, non pas *hyperbolen*, mais *ellipsim* ou *circuli circonferentiam*, au lieu de *parabolen*, et alors il ne faudra pas changer un seul mot en tout le reste, comme on verra ici manifestement.

RAISONNEMENT PAR LEQUEL M. DE FERMAT PRÉTEND TROUVER LA TANGENTE DE LA PARABOLE.

Sit data parabole BDN, cujus vertex D, diameter DC, et punctum in ea datum B, ad quod ducenda est recta BE, tangens parabolen, et in puncto E cum diametro concurrens; ergo sumendo quodlibet punctum in recta BE et ab eo ducendo ordinatam OI, a puncto autem B ordinatam BC, major erit proportio CD ad DI quam quadrati BC ad quadratum OI, quia punctum O est extra parabolen. Sed propter similitudinem triangulorum,

¹ Figure 5.

ut BC quadratum ad OI quadratum, ita CE quadratum ad IE quadratum ; major igitur erit proportio CD ad DI quam quadrati CE ad quadratum IE. Cum autem punctum B detur, datur applicata BC; ergo punctum C. Datur etiam CD. Sit igitur CD, æqualis D datæ. Ponatur CE esse A. Ponatur CI esse E. Ergo D ad D—E habebit majorem proportionem quam A*q* ad A*q*†E*q*—A in E *bis*. Et ducendo inter se medias et extremas, D in A*q* † D in E*q*—D in A in E *bis*, majus erit quam D in A*q*—A*q* in E. Adæquentur igitur juxta superiorem methodum. Demptis itaque communibus, D in E*q*—D in A in E *bis*, adæquabitur—A*q* in E, aut quod idem est, D in E*q*†A*q* in E, adæquabitur D in A in E *bis*, omnia dividantur per E.

Ergo D in E† A*q* adæquabitur D in A *bis*. Elidatur D in E. Ergo A*q* æquabitur D in A *bis*. Ideoque A æquabitur D *bis*. Ergo CE probavimus duplam ipsius CD, quod quidem ita se habet ; nec fallit unquam methodus.

APPLICATION DU MÊME RAISONNEMENT A TOUTES LES LIGNES COURBES, DANS LESQUELLES LES SEGMENTS DU DIAMÈTRE ONT PLUS GRANDE PROPORTION ENTRE EUX (A SAVOIR, LE PLUS GRAND AU MOINDRE) QUE LES CARRÉS DES LIGNES QUI LEUR SONT APPLIQUÉES PAR ORDRE.

Sit data ellipsis BDN, cujus vertex D, diameter DC, et punctum in ea datum B, ad quod ducenda est recta BE, tangens ellipsim, et in puncto E [1] cum diametro concurrens ; ergo sumendo quodlibet punctum in recta BE, et ab eo ducendo ordinatam OI, a puncto autem B, ordinatam BC, major erit proportio CD ad DI quam quadrati BC ad quadratum OI, quia punctum O est extra ellipsim. Sed propter similitudinem triangulorum, ut BC quadratum ad OI quadratum, ita CE quadratum ad IE quadratum. Major igitur erit proportio CD ad DI quam quadrati CE ad quadratum IE. Cum autem punctum B detur, datur applicata BC; ergo punctum C. Datur etiam CD. Sit igitur CD æqualis D datæ. Ponatur CE esse A. Ponatur CI esse E. Ergo D ad D—E habebit majorem proportionem quam Aq ad Aq†Eq—A in E *bis*. Et ducendo inter se medias et extremas, D in Aq†D in Eq—D in A in E *bis*, majus erit quam D in Aq—Aq in E. Adæquentur igitur juxta superiorem methodum. Demptis itaque communibus, D in Eq—D in A in E *bis*, adæquabitur —Aq in E. Aut quod idem est D in Eq†Aq in E. Adæquabitur D in A in E *bis*. Omnia dividantur per E.

Ergo D in E†Aq adæquabitur D in A *bis*. Elidatur D in E. Ergo Aq æquabitur D in A *bis*. Ideoque A æquabitur D *bis*. Ergo CE probavimus duplam ipsius CD quod nullo modo ita se habet; sed semper fallit ista methodus.

[1] Figure 5.

APPLICATION DU MÊME RAISONNEMENT A L'HYPERBOLE, ET A TOUTES LES AUTRES LIGNES COURBES.

Sit data hyperbole BDN[1], cujus vertex D, diameter DC, et punctum in ea datum B, ad quod ducenda est recta BE, tangens hyperbolen, et in puncto E cum diametro concurrens; ergo sumendo quodlibet punctum in recta BE, et ab eo ducendo ordinatam OI, a puncto autem B ordinatam BC, major erit proportio CD ad DI quam quadrati BC ad quadratum OI, quia punctum o est extra hyperbolen. Sed propter similitudinem triangulorum, ut BC quadratum ad OI quadratum, ita CE quadratum ad IE quadratum; major igitur erit proportio CD ad DI quam CE ad IE, cum autem punctum B detur, datur applicata BC; ergo punctum c. Datur etiam CD. Sit igitur CD æqualis D datæ. Ponatur CE esse A. Ponatur CI esse E. Ergo D ad D—E habebit majorem proportionem quam A ad A—E. Et ducendo inter se medias et extremas, D in A—D in E, majus erit quam D in A—A in E. Adæquentur igitur juxta superiorem methodum. Demptis itaque communibus, —D in E adæquabitur —A in E. Aut quod idem est D in E adæquabitur A in E. Omnia dividantur per E.

Ergo A adæquabitur D, nihil que hic est elidendum. Sed A, æquatur D, quod nullo modo ita se habet, etc.

[1] Figure 6.

Si on avoue que ce raisonnement soit bon pour la parabole, on doit avouer qu'il est bon aussi pour l'ellipse et l'hyperbole, et pour toutes les autres lignes courbes qui sont au monde, où toutefois on voit clairement qu'il ne conclue pas la vérité. Quant aux autres choses que ces messieurs disent avoir été inventées par M. de Fermat, j'en veux croire tout ce qu'il leur plaira; mais n'ayant jamais rien vu de lui que cet écrit *De maximis et minimis,* et la copie d'une lettre dans laquelle il prétendoit réfuter le deuxième discours de ma Dioptrique, et ayant trouvé en l'un et en l'autre des paralogismes, je n'ai pu juger que sur les pièces qui sont entre mes mains. Cependant je les supplie de croire que s'il y a quelque animosité particulière entre lui et moi, ainsi qu'ils disent, elle est tout entière de son côté; car de ma part je pense n'avoir aucun sujet de savoir mauvais gré à ceux qui se veulent éprouver contre moi en un combat où souvent on peut être vaincu sans infamie. Et voyant que M. de Fermat a des amis qui ont grand soin de le défendre, je juge qu'il a des qualités aimables qui les y convient; mais j'estime aussi en eux extrêmement la fidélité qu'ils lui témoignent, et pourceque c'est une vertu qui me semble devoir être chérie plus qu'aucune autre, cela suffit pour m'obliger à être leur très humble serviteur

Sur le point que je fermois ce paquet j'ai reçu

une lettre que M. de Fermat[1] a envoyée au révérend père Mersenne, pour réponse à ce que j'ai ci-devant écrit sur les objections qu'il avoit faites contre le second discours de ma Dioptrique ; et pourceque j'ai vu par les premières lignes qu'il ne désire pas que son écrit soit publié, j'ai cru ne devoir pas achever de le lire : toutefois je n'ai pu m'en empêcher, et pour réponse j'assure que je n'ai pas trouvé un seul mot qui excuse les fautes que j'avois remarquées en ses objections précédentes, ni qui ait aucune force contre moi ; mais en chaque article de ce qu'il objecte de nouveau, il fait un nouveau paralogisme ou bien corrompt le sens de mes raisons et montre ne les pas entendre ; ce que je m'oblige de faire voir aussi clair que le jour, pourvu qu'il trouve bon que le public et la postérité en soit juge, suivant ce que j'ai mis en la page 75 du discours de ma Méthode : car je n'ai pas résolu d'abuser tant de mon loisir que de l'employer à répondre aux objections des particuliers, ni même à les lire, sinon en tant que, les publiant avec mes réponses, elles serviront pour tous ceux qui pourroient avoir les mêmes doutes, et pour faire mieux connoître la vérité. Quant à ceux qui ont écrit le papier auquel j'ai répondu en celui-ci, puisqu'ils ont voulu être les avocats de ma partie en une cause la moins soutenable de son côté

---

[1] « C'est la lettre 40 de ce volume. »

qu'on puisse imaginer, j'espère qu'ils ne voudront pas être mes juges, ni ne trouveront pas mauvais que je les récuse, aussi bien que quelques autres de ses amis; car, enfin, je ne connois à Paris que deux personnes au jugement desquels je me puisse rapporter en cette matière, à savoir M. Mydorge et M. Hardy. Ce n'est pas qu'il n'y en ait sans doute plusieurs autres qui sont très capables, mais ils me sont inconnus, et pour ceux qui se mêlent de médire de ma Géométrie sans l'entendre, je les méprise.

ÉCRIT DE QUELQUES AMIS

DE M. DE FERMAT,

SERVANT DE RÉPONSE A LA PRÉCÉDENTE[1].

(Lettre 58 du tome III.)

Quand M. Descartes aura bien entendu la méthode de M. de Fermat, *De maximis et minimis et de inventione tangentium linearum curvarum*, alors il cessera d'admirer que cette méthode ait trouvé des défenseurs, et admirera la méthode même, qui est

---

« Second écrit de M. Roberval, 1638, 15 mars. Voyez le gros cahier. »

excellente et digne de son auteur. Or il n'est pas vraisemblable que M. Descartes l'ait entendue jusqu'ici, puisqu'ayant fait des objections absurdes à l'encontre par son premier écrit, auxquelles nous avons répondu suivant l'intelligence que nous avons de la même méthode, il réplique de sorte qu'il s'enveloppe dans d'autres autant ou plus absurdes que les premières, et, tant aux unes qu'aux autres, il fabrique des raisonnements à sa mode, lesquels il prétend déduire de cette méthode, et suppose que M. de Fermat en auroit fait de pareils en pareilles questions, quoique ces raisonnements soient contraires non seulement à la même méthode, mais aussi à la méthode générale de raisonner en tous sujets ayant des défauts contre les règles ordinaires de la logique. En quoi M. Descartes ne peut éviter l'un des deux, savoir, ou qu'il ignore la méthode suivant laquelle il raisonne si mal en des questions auxquelles il est très facile de bien raisonner suivant la méthode même, ou bien qu'il ne procède pas de bonne foi, si, n'ignorant pas l'excellence de la méthode, il raisonne mal exprès pour avoir occasion de blâmer l'auteur; mais nous ne pouvons croire ce dernier, parcequ'il ne pourroit pas éviter que le blâme ne retombât sur lui-même, sinon qu'il eût affaire à des ignorants, et nous estimons qu'il a trop de prudence pour s'exposer à ce danger.

Pour venir au fait, M. Descartes fait deux objections, toutes deux absurdes : la première est qu'il suppose que la ligne EB, qui touche la parabole au point B, est la plus grande qui puisse être menée du point E donné dans le diamètre, jusques à la parabole. Car nous voulons bien que ce soit le point E qui soit donné dans le diamètre, au lieu qu'il avoit dit, dans son premier écrit, que le point donné fût B en la parabole, ce qu'il a corrigé en son second écrit. En quoi nous reconnoissons qu'il n'a pas bien considéré notre réponse, dans laquelle nous avons mis en deux mots que l'un et l'autre étoit également absurde, de prétendre de mener du point B jusques au diamètre la plus grande ligne ou la plus grande du point E jusques à la parabole, d'autant qu'en l'une et en l'autre sorte cette plus grande est infinie, et partant impossible ; d'où l'excellence de la méthode paroît d'autant plus, puisqu'en des questions absurdes elle fait découvrir des absurdités, qui est tout ce que l'on peut espérer d'une bonne méthode en pareil cas. Or, qu'il soit absurde que BE soit la plus longue ligne qui puisse être menée du point B jusques au diamètre, M. Descartes le confesse par son écrit, et il faut qu'il avoue de même que EB n'est pas la plus longue qui puisse être menée du point E donné au diamètre jusques à la parabole, puisque lui-même y mène EP plus longue que EB, le point E étant au diamètre, et le point P en la parabole, et ainsi EP est menée du point E donné au diamètre jusques à la parabole, à laquelle elle se termine au point P. Car quant à ce qu'il dit que cette ligne PE n'est pas tirée jusques à la parabole seulement, mais outre la parabole, cela est aussi absurde que de dire que le point P est outre la parabole, lequel toutefois est dans icelle, ainsi qu'une infinité d'autres, plus et plus éloignés à l'infini, auxquels on peut mener des lignes droites du point donné E, lesquelles croîtront toujours sans que l'on puisse déterminer la plus grande.

On pourroit, par une même absurdité, soutenir que, d'un point donné hors un cercle dans le plan d'icelui, la plus grande ligne que l'on puisse mener jusques à la circonférence est la touchante, et ainsi donner un démenti à Euclide, qui a démontré que cette plus grande est celle qui est menée du même point par le centre jusques à la circonférence concave, de laquelle plus grande on pourroit dire, par la raison de M. Descartes, qu'elle n'est pas seulement menée jusques à la circonférence du cercle, mais outre la circonférence, quoiqu'elle se termine en un point d'icelle circonférence. De dire aussi que, par la plus grande ligne, il entend celle qui ne rencontre la parabole qu'en un point, c'est se contredire, puisque ce n'est pas la plus grande ligne ; et, en tout cas, c'est abuser du mot *de plus grande*, assignant pour icelle la touchante, laquelle M. de Fermat a trouvée par un raisonnement propre à ce faire, comme il paroît par son écrit; et ainsi, pour faire paroître que M. de Fermat auroit tort, M. Descartes fabriqueroit un raisonnement à sa mode, voulant faire croire que ce seroit le raisonnement de M. de Fermat; ce qui ne se peut attribuer qu'au défaut de connoissance de M. Descartes touchant la méthode dont est question, car nous ne voulons pas soupçonner sa mauvaise foi : partant nous désirerions qu'il considérât la méthode de plus près, et il verroit que, pour trouver la plus grande, M. de Fermat a employé le raisonnement propre pour la plus grande, et que, pour trouver les touchantes, il a employé le raisonnement propre pour les touchantes, n'abusant pas du mot de plus grande pour celui de touchante, ainsi que feroit M. Descartes en cette occasion, si, par la plus grande, il entendoit celle qui ne rencontre la parabole qu'en un point.

La seconde objection de M. Descartes est contre la méthode par laquelle M. de Fermat trouve les touchantes des lignes courbes, et particulièrement contre l'exemple qu'il en donne en la parabole, duquel M. Descartes avoit dit, par son premier écrit, que si seulement, au lieu de *parabole* et *parabolen*, on met partout *hyperbole* et *hyperbo-*

len, ou le nom de quelque autre ligne courbe telle que ce puisse être, sans y changer au reste un seul mot, le tout suivroit en même façon qu'il fait touchant la parabole ; de quoi toutefois il s'ensuivroit une absurdité. Mais, ayant vu notre réponse et connu sa faute, il prétend la corriger par son second écrit, persistant toujours en son objection, en quoi il réussit si mal, qu'au lieu d'une faute il en fait deux signalées : la première est que, voulant fabriquer un raisonnement à sa mode appliqué à l'ellipse pour le mettre en parallèle avec celui que M. de Fermat fait en la parabole, afin d'en déduire une absurdité contre sa méthode, après avoir supposé que la ligne BE touche l'ellipse au point B donné, et rencontre le diamètre CD au point E, il dit, *Ergo sumendo quodlibet punctum O, in recta BE, et ab eo ducendo ordinatam OI, a puncto autem K ordinatam BC, major erit proportio CD ad DI quam quadrati BC ad quadratum OI, quia punctum O est extra ellipsim.* Ce raisonnement n'est pas vrai en l'ellipse de tous les points qui sont en la ligne BE universellement parlant, comme le veut la méthode, et c'est ce qui a trompé M. Descartes, qui n'a considéré le point O qu'entre les points BE et non pas aussi au-delà du point B, comme il le falloit : car, en cette figure en laquelle le point O est dans la ligne BE au-delà du point B, il est faux qu'il y ait plus grande raison de CD à DI que du carré BC au carré OI. Or, pour raisonner suivant la méthode, il faut qu'il soit vrai de tous les points qui sont en la ligne BE, de part et d'autre du point B, ce qui arrive en la parabole seule, à laquelle cette propriété est spécifique ; c'est pourquoi M. de Fermat s'en est servi en la parabole, ce que M. Descartes ni aucun autre ne peut faire en l'ellipse ni en aucunes autres lignes courbes, auxquelles cette propriété n'est point spécifique, voire même elle ne leur convient nullement, et partant elle est inutile pour conclure d'autres propriétés spécifiques des mêmes lignes. Que si au lieu d'une ellipse on avoit proposé une hyperbole ayant pris le point O dans la ligne BE au-delà du point B, alors il y auroit eu plus grande raison de DC à DI que du carré BC au carré OI ; mais le point O étant pris entre les points BE, le raisonnement auroit pu être faux, et l'auroit été en effet, lorsque le point O[1] seroit assez proche de B : partant il est clair que ce raisonnement ne vaut rien, ni en l'ellipse ni en l'hyperbole, et c'est faillir contre la méthode de vouloir l'employer en icelle, comme fait M. Descartes ; en quoi il y a une chose digne de remarque, savoir, qu'ayant raisonné par une propriété spécifique de la parabole, et laquelle ne convient pas à l'ellipse ni à l'hyperbole, la force du raisonnement

[1] Figure 7.

lui a fait conclure une autre propriété spécifique de la parabole, que CE est double de CD. Que s'il veut raisonner par une propriété spécifique de l'ellipse ou de l'hyperbole, telle qu'est celle-ci, posant le diamètre DF, le centre A et le reste de la figure comme auparavant, il y a plus grande raison du rectangle FCD au rectangle FID, que du carré BC au carré OI (ce qui est vrai, de quelque part que soit pris le point O à l'égard du point B); alors, par la force de ce raisonnement, il conclura une autre propriété spécifique de l'ellipse ou de l'hyperbole, savoir que AC sera à CD comme FC est à CE, laquelle propriété est vraie en l'ellipse ou en l'hyperbole seule, et se trouve directement par la méthode de M. de Fermat, ayant substitué, comme il a fait, les carrés EI et EC au lieu des carrés OI et BC, et donné un nom, comme C, au diamètre DF, demeurant les autres noms comme ils sont dans les écrits tant de M. de Fermat que de M. Descartes.

La seconde faute de M. Descartes est encore pire que la première, et fort considérable en lui, qui a traité de la méthode de bien raisonner, pourcequ'elle est directement contre les préceptes du bon raisonnement et de la vraie logique, laquelle enseigne que, pour conclure une propriété spécifique de quelque sujet que ce soit, il faut, dans les propositions desquelles les arguments sont composés, employer au moins une autre propriété spécifique du même sujet, c'est-à-dire qu'elle soit tirée de sa nature propre, et qu'elle ne convienne qu'à lui ; autrement, si on ne raisonne que sur des propriétés génériques, et qui conviennent à d'autres sujets, on ne conclura jamais des propriétés spécifiques du sujet dont il est question : c'est une vérité que doivent savoir tous ceux qui font profession de bien raisonner, et laquelle M. de Fermat n'a pas ignorée, puisque dans son traité il n'y a rien qui ne lui soit conforme, et qu'il emploie dans son raisonnement des propriétés spécifiques de son sujet, lesquelles, étant dextrement mêlées avec des propriétés génériques et universelles, servent pour conclure les autres propriétés spécifiques desquelles il a besoin.

Au contraire, M. Descartes, voulant à tort contredire M. de Fermat sur le sujet des tangentes de l'hyperbole, fabrique un raisonnement à sa mode, auquel il n'emploie que des propriétés si universelles, qu'elles conviennent non seulement à toutes les sections coniques, mais encore aux lignes droites, sans se servir d'aucune propriété spécifique. Nous laissons à juger des conséquences qui se peuvent tirer d'un raisonnement si imparfait, contraire non seulement à la méthode dont est question, mais aussi aux règles universelles de raisonner en toutes sortes de sujets. Le raisonnement est comme s'ensuit. Ayant supposé la construction de la figure comme ci-devant, il dit, *major est proportio CD ad DI, quam BC ad OI, quia punctum O est extra hyperbolen* cette propriété de la plus grande raison de la ligne CD à la ligne DI, que de la ligne BC à la ligne OI, outre qu'elle ne seroit pas vraie si le point O étoit pris de l'autre part du point B, qui est une faute pareille à la première, ne convient pas à l'hyperbole seule, mais aussi à la parabole et à l'ellipse, et de plus aux lignes droites BE et CE [1], quand il n'y auroit ni parabole, ni ellipse, ni hyperbole; partant, par cette propriété si universelle ainsi employée sans autres plus spécifiques, il est impossible de trouver les tangentes de l'hyperbole, qui dépendent de la nature et des propriétés spécifiques d'icelle. Si quelqu'un vouloit dire qu'au moins la méthode seroit défectueuse, en ce que l'auteur n'avertit point qu'il faut raisonner par des propriétés spécifiques, nous lui répondrons que ceux qui se mêlent de raisonner ne doivent point ignorer cette condition, qui est de la pure logique, laquelle il suppose être connue par ceux qui liront son traité, autrement il les renvoie aux écoles pour y apprendre à raisonner, et les avertit qu'ils ne se mêlent point de reprendre ses écrits qu'ils n'entendent bien la logique et le sujet dont il traite.

[1] Figure 8.

Pour changer de discours, nous avons lu assez attentivement le livre de M. Descartes, qui contient quatre traités, desquels le premier se peut attribuer à la logique, le second est mêlé de physique et de géométrie, le troisième est presque purement physique, et le quatrième est purement géométrique. Dans les trois premiers, il déduit assez clairement ses opinions particulières sur le sujet de chacun; si elles sont vraies ou non, celui-là le sait qui sait tout; quant à nous, nous n'avons aucunes démonstrations ni pour ni contre, ni peut-être l'auteur même, lequel se trouveroit bien empêché, à ce que nous croyons, s'il lui falloit démontrer ce qu'il met en avant: car il pourroit trouver que ce qui passe pour principe à son sens, pour fonder ses raisonnements, sembleroit fort douteux au sens des autres; aussi semble-t-il s'en soucier fort peu, se contentant d'être satisfait soi-même; en quoi il n'y a rien que d'humain, et qu'un père ne fasse paroitre tous les jours envers ses enfants. Ce ne seroit pas peu si ce qu'il dit pouvoit servir comme d'hypothèses desquelles on pût tirer des conclusions qui s'accordassent aux expériences; car en ce cas l'utilité n'en seroit pas petite. Dans le quatrième traité, nous lui marquerons une omission, et une chose qui nous semble une faute. L'omission est aux pages 404, 405 et 406, où il dit que le cercle IP peut couper la courbe ACN en six points, laquelle toutefois il ne peut couper qu'en quatre; mais il a omis sa compagne, décrite de l'autre part de la ligne BK, par l'intersection de la parabole et de la règle, qui se fera au point F, laquelle compagne le cercle pourra couper en deux points pour achever les six. La faute est en la page 347, où ce qu'il dit d'une équation qui a deux racines égales étant vrai aux équations planes et en celles qui en dépendent, il nous semble faux aux cubiques et en celles qui en dépendent. Qu'il y pense, s'il croit que la chose en vaille la peine; et, s'il désire communiquer sur ce sujet ou autres, il aura en nous avec qui traiter amiablement. Nous trouvons très bon qu'il nous récuse pour juges en la cause de M. de Fermat, pourcequ'il ignore que nous ne connoissons ni lui ni M. de Fermat que de réputation. Que s'il nous doit soupçonner, c'est pour ce que nous prononcerons en faveur du bon droit, de quelque part qu'il soit; nous voulons bien aussi qu'il fasse imprimer tout ce qui viendra de nous, pourvu qu'il ne change rien, sinon qu'au lieu du nom de M. de Fermat, il mette l'auteur du traité *De maximis et minimis*. Nous sommes ses très humbles serviteurs, R.

M. Pascal est absent.

AU R. P. MERSENNE,

AU SUJET DE L'ÉCRIT PRÉCÉDENT[1].

(Lettre 59 du tome III.)

MON RÉVÉREND PÈRE,

J'ai reçu l'écrit des amis de M. de Fermat, et je n'y fais point de réponse, à cause que je vois que celui qui l'a composé se pique; mais lorsque sa colère sera passée, vous pourrez, s'il vous plaît, lui faire connoître le peu de raison qu'il a eu de s'échauffer à vouloir prouver que la ligne EB n'est pas, absolument parlant, la plus grande, au lieu que, ne pouvant nier qu'elle ne fût au moins la plus grande sous certaines conditions, il eût dû montrer comment on la peut trouver par la règle de M. de Fermat, vu qu'il avoit assuré que cette règle enseigne à trouver les plus grandes sous toutes sortes de conditions, et que la question étoit de savoir si elle étoit bonne; de quoi il n'a donné aucune autre preuve en ces deux écrits, sinon qu'il dit que c'est un témoignage de sa bonté de ce qu'elle ne réussit pas en cet exemple. S'il croit que cela soit bien raison-

---

[1] « Cette lettre est écrite le 14 avril 1638. Voyez le gros cahier. »

ner, je serois marri qu'il ne dît pas qu'il raisonne très mal; mais je vois bien que c'est la passion qui l'a transporté, et qui lui a fait nommer toutes choses par d'autres noms qu'il ne devoit. Ainsi, à cause que, pour éclaircir et confirmer ce que j'avois mis dans mon premier écrit, j'ai ajouté dans le second qu'encore que ce ne fût pas le point B qui fût donné, mais le point E, la règle de M. de Fermat ne réussiroit pas mieux pour cela en cet exemple, il dit que je me suis corrigé, et que j'ai reconnu la faute que j'avois faite. Ainsi il m'accuse d'avoir très mal raisonné en l'exemple de l'ellipse et de l'hyperbole, que je n'ai proposé que comme très mauvais pour le mettre en parallèle de celui de M. de Fermat touchant la parabole, et montrer qu'il n'y raisonne pas bien. En quoi il fait tout de même que s'il accusoit un prédicateur d'avoir juré, à cause que, pour montrer l'énormité du péché des blasphémateurs, il auroit dit en chaire qu'ils ne jurent pas seulement le nom de Dieu, mais aussi par la mort, par le sang, par la tête, etc. Ainsi, enfin, ayant changé de discours pour censurer les essais que j'ai fait imprimer, il ne s'aperçoit pas qu'en pensant les mépriser il donne plus de sujet d'en avoir bonne opinion que ne font les louanges de ceux qui les approuvent : car on peut penser que les choses qui plaisent à ceux-ci les empêchent de voir, ou bien leur font dissimuler les défauts qu'ils pourroient sans cela y remarquer ; au lieu que lui, qu'on voit assez à son style n'avoir pas eu dessein de m'épargner, y reprend seulement deux choses, qui, n'étant point du tout sujettes à répréhension, font juger qu'il n'y a reconnu aucune faute, bien que je ne veuille pas dire pour cela qu'il n'y en ait point. Et de plus, ce que j'ai écrit en géométrie est un peu au-delà de sa connoissance; car, pour ce qu'il nomme une faute en la page 347, c'est une vérité très certaine, et dont il ne pourra ig..rer la démonstration lorsqu'il aura assez étudié ce que j'ai écrit au troisième livre touchant la nature des équations. Et pour ce qu'il dit que j'ai omis en la page 404, à savoir, la compagne de la ligne courbe que j'y décris, j'aurois commis une grande faute si j'avois manqué de l'y omettre; car il est très certain que cette compagne n'a point de lieu en la règle que j'ai donnée, ni ne peut jamais être coupée par le cercle en la façon que je le décris, et en supposant, comme j'ai fait, que toutes les racines de l'équation soient vraies, et que la quantité connue du troisième terme soit plus grande que le carré de la moitié de celle du second. (Voyez page 403.) Et on ne peut dire que je n'ai pas connu cette ligne, car je l'ai mise très expressément en la figure de la page 338, où elle a lieu, et où je la nomme la contre-posée de l'autre, à cause qu'elle en est séparée par une asymptote, à la façon des hyperboles opposées. Mais ce qui l'a fait se mécompter en ceci, c'est qu'il n'a pu s'imaginer que cette ligne pût être coupée en six endroits par le cercle, ce qui est néanmoins très vrai ; et il arrive infailliblement, toutes et quantes fois que les six vraies racines de l'équation sont réelles sans qu'il y en ait aucune de celles que je nomme imaginaires, comme il pourra voir en examinant la démonstration qui commence en la page 408. Mais la figure de la page 404 a aidé aussi à le tromper, à cause que la courbe n'y est coupée par le cercle qu'en quatre endroits, ce qui vient de ce que, supposant les quantités données suivant les mesures de cette figure, il y a deux racines en cette équation qui ne sont qu'imaginaires ; et je l'ai ainsi fait faire tout à dessein, à cause qu'aux exemples où les six vraies racines sont réelles, le cercle coupe si obliquement la ligne courbe qu'on ne peut bien distinguer les points de l'intersection, comme j'ai averti en la page 412, ligne 15. Mais il faut qu'il ait fort mauvaise opinion de moi, et fort bonne de soi-même, de se fier assez sur ses pures imaginations, et sans démonstration, pour reprendre des choses que j'ai écrites en géométrie. Vous ne laisserez pas de l'assurer, s'il vous plaît, que je suis son très humble serviteur, et que je

ne m'offense non plus de tout ce qui est en son
papier, qu'on fait ordinairement dans le jeu de la
colère de ceux qui perdent. Mais comme il n'y a
pas de plaisir à jouer contre ceux qui se fâchent,
ainsi je ne répondrai jamais à aucun écrit où je
remarquerai plus de passion que d'envie de connoître la vérité, et je ne prendrai pas même la
peine de les lire lorsque je saurai qu'ils seront
tels[1]. Je suis, etc.

[1] « Il faut joindre à cette lettre les questions numériques proposées par
« M. de Sainte-Croix, qui font la 74ᵉ lettre du 3ᵉ volume. »

AU R. P. MERSENNE,

RÉPONSE AUX QUESTIONS NUMÉRIQUES PROPOSÉES PAR M. DE SAINTE CROIX [1].

(Lettre 74 du tome III.)

Mon révérend père,

La première question est telle :

Trouver un trigone qui plus un trigone tétragone fasse un tétragone, et derechef; et que de la somme des côtés des tétragones résulte le premier des trigones, et de la multiplication d'elle par son milieu le second. J'ai donné 15 et 120. J'attends que quelqu'un y satisfasse par d'autres nombres, ou qu'il montre que la chose est impossible.

Je remarque ici premièrement que, de la multiplication du premier trigone par son milieu, il doit résulter un second trigone, ce qui seroit manifestement impossible, si on n'entendoit parler que de la juste moitié, et qu'on n'imaginât ces trigones qu'en nombres entiers. Mais cette difficulté m'est ôtée par l'exemple donné de 15 et de

---

[1] « Les questions numériques de Sainte-Croix doivent être jointes à la « 53ᵉ lettre du 3ᵉ volume, parceque dans l'original de M. de la Hire « elles étoient jointes à ladite lettre. »

120, à cause que 8, par lequel on multiplie 15 pour produire 120, n'est pas la juste moitié de 15. Et ainsi je vois que, pour satisfaire au sens de la question, il faut que le premier trigone soit un nombre impair, et qu'on le multiplie ou par sa plus grande ou par sa plus petite moitié, comme 15 par 8 ou par 7, 21 par 11 ou par 10, et ainsi des autres, car par ce moyen il produit toujours un trigone. Il est vrai que si l'on veut imaginer aussi ces trigones en nombres rompus à savoir, en les composant de la moitié d'un carré et de la moitié de sa racine, on peut faire qu'un trigone étant multiplié par sa juste moitié produise un autre trigone. Ainsi $\frac{3}{8}$ est un trigone, dont la racine est $\frac{1}{2}$, car la moitié de $\frac{1}{4}$, qui est son carré, plus la moitié de $\frac{1}{2}$ fait $\frac{3}{8}$, et multipliant ce trigone par sa juste moitié, à savoir par $\frac{3}{16}$, il produit $\frac{9}{128}$, qui est aussi un trigone, dont la racine est $\frac{1}{8}$, car la moitié de $\frac{1}{64}$, qui est son carré, plus la moitié de $\frac{1}{8}$ fait $\frac{9}{128}$. Mais on n'imagine ordinairement ces trigones qu'en des nombres entiers, et l'exemple de 15 et de 120, qui seroit faux en cas qu'on considérât les fractions, m'oblige à ne les point ici considérer. Outre cela, je remarque de l'ambiguïté au mot *et derechef;* car on peut entendre par ce mot qu'il faut trouver un autre trigone qui, plus le même trigone tétragone qui a été joint au trigone précédent, fasse un tétragone;

ou bien un trigone qui, plus un autre trigone tétragone, fasse un tétragone ; ou enfin un trigone qui, plus le même trigone tétragone, et derechef un autre trigone tétragone, fasse un tétragone. Et bien que l'exemple de 15 et 120 ne s'accorde qu'avec le premier sens, il n'exclut point toutefois le second ; et le mot *et derechef* semble favoriser le troisième.

Or, pour le premier sens, il est facile à démontrer qu'il est impossible d'en donner aucun autre exemple en nombres entiers que celui de 15 et 120 ; car on trouve par le calcul que cherchant généralement un nombre qui étant ajouté à un trigone tétragone fasse un tétragone, et que ce nombre multiplié par sa moitié, et ajouté au même trigone tétragone, fasse derechef un tétragone, duquel la racine ajoutée à la racine de l'autre tétragone soit égale au premier nombre, il faut que la racine carrée du trigone tétragone soit composée de $\frac{3-q}{2r}$, c'est-à-dire de 3 moins un nombre carré divisé par le double de la racine de ce même carré ; au moins si on suppose que ce premier nombre doive être multiplié par sa plus grande moitié, c'est-à-dire par sa juste moitié, plus un demi. Et si on suppose qu'il doive être multiplié par sa juste moitié, la racine carrée du trigone tétragone sera $\frac{2-q}{2r}$. Et enfin, s'il doit être multiplié par sa juste moitié moins un demi, elle sera $\frac{n-1}{1 \cdot n}$, ce qui ne peut produire aucun nombre entier que lorsqu'on suppose la plus grande moitié, et qu'on fait *n* égal à l'unité; et lors le premier nombre doit être composé de 7 $+$ 2 *n* $+$ $\frac{6}{1 \cdot n}$, qui est 15.

Mais si le sens de la question est qu'on puisse ajouter au second trigone un autre trigone tétragone que celui qu'on aura ajouté au premier, elle n'est nullement impossible. Et selon la dernière interprétation, à savoir, qu'on ajoute au second trigone le trigone tétragone qu'on aura ajouté au premier, *et derechef* un autre trigone tétragone, on peut donner des nombres fort courts pour la résoudre, à savoir, 45 et 1035 pour les deux trigones demandés: car ajoutant à 45 le trigone tétragone 36, il vient 81 qui est carré, puis ajoutant à 1035 le même 36, *et derechef* un autre trigone tétragone, à savoir 225, il vient 1296 qui est carré, et dont la racine, à savoir 36, ajoutée à 9, qui est la racine de 81, fait 45, et multipliant 45 par 23, qui est sa plus grande moitié, il vient 1035.

On peut aussi trouver des nombres fort courts pour résoudre cette question selon l'autre interprétation, à savoir, qu'il faille ajouter un trigone tétragone à un trigone pour faire un carré, *et derechef* un autre trigone tétragone à un autre trigone pour faire aussi un carré, pourvu qu'on veuille recevoir des nombres rompus pour trigones tétragones, non point en tant que trigones, mais en tant que tétragones; en sorte que, par exemple, $\frac{9}{100}$ soit pris pour un trigone tétragone, à cause que la racine tétragonale est $\frac{3}{10}$, et que les nombres 3 et 10 sont des trigones, et ainsi des autres. Et il n'est pas moins inusité de refuser des nombres rompus pour des tétragones, qu'il est d'en recevoir pour des trigones. C'est pourquoi il me semble que les deux trigones 21 et 231 satisfont entièrement à la question proposée : car si à 21 j'ajoute 4, que je nomme $\frac{8}{2}$, et ainsi j'en fais un trigone tétragone en fractions, il vient 25 qui est carré; et si à 231 j'ajoute 25, que je nomme $\frac{25}{1}$, pour en faire aussi un trigone tétragone en fractions, il vient 256 qui est carré, et sa racine, qui est 16, jointe à la racine de 25, fait 21. Et multipliant 21 par sa plus grande moitié, qui est 11, il vient 231. Mais si on ne veut point recevoir ici de fractions, on ne peut trouver de nombres si courts pour résoudre cette question; et pource-que je ne sais pas combien longs pourront être les premiers qu'on rencontrera, j'aime mieux mettre ici une règle par laquelle on les peut trouver tous, et qui est, je crois, la plus simple et la plus aisée qu'on puisse donner pour cet effet, que de m'arrêter moi-même à faire le calcul qui est nécessaire pour les chercher. Voici donc la règle.

Il faut examiner par ordre tous les trigones impairs, en ôtant par ordre tous les carrés impairs moindres qu'eux et plus grands que l'unité, jusqu'à ce qu'on trouve, en divisant le reste du trigone dont on a ôté un carré par le double de la racine de ce carré, que le quotient soit un trigone, et qu'ôtant le double de ce quotient, plus le double de cette racine de la plus grande moitié du premier trigone, puis multipliant le résidu par ce premier trigone, et lui ajoutant le carré du second, il vienne un trigone tétragone, ou du moins qu'il en vienne un après qu'on aura encore ajouté le premier trigone à la somme trouvée; et lorsque cela se rencontrera, le trigone qu'on aura examiné sera le premier des deux qui sont requis pour la solution de la question; puis en le multipliant par sa moitié on aura le second, à savoir en le multipliant par sa plus grande moitié, si l'on a trouvé le trigone tétragone de la dernière somme sans y ajouter le premier trigone, et en le multipliant par sa plus petite moitié, s'il a fallu l'y ajouter. Par exemple, j'examine le trigone 21 duquel j'ôte 9, reste 12 que je divise par 6, le quotient est 2 qui n'est pas trigone; c'est pourquoi il faut passer à un autre, au moins si l'on veut absolument que le premier trigone soit ajouté à un trigone tétragone en nombres entiers; mais si on se contente qu'il soit ajouté à un simple tétragone, on doit poursuivre et ôter le double de 2 qui est 4, plus le double de 3 qui est 6, de la plus grande moitié qui est 1, et il reste 1, qu'il faut multiplier par 21, et lui ajouter le carré de 25 il vient 25, qui n'est pas trigone tétragone; mais à cause qu'il est tétragone j'apprends par là que si, au lieu de trigones tétragones, on avoit seulement demandé des tétragones, les trigones 21 et 231 satisferoient à la question. De plus, au nombre trouvé 25 j'ajoute 21, et il vient 46 qui n'est pas trigone tétragone non plus que 25; mais si, au lieu du premier trigone tétragone, on avoit demandé un simple tétragone, et qu'au lieu du second on eût demandé un nombre composé d'un trigone tétragone, qui avec cela fût trigone, et des trois différences qui seroient entre ces trois racines, voyant que le nombre 46 a cette propriété, on connoîtroit de là que les trigones 21 et 210 seroient les cherchés ; car 46 est composé de $36 + 5 + 3 + 2$, et 5 est la différence qui est entre 3 et 8, qui sont, l'un la racine trigonale tétragonale de 36, et l'autre sa racine trigonale; 3 est la différence qui est entre 3 et sa racine tétragonale 6, et 2 est la différence qui est entre 6 et 8. Tout de même pour examiner le trigone 45 j'en ôte le carré 9, reste 36, que je divise par le double de la racine de 9 qui est 6, et il vient 6 qui est un trigone ; c'est pourquoi je poursuis et de 23 j'ôte $6 + 12$ reste 5, que je multiplie par 45; il vient 225, auquel ajoutant 36, il vient 261 qui

LETTRES. 47

n'est pas trigone tétragone, mais qui est composé
du précédent trigone tétragone qui est 36, et d'un
autre trigone tétragone qui est 225. De façon qu'il
satisfait à la question, en cas que ce soit cela qui
est demandé; et peut-être qu'on pourroit examiner tous les nombres jusques à plus de cent chiffres de suite, avant de rencontrer un exemple
qui fût pareil à celui-ci ou au précédent. Ce qui
fait voir que chaque nombre qu'on examine par
cette règle, lorsqu'il ne donne pas la solution de
la question proposée, donne celle d'une autre de
même nature, et qui est autant ou plus difficile.

La seconde question est telle :

Trouver un trirectangle dont chacun des côtés soit l'aire d'un
trirectangle. J'ai donné 210, 720, 750. J'attends, etc.

Ou, pourcequ'il n'y a aucune ambiguïté, je me
contenterai de donner d'autres nombres pour la
résoudre, à savoir, 330, 440, 550 pour les côtés
du triangle rectangle; car 330 est aussi l'aire d'un
triangle rectangle, dont les côtés sont 11, 60,
61; 440 est l'aire d'un autre, dont les côtés sont
$\frac{40}{3}$ 66 $\frac{202}{3}$; et 550 est l'aire d'un triangle rectangle,
dont les côtés sont $\frac{23}{7}$, $\frac{700}{7}$, $\frac{4901}{21}$. Que si on trouve
à redire à ces nombres à cause qu'il y a des frac-
tions, il ne faut que multiplier les trois premiers
par 441, et les autres par 21, pour les réduire à
des entiers, et on a 145530, 194040, 242550, etc.

La troisième question est telle :

Trouver un barlong ou tétragone, plus sa pleure, et tel que l'agrégat dudit tétragone et de son double tétragone fait un tétragone, dont sa pleure soit le barlong ou tétragone, plus sa pleure. J'ai donné 6. J'attends, etc.

Si par un barlong on entend un vrai nombre pronic, qui ne soit composé que d'un carré plus sa racine, il ne faut qu'un trait de plume pour montrer qu'il est impossible d'y satisfaire par aucun autre nombre que par 6 : car posant x pour la pleure on a $xx + x$ pour le barlong ; et il y a équation entre $x^4, + 2x^3, + xx$ qui est son carré, et $2x^4 + xx$ qui est le tétragone plus son double tétragone ; ce qui montre que x est égal à 2, et ainsi que 2 est nécessairement la pleure de ce barlong. Mais si par un barlong on entend un carré plus quelque nombre de ses racines, il est aisé d'en trouver une infinité, en cherchant seulement un carré qui soit moindre d'une unité que le double d'un autre ; car l'agrégat des racines de ces deux carrés est la racine du carré qui compose le barlong, et multipliant cet agrégat par la racine du carré dont le double surpasse l'autre d'une unité on a sa pleure. Comme à cause que 49 est moindre d'une unité que 50 qui est le double de 25, $7+5$, c'est-à-dire 12, est la racine du carré 144, et multipliant 12 par 5, on a 60 pour la pleure, en sorte que 204 est le barlong requis ; car 144 plus deux fois 20736 fait un carré dont la racine est 204.

La quatrième question est telle :

Trouver deux nombres, chacun desquels, comme aussi la somme de leur agrégat, ne soit que de trois tétragones. J'ai donné 3, 11, 14. J'attends, etc.

Pour résoudre cela généralement, il ne faut que prendre deux carrés impairs tels qu'on voudra, et à chacun ajouter le nombre 2, puis les joindre ensemble : car on peut démontrer qu'aucun de ces trois nombres ne sauroit être carré, ni composé de deux carrés, ni manquer de l'être de trois. Comme si, puisque 1 et 9 sont déjà occupés par l'exemple donné, je prends les deux carrés impairs 25 et 49, j'ai 27, 51 et 78 pour les nombres qui satisfont à la question.

La cinquième question est telle :

On demande aussi un nombre dont les parties aliquotes fassent le double ; et parcequ'on en a déjà trois, qui sont 120, 672 et 523776, il est question de trouver le quatrième, lequel est 1476304896, et il se compose de 3, 11, 43, 127 et 8192, multipliés l'un par l'autre.

Au reste, mon révérend père, je vous crie merci, et j'ai les mains si lasses d'écrire cette lettre, que je suis contraint de vous supplier et de vous conjurer de ne me plus envoyer aucunes questions de quelque qualité qu'elles puissent être; car lorsque je les ai, il est malaisé que je m'abstienne de les chercher, principalement si je sais qu'elles viennent, comme celles-ci, de quelque personne de mérite; et m'étant proposé une étude pour laquelle tout le temps de ma vie, quelque longue qu'elle puisse être, ne sauroit suffire, je ferois très mal d'en employer aucune partie à des choses qui n'y servent point. Mais outre cela, pour ce qui est des nombres, je n'ai jamais prétendu d'y rien savoir, et je m'y suis si peu exercé, que je puis dire avec vérité que, bien que j'aie autrefois appris la division et l'extraction de la racine carrée, il y a toutefois plus de dix-huit ans que je ne les sais plus, et si j'avois besoin de m'en servir, il faudroit que je les étudiasse dans quelque livre d'arithmétique, ou que je tâchasse de les inventer, tout de même que si je ne les avois jamais sues. Je suis, etc.

AU R. P. MERSENNE[1].

(Lettre 60 du tome III.)

Mon révérend père,

Il y a déjà quelques jours que j'ai reçu votre dernière du 26 mars, où vous me mandez les exceptions de ceux qui soutiennent l'écrit de M. de Fermat, *De maximis*, etc. Mais elles ont si peu de couleur, que je n'ai pas cru qu'elles valussent la peine que j'y répondisse. Toutefois, pourceque je n'ai point eu depuis de vos nouvelles, et que je crains que ce ne soit l'attente de ma réponse qui vous fasse différer de m'écrire, j'aime mieux mettre pour une fois tout ce que j'en pense, afin de n'avoir jamais plus besoin d'en parler. Premièrement, lorsqu'ils disent qu'il n'y a point de *maxima* dans la parabole, et que M. de Fermat trouve les tangentes par une règle du tout séparée de celle dont il use pour trouver *maximam*, ils lui font tort en ce qu'ils veulent faire croire qu'il ait ignoré que la règle qui enseigne à trouver les plus gran-

---

[1] « Cette lettre est la 12ᵉ des manuscrits de M. de la Hire, fixement
« datée au 3 mai 1638. Le manuscrit de M. de la Hire va justement jus-
« qu'à la huitième ligne de la page 111, et le reste n'est qu'un éclaircis-
« sement trouvé parmi les papiers de M. Descartes, et qui n'a peut-être
« jamais été envoyé. Voyez le gros cahier. »

des, sert aussi à trouver les tangentes des lignes courbes, ce qui seroit une ignorance très grossière, à cause que c'est principalement à cela qu'elle doit servir, et ils démentent son écrit, où, après avoir expliqué sa méthode pour trouver les plus grandes, il met expressément *ad superiorem methodum, inventionem tangentium ad data puncta in lineis quibuscunque curvis, reducimus*. Il est vrai qu'il ne l'a pas suivie en l'exemple qu'il en a donné touchant la parabole, mais la cause en est manifeste : car étant défectueuse pour ce cas-là et ses semblables (au moins en la façon qu'il la propose), il n'aura pu trouver son compte en la voulant suivre, ce qui l'aura obligé de prendre un autre chemin, par lequel, rencontrant d'abord la conclusion qu'il savoit d'ailleurs être vraie, il a pensé avoir bien opéré, et n'a pas pris garde à ce qui manquoit en son raisonnement. Outre cela, lorsqu'ils disent que la ligne EP, tirée au-dedans de la parabole, est, absolument parlant, plus grande que la ligne BE, ils ne disent rien qui serve à leur cause : car il n'est pas requis qu'elle soit plus grande absolument parlant, mais seulement sous certaines conditions, comme ils ont eux-mêmes défini au commencement de l'écrit qu'ils m'ont envoyé, où ils disent que cette invention de M. de Fermat est touchant les plus grandes et les moindres lignes, ou *les plus grands et les moindres espaces que l'on puisse mener ou faire sous certaines conditions proposées*, et ils ne sauroient nier que la ligne EB ne soit la plus grande qu'on puisse mener du point E jusques à la parabole, sous les conditions que j'ai proposées, à savoir, en sorte qu'elle n'aille que jusqu'à elle sans la traverser, comme ils ont assez dû entendre dès le premier coup. Mais pour faire mieux voir que leur excuse n'est aucunement valable, je donnerai ici un autre exemple où je ne parlerai ni de tangente ni de parabole, et où toutefois la règle de M. de Fermat manquera en même façon qu'au précédent. Aussi bien vous vous plaignez quand je vous envoie du papier vide, et vous ne m'avez point donné d'autre matière pour remplir cette feuille.

Soit donné le cercle BND[1], et que le point E qui en est dehors soit aussi donné, et qu'il faille tirer du point E vers ce cercle une ligne droite, en sorte que la partie de cette ligne qui sera hors de ce cercle entre sa circonférence et le point donné E, soit la plus grande : voici comme la règle donnée par M. de Fermat enseigne qu'il y faut procéder. Ayant mené la ligne EDN par le centre du cercle et sa partie ED étant nommée B, et sa partie DN qui est le diamètre étant C, *statuatur quilibet quæstionis terminus esse A ;* ce qui ne se peut mieux faire qu'en menant BC perpendiculaire sur DN, et prenant A pour CD *et inventa maxima*, etc. Pour

[1] Figure 9.

trouver donc cette *maximam*, à savoir BE, puisque DC est A, et DN est C, le carré de BC est A *in* C—A *q*, et puisque DC est A et DE est B, le carré de CE est A *q* + B *q* + A *in* B *bis*, lequel joint au carré de BC fait le carré de la plus grande BE, qui est A *in* C + B *q* + A *in* B *bis*. *Ponatur rursus idem qui prius terminus esse* $A + E$, *iterumque inveniatur maxima*. Ce qui ne se peut faire autrement, ensuite de ce qui a précédé, qu'en posant A + E pour DC, et lors le carré de BC est C *in* A + C *in* E — A*q* — A *in* E *bis* — E*q*. Puis le carré de CE est A*q* + A *in* E *bis* + E *q* + B*q* + A *in* B *bis* + E *in* B *bis*, lequel étant joint à l'autre fait A *in* C + E *in* C + B*q* + A *in* B *bis* + E *in* B *bis* pour le carré de la plus grande BE; *adæquentur*, c'est-à-dire qu'il faut poser A *in* C + B*q* + A *in* B *bis*, égal à *in* C + E *in* C + B*q* + A *in* B *bis* E *in* B *bis*. *Et demptis æqualibus*, il reste E *in* C + E *in* B *bis* égal à rien; ce qui montre manifestement l'erreur de la règle. Et afin qu'il ne puisse plus y avoir personne si aveugle qu'il ne la voie, je dirai ici en quelle sorte on la peut corriger : car, bien que j'en aie touché un mot en ce que j'ai écrit à M. Mydorge, il y est néanmoins en telle façon, que je ne désirois pas encore que tout le monde le pût entendre. Premièrement donc, à ces mots, *et inventa maxima*, il est bon d'ajouter, *vel alia quælibet cujus ope possit postea maxima inveniri*. Car souvent, en cherchant ainsi la plus grande, on s'engage en beaucoup de calculs superflus. Toutefois cela n'est pas un point essentiel ; mais le principal, et celui qui est le fondement de toute la règle, est omis en l'endroit où sont ces mots : *Adæquentur duo homogenea, maximæ et minimæ æqualia*, lesquels ne signifient autre chose, sinon que la somme qui explique *maximam in terminis sub A gradu utlibet involutis*, doit être supposée égale à celle qui l'explique *in terminis sub A et E gradibus, utlibet coefficientibus*. Et vous demanderez, s'il vous plaît, à ceux qui la soutiennent, si ce n'est pas ainsi qu'ils l'entendent, avant que de les avertir de ce qui doit y être ajouté : à savoir, au lieu de dire simplement *adæquentur*, il falloit dire *adæquentur tali modo, ut quantitas per istam æquationem invenienda, sit quidem una, cum ad maximam aut minimam refertur, sed emergens ex duabus quæ per eandem æquationem possent inveniri, essentque inæquales, si ad minorem maxima, vel ad majorem minima referrentur*. Ainsi, en l'exemple que je viens de donner, ce n'est pas assez de chercher le carré de la plus grande en deux façons ; mais outre cela, il faut dire, comme ce carré lorsqu'il est A *in* C + B*q* + A *in* B *bis*, est au même carré, lorsqu'il est A *in* C + E *in* C + B*q* + A *in* B *bis* + E *in* B *bis*, ainsi C *in* A — A*q*, qui est le carré de BC, est à C *in* A + C *in* E — A*q* — A *in* E *bis* — E*q*, qui est aussi le même carré. Puis, multipliant le premier de ces carrés par le quatrième, on le doit supposer égal au second multiplié par le troisième, et après, en démêlant cette équation suivant la règle, on trouve son compte, à savoir que CD est $\frac{C\,in\,B}{2B+C}$, comme il doit être.

Tout de même, en l'exemple de la parabole qui avoit été pris par M. de Fermat, et que j'avois suivi en mon premier écrit, voici comme il faut opérer : soit BDN[1] la parabole donnée, dont DC est le diamètre, et que du point donné B il faille tirer la ligne droite BE, qui rencontre DC au point E, et qui soit la plus grande qu'on puisse tirer du même point E jusques à la parabole (à savoir au dehors de cette parabole, comme ceux qui ne sont point sourds volontaires entendent assez de ce que je la nomme la plus grande), je prends B pour BC et D pour DC, d'où il suit que le côté droit est $\frac{B}{D}$, et, sans m'arrêter à chercher la plus grande, je cherche seulement le carré de BC, en d'autres termes que ceux qui sont connus, en prenant A pour la ligne CE, et par après en prenant A + E pour la même : à savoir, je la cherche premièrement par le triangle BCE : car, comme A est à B, ainsi A + E est à $\frac{A\,in\,B + E\,in\,B}{A}$, qui par conséquent représente BC. Et son carré est de $\frac{A\,in\,B + A\,in\,E\,in\,B\,bis + E\,in\,B}{A\,b}$. Puis je cherche par la parabole ; car, quand EC est A + E, DC est D + E,

[1] Figure 10.

et le carré de BC est $\frac{A \text{ in } D + B \text{ in } E}{D}$, qui doit être égal au précédent, à savoir $\frac{A \text{ in } E \text{ in } D + bla + B \text{ in } B_q}{A_q}$, égal à $\frac{B \text{ in } E}{D}$. D'où l'on trouve, en suivant la règle, que A, c'est-à-dire CE, est double de D, c'est-à-dire CD, comme elle doit être. Or il est à remarquer que cette condition, qui étoit omise, est la même que j'ai expliquée en la page 346, comme le fondement de la méthode dont je me suis servi pour trouver les tangentes, et qu'elle est aussi tout le fondement sur lequel la règle de M. de Fermat doit être appuyée; en sorte que, l'ayant omise, il fait paroître qu'il n'a trouvé sa règle qu'à tâtons, ou du moins qu'il n'en a pas conçu clairement les principes. Et ce n'est pas merveille qu'il l'ait pu former sans cela, car elle réussit en plusieurs cas, nonobstant qu'on ne pense point à observer cette condition, à savoir en ceux où l'on ne peut venir à l'équation qu'en l'observant, et la plupart sont de ce genre. Pour ce qui est de l'autre article, où j'ai repris la façon dont se sert M. de Fermat pour trouver la tangente de la parabole, vous dites qu'ils assurent tous qu'il faut prendre une propriété spécifique de l'hyperbole ou de l'ellipse, pour en trouver les tangentes, en quoi nous sommes d'accord; car j'assure aussi la même chose, et j'ai apporté expressément les exemples de l'ellipse et de l'hyperbole, qui concluent très mal pour montrer que M. de Fermat conclut mal aussi touchant la parabole, dont il ne donne point de propriété spécifique. (Car de dire qu'il y a plus grande proportion de CD à DI que du carré de BC au carré de OI, ce n'est nullement une propriété spécifique de la parabole, vu qu'elle convient à toutes les ellipses; et à une infinité d'autres lignes courbes, au moins lorsqu'on prend le point O entre les points B et E comme il a fait; et s'il eût pris au-delà, elle eût convenu aux hyperboles.) De façon que pour la rendre spécifique, il ne falloit pas simplement dire *sumendo quodlibet punctum in recta BE*, mais il y falloit ajouter *sive sumatur illud intra puncta B et E, sive ultra punctum B, in linea EB producta*. Et cela ne peut être sous-entendu en son discours, à cause qu'il y décrit la ligne BE comme terminée des deux côtés, à savoir, d'un côté par le point B qui est donné, et de l'autre par la rencontre du diamètre CD.

Outre cela il falloit faire deux équations, et montrer qu'on trouve la même chose en supposant EI être A + E, que lorsqu'on le suppose être A — E, car sans cela le raisonnement de cette opération est imparfait et ne conclut rien. Voilà sérieusement la vérité de cette affaire.

Au reste, pour ce que vous ajoutez, que ces messieurs qui ont pris connoissance de notre entretien ont envie de nous rendre amis M. de Fermat et moi, vous les assurerez, s'il vous plaît, qu'il n'y a personne au monde qui recherche ni qui chérisse l'amitié des honnêtes gens plus que je fais, et que je ne crois pas qu'il me puisse savoir mauvais gré de ce que j'ai dit franchement mon opinion de son écrit, vu qu'il m'y avoit provoqué. C'est un exercice entièrement contraire à mon humeur que de reprendre les autres, et je ne sache point l'avoir encore jamais tant pratiqué qu'en cette occasion ; mais je ne la pouvois éviter après son défi, sinon en le méprisant, ce qui l'eût sans doute plus offensé que ma réponse. Je suis, etc.[1].

BILLET AJOUTÉ A LA LETTRE PRÉCÉDENTE.

Pour entendre parfaitement la troisième page de ma lettre, et par même moyen le défaut de la règle de M. de Fermat, il faut considérer ces trois figures[2], et penser que lorsqu'il dit, *statuatur idem qui prius terminus esse* $A + E$, cela signifie qu'ayant posé EC pour A et EI pour $A + E$, il imagine EI être égal à EC, comme on voit en la troisième figure, et que néanmoins il en fait le calcul tout de même que si elles étoient inégales, comme on le voit en les première et seconde figures, en cherchant premièrement EB par EC qu'il nomme A, puis EO par EI qu'il nomme $A + E$; et cela va fort

[1] « Ici finit l'original de M. de la Hire. »
[2] Figure 11.

bien, mais la faute est en ce qu'après les avoir ainsi calculées, il dit simplement *adæquentur*. Et on la peut voir clairement par la première figure, où, si l'on suppose la ligne EO[1] être égale à EB, il n'y a rien qui détermine les deux points B et O à s'assembler en un endroit de la circonférence du cercle plutôt qu'en l'autre, sinon que toute cette circonférence ne fût qu'un seul point, d'où vient que toutes les quantités qui demeurent en l'équation se trouvent égales à rien. Mais pour faire que ces deux points B et O ne se puissent assembler qu'en un seul endroit, à savoir en celui où EB est la plus grande qu'elle puisse être sous la condition proposée, il faut considérer la seconde figure, et à cause des deux triangles semblables ECB et EIO, il faut dire, comme EC ou BC est à EB, ainsi EI ou OI est à EO; au moyen de quoi on fait qu'à mesure que la quantité EB est supposée plus grande, la quantité EO est supposée plus petite, à cause que les points EBO sont toujours là en même ligne droite; et ainsi lorsque EB est supposée égale à EO, elle est supposée la plus grande qu'elle puisse être; c'est pourquoi on y trouve son compte. Et c'est là le fondement de la règle qui est omis; mais je crois que ce seroit pécher de l'enseigner à ceux qui pensent savoir tout, et qui auroient honte d'apprendre d'un ignorant comme je suis: vous en ferez toutefois ce qu'il vous plaira.

[1] *Notez que je suppose ici que c'est le point E qui est donné, et non le point B.*

A M. HARDY[1].

(Lettre 61 du tome III.)

Monsieur,

Au reste, je vous suis très obligé de ce que vous avez soutenu mon parti, touchant la règle *de maximis* de M. de Fermat; et je ne m'étonne point de ce que vous n'en jugez pas plus avantageusement que je n'ai fait, car, de la façon qu'elle est proposée, tout ce que vous en dites est véritable.

Mais pourceque j'ai mis, dès mon premier écrit[2], qu'on pouvoit la rendre bonne en la corrigeant, et que j'ai toujours depuis soutenu la même chose, je m'assure que vous ne serez pas marri que je vous en dise ici le fondement; aussi bien je me persuade que ces messieurs qui l'estiment tant ne

---

[1] « Cette lettre est de M. Descartes à M. Hardy. Elle est certainement « écrite depuis la 60ᵉ de ce volume, fixement datée du 3 mai 1638, puis- « que sur la fin il cite quelque chose de la 60ᵉ; elle est aussi écrite « avant la 65ᵉ de ce volume, datée fixement du 23 août 1638, puisque « dans cette 65ᵉ il est cité quelque chose de celle-ci. C'est ce qui fait que « je fixe celle-ci au 15 mai 1638. »

[2] « Voyez la 56ᵉ de ce volume, vers le milieu. »

l'entendent pas, ni peut-être même celui qui en est l'auteur.

Soit donc la ligne courbe donnée ABD [1], et que le point B de cette ligne soit aussi donné, à savoir, je fais l'ordonnée BC ∥ b, et le diamètre AC ∥ c; et qu'on demande un point en ce diamètre comme E qui soit tel, que la ligne droite qui en sera menée vers B coupe cette courbe en B et encore en un autre point comme D, en sorte que l'ordonnée DF soit à l'ordonnée BC, en raison donnée, par exemple, comme g à h. Vous savez bien que pour trouver ce point E, on peut poser EC ∥ A et CF ∥ E, et dire premièrement, à cause des triangles semblables ECB et EFD, comme CE ∥ a est à BC ∥ b, ainsi EF ∥ a † e, est à DF, qui par conséquent est DF ∥ $\frac{ba+be}{a}$. Puis, à cause que DF est l'une des ordonnées en la ligne courbe, on la trouve aussi en d'autres termes, qui seront divers selon les diverses propriétés de cette courbe. Par exemple, si c'est la première des lignes que M. de Fermat a imaginées, à l'imitation de la parabole, c'est-à-dire celle en laquelle les segments du diamètre ont entre eux même proportion que les cubes des ordonnées, on dira, comme AC ∥ c est à FA ∥ c † e, ainsi le cube de BC qui est b^3 est au cube de DF, qui par les termes trouvés ci-dessus est $\frac{b^3 a^3 + 3 b^3 a^2 e + 3 b^3 a e^2 + b^3 e^3}{a^3}$. Car ceci est le cube

[1] Figure 12.

de $\frac{ba+bc}{a}$. Puis multipliant les moyennes et les extrêmes de ces quatre proportionnelles $c \mid c+e \mid$ $b^3 \mid$ et $\frac{b^3 a^3 + 3b^3 aae + 3b^3 aee + b^3 e^3}{a^3}$, on a $cb^3 + eb^3 \parallel \frac{cb^3 a^3 + 3b^3 caae + 3b^3 aeee + cb^3 e^3}{a^3}$. Et divisant le tout par b^3, et le multipliant par a^3, il vient $a^3 c + a^3 e \parallel ca^3 + 3caae + 3caee + ce^3$, et ôtant de part et d'autre ca^3, il reste $a^3 e \parallel 3caae + 3cace + ce^3$. Et enfin, pourceque le tout se peut diviser par e, il vient $a^3 \parallel 3caa + 3cae + ce^2$. Mais pourcequ'il y a ici deux quantités inconnues, à savoir a et e, et qu'on n'en peut trouver qu'une par une seule équation, il en faut chercher encore une autre, et il est aisé par la proportion des lignes BC et DF[1] qui est donnée, à savoir comme g est à h, ainsi BC $\parallel b$ est à DF $\parallel \frac{ba+bc}{a}$, et par conséquent $bh \parallel \frac{abg+gbe}{a}$, ou bien $ha \parallel ga + ge$; et par le moyen de cette équation on trouve aisément l'une des deux quantités a ou e ; au lieu de laquelle il faut par après substituer en l'autre équation les termes qui lui sont égaux, afin de chercher ensuite l'autre quantité inconnue. Et c'est ici le chemin ordinaire de l'analyse pour trouver le point E, ou bien la ligne CE, lorsque la raison qui est entre les lignes BC et DF est donnée. Maintenant, pour appliquer tout ceci à l'invention de la tangente (ou, ce qui est le même, de la plus grande), il faut seulement considérer que, lorsque EB est la tan-

[1] Figure 13.

gente, la ligne DF n'est qu'une avec BC, et toutefois qu'elle doit être cherchée par le même calcul que je viens de mettre, en supposant seulement la proportion d'égalité au lieu de celle que j'ai nommée de g à h, à cause que DF est rendue égale à BC par EB, en tant qu'elle est la tangente (au moins lorsqu'elle l'est) en même façon qu'elle est rendue double ou triple, etc., de BC par la même EB, en tant qu'elle coupe la courbe en tel ou tel point, lorsqu'elle l'y coupe. Si bien qu'en la seconde équation, au lieu de ha $\|$ ga $+$ ge, pourceque h est égale à g, on a seulement a $\|$ a $+$ e, c'est-à-dire e égal à rien. D'où il est évident que pour trouver la valeur de la quantité a il ne faut que substituer un zéro en la place de tous les termes multipliés par e, qui sont en la première équation, laquelle est $a^3 \|$ 3 caa$+$3 cae $+$cee, c'est-à-dire qu'il ne faut que les effacer. Car une quantité réelle étant multipliée par une autre quantité imaginaire, qui est nulle, produit toujours rien. Et ceci est l'élision des homogènes de M. de Fermat, laquelle ne se fait nullement gratis en ce sens-là. Or cette élision étant faite, il ne reste ici en notre équation que $a^3 \|$ 3 caa, ou bien a $\|$ 3 c; d'où l'on apprend que lorsque EB est la tangente de la ligne courbe proposée, la ligne EC est nécessairement triple de la ligne AC.

Voilà donc le fondement de la règle, en laquelle il y a virtuellement deux équations, bien qu'il ne soit besoin d'y faire mention expresse que d'une, à cause que l'autre sert seulement à faire effacer ces homogènes; mais il est fort vraisemblable que M. de Fermat ne l'a point ainsi entendue, et qu'il ne l'a trouvée qu'à tâtons, vu qu'il y a omis la principale condition, à savoir celle qui présuppose ce fondement, ainsi que vous pourrez voir, s'il vous plaît, par ce que j'ai mandé ci-devant devoir y être corrigé dans une lettre adressée au révérend père Mersenne. Je suis, etc.

AU R. P. MERSENNE [1].

(Lettre 62 du tome III.)

Mon révérend père,

J'ai vu ce qu'il vous a plu me communiquer des lettres que M. de Fermat vous a écrites; et premièrement, pour ce qu'il dit avoir trouvé des paroles plus aigres en mon papier qu'il n'en avoit at-

---

[1] « La 62ᵉ du 3ᵉ vol. est de M. Descartes au P. M.; elle est la 13ᵉ des » manuscrits de M. de la Hire. Elle n'est point datée, mais comme l'exa- » men de la question géostatique est fixé au 13 juillet 1638, et que » M. D. dit à la fin de celle-ci qu'au prochain ordinaire il enverra son » sentiment sur la question géostatique, en reculant cette lettre de quinze » jours, on la met à peu près dans le temps où elle a été écrite, c'est-à-dire » le 30 juin 1638. »

tendu, je le supplie très humblement de m'excuser et de penser que je ne le connoissois point, mais que son *De maximis* me venant en forme de cartel de celui qui avoit déjà tâché de réfuter ma Dioptrique, avant même qu'elle fût publiée, comme pour l'étouffer avant sa naissance, en ayant eu un exemplaire que je n'avois point envoyé en France pour ce sujet, il me semble que je ne pouvois lui répondre avec des paroles plus douces que j'ai fait, sans témoigner quelque lâcheté ou quelque foiblesse. Et comme ceux qui se déguisent au carnaval ne s'offensent point qu'on se rie du masque qu'ils portent et qu'on ne les salue pas lorsqu'ils passent par la rue, ainsi qu'on feroit s'ils étoient en leurs habits accoutumés ; il ne doit pas, ce me semble, trouver mauvais que j'aie répondu à son écrit tout autrement que je n'aurois fait à sa personne, laquelle j'estime et honore comme son mérite m'y oblige. Il est vrai que je m'étonne extrêmement, non pas de ce qu'il approuve les raisons de M. Pascal et de Roberval, car la civilité ne lui permet pas de faire autrement, et, en effet, je ne sache point qu'on en pût donner de meilleures pour le sujet, mais de ce que, n'y en ajoutant aucunes autres, il veut supposer que celles-là m'ont pleinement persuadé, et se servir de cette raison pour s'abstenir d'envoyer la tangente de la ligne courbe que je lui avois proposée. Car j'ai assez témoigné par toutes mes lettres qu'ils n'avoient répondu directement à aucune de mes objections, et que de s'amuser à disputer si la ligne EB doit être nommée absolument la plus grande, ou bien seulement sous condition, ce n'est pas prouver que la règle qui enseigne à trouver cette plus grande soit bonne, et enfin que ce n'est pas un témoignage de la bonté de cette règle que de dire qu'elle ne réussit pas en cet exemple, qui est l'unique raison qu'ils en ont donnée. Et pour tous les autres exemples que vous m'avez mandé à diverses fois vous avoir été envoyés par M. de Fermat, encore qu'ils fussent vrais, ce que je suppose, puisque je ne les ai point vus, ils ne peuvent prouver que sa méthode soit généralement bonne, mais seulement qu'elle réussit en certains cas, ce que je n'ai jamais eu intention de nier, au moins pour sa règle *ad inveniendam maximam;* car pour la façon dont il cherchoit la tangente de la parabole, sans considérer aucune propriété qui lui fût spécifique, j'ai conclu, comme je devois, que *semper fallit ista methodus;* et la glose qu'il y ajoute en cette dernière lettre se rapportant à ce que j'ai dit par mes précédentes devoir y être corrigé, montre assez qu'il avoue tacitement que j'ai eu raison aussi bien en cela qu'au reste, à quoi il ne répond rien du tout; de façon que la civilité m'obligeroit à n'en parler plus, et à ne le point presser davantage sur ce sujet, n'étoit que, nonobstant cela, il assure au même lieu que sa méthode est incomparablement plus simple, plus courte et plus aisée que celle dont j'ai usé pour trouver les tangentes. A quoi je suis obligé de répondre que j'ai donné en mon premier écrit et aux suivants des raisons qui montrent le contraire, et que ni lui ni ses défenseurs n'y ayant rien du tout répondu, ils les ont assez confirmées par leur silence; de façon que, si la vérité ne l'offense point, je crois pouvoir dire, sans blasphème, qu'il fait tout de même que, si ayant été jeté à terre par quelqu'un et n'ayant pas même pu encore se relever, il se vantoit d'être plus fort et plus vaillant que celui qui le tiendroit renversé.

Au reste, encore qu'on reçoive sa règle pour bonne étant corrigée, ce n'est pas à dire qu'elle soit si simple ni si aisée que celle dont j'ai usé, si ce n'est qu'on prenne les mots de simple et aisée pour le même que peu industrieuse, en quoi il est certain qu'elle l'emporte, à cause qu'elle ne suit que la façon de prouver qui réduit *ad absurdum*, comme j'ai averti dès mon premier écrit; mais si on les prend en un sens contraire, il en faut par même raison juger le contraire. Et pour ce qui est d'être plus courte, l'expérience s'en pourra faire en l'exemple de la tangente que je lui avois proposée, si tant est qu'il vous l'envoie, ainsi qu'il offre de faire; car moi vous l'envoyant aussi en même temps, vous pourrez voir lequel de nos procédés sera le plus court. Et, afin qu'il n'use plus d'aucune excuse pour ne la point envoyer, vous l'assurerez, s'il vous plaît, que je maintiens toujours, comme devant, que ni cette tangente, ni une infinité d'autres semblables, ne peuvent être trouvées par sa méthode, et qu'il ne doit pas se persuader que je change d'avis lorsque je l'aurai mieux comprise, car je ne crois pas la pouvoir jamais mieux entendre que je fais; et je puis dire avec vérité que je l'ai sue vingt ans devant que d'avoir vu son écrit, sans m'en être jamais estimé beaucoup plus savant, et sans avoir cru qu'elle méritât tant de louanges qu'il lui en donne. Mais je ne crains pas que ceux qui voudront juger de la vérité par les preuves aient aucune peine à connoître lequel des deux l'entend le mieux, ou celui qui l'a imparfaitement proposée, et qui l'admire, ou bien celui qui a remarqué les choses qui devoient y être ajoutées pour la rendre bonne, et qui n'en fait qu'autant d'état qu'elle mérite.

Je n'ajoute rien davantage, à cause que je ne désire point aussi continuer cette dispute; et si j'ai mis ici ou ailleurs quelque chose qui ne soit pas agréable à M. de Fermat, je le supplie très humblement de m'en excuser, et de considérer que c'est la nécessité de me défendre qui m'y a contraint, et non aucun dessein de lui déplaire. Je le supplie aussi de m'excuser de ce que je ne réponds point à ses autres questions ; car, comme je vous ai mandé par mes précédentes, c'est un exercice auquel je renonce entièrement. Outre que, voyant qu'il vous mande que je n'ai pas pleinement satisfait à son théorème des nombres, bien qu'il n'y ait rien à dire, sinon que j'ai négligé de poursuivre à l'expliquer touchant les fractions, après l'avoir expliqué touchant les entiers, à cause qu'il m'a semblé trop facile pour prendre la peine de l'écrire, je crains que je ne pourrois jamais le satisfaire pleinement en aucune chose. Mais pour ce qu'il dit que cela même que j'ai omis comme trop aisé est très difficile, j'en ai voulu faire l'épreuve en la personne du jeune Gillot, lequel, m'étant venu voir ici depuis deux jours, s'y est rencontré fort à propos pour ce sujet. Je lui ai donc fait voir la réponse que j'avois faite à ce théorème de M. de Fermat, et lui ai demandé si, de ce que j'avois démontré touchant les nombres entiers, il en pourroit déduire le même touchant les rompus, ce qu'il a fait fort aisément, et l'a écrit dans un papier que je vous envoie, afin que vous connoissiez par son style que c'est une personne qui n'a jamais été nourrie aux lettres qui a résolu cette grande difficulté, et je vous jure que je ne lui ai aidé en aucune façon. Je lui ai fait aussi chercher la question que M. de Fermat propose à M. de Sainte-Croix et

LETTRES. 71

à moi, qui est de trouver trois triangles rectangles desquels les aires étant prises deux à deux composent trois nombres qui soient les côtés d'un triangle rectangle, et il en a trouvé la solution en une infinité de façons; car, par exemple, il donne le triangle dont les côtés sont $\frac{24}{5}$, $\frac{35}{12}$, $\frac{337}{60}$, et l'aire est 7; puis celui dont les côtés sont $\frac{6}{5}$, $\frac{21}{2}$, $\frac{65}{6}$, et l'aire est 14; avec celui dont les côtés sont 12, $\frac{7}{2}$, $\frac{25}{2}$, et l'aire est 21. Car ces trois aires, 7, 14, 21, prises deux à deux, font 21, 28 et 35, qui sont les côtés d'un triangle rectangle semblable à celui dont les côtés sont 3, 4, 5, qui est le plus simple qu'on puisse faire. Il a donné aussi les aires 15, 30, 45, lesquelles prises deux à deux composent un autre triangle semblable au précédent. Item, les aires 14, 21, 70, qui composent un autre triangle semblable à celui dont les côtés sont 5, 12, 13; les aires 22, 33, 110 font aussi le semblable, et les aires 30, 45, 150. Item, les aires 39, 65, 156 en composent un semblable à celui dont les côtés sont 8, 15, 17; et les aires 126, 210, 504, et les aires 330, 550, 1320, font aussi le même; et enfin les aires 330, 440, 2310, en composent un semblable à celui dont les côtés sont 7, 24 et 25. Je crois que ces neuf exemples suffisent pour montrer qu'il en peut aisément trouver une infinité; c'est pourquoi il n'a point désiré que je vous envoyasse sa règle. Je lui ai dit aussi qu'il cherchât les centres de gravité de quelque figure, à cause que M. de Fermat a désiré qu'on m'en proposât quelques uns; et ayant choisi celui du conoïde, qui a pour base un cercle, et est décrit par une parabole qui tourne autour de son essieu, à cause que vous m'avez mandé en quelqu'une de vos précédentes que le même vous a été envoyé par M. de Fermat, il a trouvé que le centre de gravité de ce corps divise son essieu en trois parties égales, en sorte que la distance, depuis ce centre jusques au sommet de ce conoïde, est double de celle qui est depuis ce même centre jusques à la base. N'étoit que Gillot doit partir d'ici demain matin, je lui en ferois encore chercher d'autres, car il les peut trouver tous, autant qu'il est possible, avec assez de facilité. Mais pourcequ'il ira peut-être à Paris dans quelque temps, j'aime mieux qu'il attende jusques à ce qu'il y soit, tant afin de n'être point ici obligé de lui aider, qu'afin qu'on puisse voir qu'il n'a point en cela besoin de mon aide.

Je lui ai aussi proposé la quatrième question de M. de Sainte-Croix, qui est de trouver deux nombres, chacun desquels, comme aussi la somme de leur agrégat, ne soit que de trois tétragones, à cause que vous me mandez que c'est celle qui a semblé à M. de Fermat la plus difficile; mais il n'a su non plus que moi y trouver si grande difficulté, ni juger qu'elle se doive entendre en un autre sens que celui auquel je l'ai résolue, et auquel il pourroit aussi la résoudre en d'autres façons, si ce n'est peut-être qu'on entende que chacun des nombres demandés soit tellement composé de trois tétragones qu'il ne puisse être divisé sans fraction en trois autres tétragones; mais encore en ce sens-là il la peut aisément résoudre, et en une infinité de façons, comme il a montré par les neuf exemples suivants, chacun desquels y satisfait, 3, 19, 22; et 3, 45, 46; et 6, 24, 30; et 6, 42, 48; et 11, 19, 30; et 11, 24, 35; et 11, 35, 46; et 11, 46, 57; et 22, 35, 57 : car on ne peut diviser 22 qu'en trois tétragones, qui sont 9, 9, 4; ni 35 qu'en trois autres, qui sont 25, 9, 1; ni enfin leur agrégat 57 qu'en trois, qui sont 49, 4, 4, et ainsi des autres.

Je passe maintenant à la Géostatique, laquelle j'ai enfin reçue; et bien que ce soit un écrit dont les fautes sont si grossières qu'elles ne sauroient surprendre personne, et qui, pour ce sujet, doivent être plutôt méprisées que contredites, toutefois, puisque vous désirez en savoir mon opinion, je la mettrai ici en peu de mots.

Je n'ai trouvé en tout ce beau livre *in-folio* qu'une seule proposition, bien que l'auteur en compte treize : car pour les trois premières et la dixième ce ne sont que des choses de géométrie si faciles et si communes qu'on ne sauroit entendre les éléments d'Euclide sans les savoir; les

5, 6, 7, 8, 9 et 11ᵉ ne sont que des suites ou des répétitions de la quatrième, lesquelles ne peuvent être vraies si elle ne l'est ; pour la 7, la 12 et la 13, il est vrai qu'elles ne dépendent pas ainsi de cette quatrième, mais pourceque l'auteur s'en sert pour tâcher de les prouver, et même qu'il ne se sert pour cela que d'elle seule, et que d'ailleurs elles ne sont, non plus que les autres, d'aucune importance, elles ne doivent point être comptées. Si bien qu'il ne reste que la quatrième toute seule à considérer, et elle a déjà été si bien réfutée par M. de la Brosse, qu'il n'est pas besoin d'y rien ajouter ; car, de cinq ou six fautes qu'il y remarque, la moindre est suffisante pour faire voir que le raisonnement de cet auteur ne vaut rien du tout. Et j'eus grand tort l'année passée, en voyant cette réfutation de M. de la Brosse, sans avoir vu le livre qu'il réfutoit, de ne la pas approuver. Mais la seule raison qui m'en empêcha fut que je ne pouvois m'imaginer que les choses qu'il reprenoit fussent si absurdes qu'il les représentoit, et je me persuadois qu'il exagéroit seulement quelques omissions ou fautes commises par inadvertance, et qu'il ne touchoit point aux principales raisons de l'auteur; mais je vois maintenant que ces principales raisons, que je supposois devoir être en son beau livre, ne s'y trouvent point. Et bien que j'aie vu beaucoup de quadratures du cercle, de mouvements perpétuels, et d'autres telles démonstrations prétendues qui étoient fausses, je puis toutefois dire avec vérité que je n'ai jamais vu tant d'erreurs jointes ensemble en une seule proposition. Dans les paralogismes des autres, on a coutume de ne rien rencontrer à l'abord qui ne semble vrai, en sorte qu'on a de la peine à remarquer, entre beaucoup de vérités, quelque petit mélange de fausseté qui est cause que la conclusion n'est pas vraie; mais ici, tout au contraire, on a de la peine à remarquer aucune vérité sur laquelle cet auteur ait appuyé son raisonnement. Et je ne saurois deviner autre chose qui lui ait donné occasion d'imaginer ce qu'il propose, sinon qu'il s'est équivoqué sur le mot de centre, et qu'ayant ouï nommer le centre d'une balance, aussi bien que le centre de la terre, il s'est figuré que ce qui étoit vrai au regard de l'un le devoit être aussi au regard de l'autre, et par conséquent que, comme en la balance FGD[1], le poids D pèse d'autant moins que le poids F qu'il est moins éloigné que lui du centre G, ainsi, en général dans le monde, chaque corps pèse d'autant moins ou d'autant plus qu'il est plus proche ou plus éloigné du centre de la terre; et cette vision lui a semblé si belle, qu'il s'est sans doute imaginé qu'elle est vraie. Mais, afin de la faire mieux recevoir par les autres, il a voulu

[1] Figure 14.

l'habiller à la guise d'une démonstration mathématique, et à cet effet il a choisi cette figure, en laquelle A[1] représente le centre du monde, G celui d'une balance, dont GF et GD sont les deux bras; puis, mettant un poids au point F, et un autre attaché au point D, qui pend plus bas jusques au point E, il s'est efforcé de prouver que ce poids E pèse d'autant moins qu'il est plus proche du centre de la terre. En quoi il a commis les fautes suivantes:

La première est qu'encore qu'il fût vrai qu'un poids ainsi posé pesât moins au regard des autres poids qui lui seroient opposés dans cette balance, il ne s'ensuit aucunement pour cela qu'il dût peser moins étant considéré tout seul hors de la balance.

La seconde est qu'il se sert de ce qu'ont dit Archimède, Pappus, etc., touchant le centre de gravité, à savoir que celui de deux corps pesants joints ensemble divise la ligne droite qui conjoint leurs centres en raison réciproque de leurs pesanteurs, bien que cela ne puisse être vrai, ni n'ait jamais été pris pour tel par Archimède, ni par aucun autre qui ait tant soit peu d'intelligence des mécaniques, qu'en cas qu'on suppose que les corps pesants tendent en bas par des lignes parallèles et sans s'incliner vers un même point; au lieu que, pour son dessein, il faut supposer très expressément le contraire, à cause que tout son raison-

[1] Figure 15.

nement n'est fondé que sur la considération du centre de la terre. Et il a rendu cette faute inexcusable, en ce qu'il a tâché de l'excuser, sans apporter pour cela d'autre raison, sinon qu'il nie qu'Archimède ait supposé dans les livres *De æquiponderantibus* que les corps pesants descendent par des lignes parallèles; car il montre par là qu'il n'entend rien ni dans Archimède, ni en général dans les mécaniques.

Sa troisième faute paroît en ce que, si sa proposition étoit vraie, ce qu'il dit du centre de gravité seroit faux; et ainsi il ne peut aucunement s'en servir pour la prouver: car, par exemple[1], si les poids F et D sont égaux, leur commun centre de gravité sera, selon Archimède, au point G, qui divise la ligne FD en parties égales; au lieu que, selon cet auteur, quand le poids D est plus proche du centre de la terre que le poids F, ce centre de gravité doit être entre F et G, et quand il en est plus éloigné, ce centre doit être entre G et D.

Sa quatrième faute consiste en ce qu'ayant supposé le poids I être au poids B[2], lorsqu'ils sont à pareille distance du centre de la terre, comme la ligne EH est à FH, il ne les met pas à pareille distance, mais à une distance fort diverse, à savoir l'un au point F et l'autre au point E; puis il sup-

[1] Figure 16.
[2] Figure 17.

pose que le point H est leur centre de gravité, tout de même que s'ils étoient à égale distance. Et ainsi, pour prouver que ce changement de distance change la pesanteur, il suppose qu'il ne la change point, et se contrarie à soi-même.

La cinquième est qu'il appuie tout son raisonnement sur ce que le point F est en sa figure plus éloigné du centre de la terre A que n'est le point E, en sorte que si on l'en suppose plus proche, et qu'on reçoive tout le reste de son discours comme vrai, on en conclura tout le contraire de ce qu'il conclut; et toutefois, en construisant sa figure, il laisse expressément la liberté d'y faire la ligne AF de telle grandeur qu'on voudra; ce que M. de la Brosse a fait voir fort clairement et fort véritablement par ses quatre figures diverses.

La sixième faute est que, faisant concevoir la ligne FD comme une balance dont le centre est G, et mettant un poids au point F et un autre au point E qui pend du point D, il cherche le centre de gravité de ces deux poids en la ligne EF, comme s'ils étoient simplement joints ensemble par cette ligne. En quoi il témoigne deux ignorances très grandes; car, en premier lieu, le poids qui pend du point D jusques à E, en sorte que l'angle GDE peut changer à mesure que la balance incline de part ou d'autre, ne pèse en cette balance qu'autant qu'il tire le point D, et ainsi n'est opposé au point F que suivant la ligne FD, et non suivant la ligne FE. Puis en second lieu, bien qu'il supposât que la ligne DE fût fermement jointe à la ligne GD, en sorte que l'angle GDE ne pût se changer toutefois à cause du point G, qui, étant le centre de la balance, doit être fixe, le centre de gravité des deux poids, l'un en F et l'autre en E, doit être tout autre que s'ils n'étoient point considérés en une balance ; et il montre en ceci qu'il n'a pas plus de connoissance de la statique dont il écrit qu'un aveugle en a des couleurs.

Au reste, après avoir ainsi fort vaillamment démontré sa proposition, il tâche à la confirmer par des autorités dont l'usage est ridicule en telles matières, et qui étant sans doute fausses et désavouées par ceux qu'il cite, lesquels sont encore vivants, il fait voir par là qu'on ne doit pas ajouter beaucoup de foi à ce qu'il écrit.

Puis ensuite de cela, comme pour répondre aux objections qu'on lui peut faire, il entreprend de réfuter l'opinion de ceux qui trouvent que la pesanteur des corps qui sont dans une balance doit se mesurer par la grandeur des perpendiculaires tirées du centre de cette balance vers les lignes suivant lesquelles ces poids tendent à descendre, et ce par trois diverses absurdités qu'il en déduit, mais qui diffèrent autant l'une de l'autre qu'un bonnet blanc diffère d'un blanc bonnet.

Car la première est que les poids B et C étant soutenus par le point D (en la figure de la page 11) seroient en équilibre ; la seconde qu'étant soutenus par le point E, ils ne seront pas en équilibre, et la troisième qu'étant ainsi soutenus par le point E, le poids qui seroit vers B seroit plus pesant que l'autre. Or, pour prouver que cette conséquence ainsi déguisée en trois plats est absurde, il n'allègue rien du tout que la supposition d'Archimède, de Pappus, etc., touchant le centre de gravité, laquelle il déguise aussi en trois plats, et qui, comme j'ai déjà dit, ne peut être vraie qu'en tant qu'on suppose que les corps pesants tendent en bas par des lignes parallèles, au lieu que toute cette question n'est fondée que sur ce qu'ils n'y tendent pas, et même tout ce qu'il cite là d'Archimède et de Pappus ne peut être vrai que sa prétendue démonstration ne soit fausse.

Ainsi je puis dire, pour conclusion, que tout ce que contient ce livre de Géostatique est si peu de chose, que je m'étonne que des honnêtes gens aient jamais daigné prendre la peine de le lire, et j'aurois honte de celle que j'ai prise d'en mettre ici mon sentiment, si je ne l'avois fait à votre prière. Je sais bien que vous ne me l'avez aussi demandé qu'à dessein de me faire dire mon opinion de la matière qu'il traite, et que vous ne vous souciez pas beaucoup de la façon dont il la traite, mais c'est un sujet qui mérite bien que j'y emploie quelqu'une de mes meilleures heures, au lieu que je n'en ai donné à celui-ci qu'une de celles que je voulois perdre. C'est pourquoi j'aime mieux vous l'envoyer séparément au prochain voyage. Aussi bien ai-je encore ici beaucoup d'autres choses à vous écrire.

RÉPONSE DU SIEUR GILLOT

AU THÉORÈME AUQUEL M. N. A JUGÉ QUE JE N'AVOIS PAS SATISFAIT.

Ayant été démontré qu'aucun des nombres qui sont d'une unité moindres que ceux qui sont divisibles par 4 ne peut être composé de deux nombres carrés entiers, il reste à prouver que le même ne peut être composé de deux nombres carrés rompus. Et pour ce faire, il faut considérer que, s'il étoit possible, il faudroit que tant les numérateurs que les nominateurs de ces fractions fussent des nombres carrés, et par conséquent aussi le nominateur de leur somme; et par même raison il faudroit aussi que le numérateur de cette somme fût composé de deux nombres carrés : or cela est impossible, car le nominateur de cette somme étant un nombre carré, il sera impair ou pair; s'il est impair, il excédera d'une unité un nombre divisible par 4; et son numérateur n'étant autre chose que le produit de ce nominateur multiplié par le nombre proposé, lequel par l'hypothèse excède de 3 un nombre divisible par 4, il s'ensuit nécessairement que ce numérateur ou produit excède aussi de 3 un nombre divisible par 4, et par conséquent il ne peut être composé de deux nombres carrés. Que si ce nominateur est un nombre pair, étant carré, il sera divisible par 4, et par conséquent son numérateur le sera aussi; et s'il est composé de deux nombres carrés, ils seront tous deux divisibles par 4: cela étant ainsi posé, on imaginera ces carrés être divisés par 4, et on mettra pour la somme de leurs quotients, le quotient de leur somme, qui sera nécessairement composé de deux carrés, si ledit numérateur l'étoit, etc., jusques à ce que le dernier quotient du nominateur soit un nombre impair. Or il appert clairement de ce que nous venons de dire, que si le premier numérateur, qu'on a commencé à diviser, étoit composé de deux nombres carrés, le numérateur de ce nombre impair trouvé le seroit aussi, mais nous avons prouvé que cela étoit impossible, etc. On pourra tout de même démontrer qu'aucun nombre qui sera d'une unité moindre qu'un nombre divisible par 8 ne pourra être composé d'un, ni de deux, ni de trois nombres carrés rompus, sans qu'il faille rien changer au discours précédent que quelques caractères et choses semblables.

A M. DE FERMAT[1].

(Lettre 63 du tome III.)

Monsieur,

Je n'ai pas eu moins de joie de recevoir la lettre par laquelle vous me faites la faveur de me promettre votre amitié, que si elle me venoit de la part d'une maîtresse dont j'aurois passionnément désiré les bonnes grâces : et vos autres écrits qui ont précédé me font souvenir de la Bradamante de nos poëtes, laquelle ne vouloit recevoir personne pour serviteur qui ne se fût auparavant éprouvé contre elle au combat. Ce n'est pas toutefois que je prétende me comparer à ce Roger, qui étoit seul au monde capable de lui résister; mais, tel que je suis, je vous assure que j'honore extrêmement votre mérite. Et voyant la dernière façon dont vous usez

---

[1] « Cette lettre 63 du 3ᵉ vol. est datée du 27 juillet 1638. Voyez la petite addition qui est à la fin de la 66ᵉ de ce vol., page 378. C'est une démonstration infaillible. »

pour trouver les tangentes des lignes courbes, je n'ai autre chose à y répondre, sinon qu'elle est très bonne, et que si vous l'eussiez expliquée au commencement en cette façon, je n'y eusse point du tout contredit. Ce n'est pas qu'on ne pût proposer divers cas qui obligeroient à chercher derechef d'autres biais pour les démèler, mais je ne doute point que vous ne les trouvassiez aussi bien que celui-là. Il est vrai que je ne vois pas encore pour quelle raison vous voulez que votre première règle pour chercher les plus grandes et les moindres se puisse appliquer à l'invention de la tangente, en considérant la ligne qui la coupe à angles droits comme la plus courte, plutôt qu'en considérant cette tangente comme la plus grande, sous les conditions qui la rendent telle : car, pendant qu'on ne dit point la cause pourquoi elle réussit en l'une de ces façons plutôt qu'en l'autre, il ne sert de rien de dire que cela arrive, sinon pour faire inférer de là que, même lorsqu'elle réussit, elle est incertaine. Et, en effet, il est impossible de comprendre tous les cas qui peuvent être proposés dans les termes d'une seule règle, si on ne se réserve la liberté d'y changer quelque chose aux occasions, ainsi que j'ai fait en ce que j'en ai écrit, où je ne me suis assujetti aux termes d'aucune règle; mais j'ai seulement expliqué le fondement de mon procédé, et en ai donné quelques exemples, afin que chacun l'appliquât après selon son adresse aux divers cas qui se présenteroient. Cependant je m'écarte ici, sans y penser, du dessein de cette lettre, lequel n'est autre que de vous rendre grâces très humbles de l'offre qu'il vous a plu me faire de votre amitié, laquelle je tâcherai de mériter, en recherchant les occasions de vous témoigner que je suis passionnément, etc.

A M. DE FERMAT [1].

(Lettre 64 du tome III.)

Monsieur,

Je sais bien que mon approbation n'est point nécessaire pour vous faire juger quelle opinion vous devez avoir de vous-même, mais si elle y peut contribuer quelque chose, ainsi que vous me faites

---

[1] « Cette lettre est écrite vers la fin de septembre; car M. Descartes n'a
» envoyé au P. Mersenne réponse à la difficulté proposée par M. Rober-
» val que le 23 août, dans la 65ᵉ du 3ᵉ vol.; et dans cette lettre à
» M. Fermat, M. Descartes le congratule de ce qu'il a appris par le
» P. Mersenne qu'il avoit envoyé en même temps par lui la solution à
» la même difficulté de Roberval. Or il lui a bien fallu un mois pour
» envoyer cette lettre, recevoir celle de Mersenne, en récrire une nou-
» velle. Aussi je fixe cette lettre au 25 septembre 1638. »

l'honneur de m'écrire, je pense être obligé de vous avouer ici franchement que je n'ai jamais connu personne qui m'ait fait paroître qu'il sût tant que vous en géométrie. La tangente de la ligne courbe que décrit le mouvement d'une roulette, qui est la dernière chose que le révérend père Mersenne a pris la peine de me communiquer de votre part, en est une preuve très assurée; car, d'autant qu'elle semble dépendre du rapport qui est entre une ligne droite et une circulaire, il n'est pas aisé d'y appliquer les règles qui servent aux autres, et M. de Roberval qui l'avoit proposée, qui est sans doute aussi l'un des premiers géomètres de notre siècle, confessoit ne la savoir pas et même ne connoître aucun moyen pour y parvenir. Il est vrai que depuis il a dit aussi qu'il l'avoit trouvée, mais c'a été justement le lendemain, après avoir su que vous et moi la lui envoyions, et une marque certaine qu'il se mécomptoit, est qu'il disoit avoir trouvé en même temps que votre construction étoit fausse, lorsque la base de la courbe étoit plus ou moins grande que la circonférence du cercle ; ce qu'il eût pu dire tout de même de la mienne, sinon qu'il ne l'avoit pas encore vue, car elle s'accorde entièrement avec la vôtre. Au reste, monsieur, je vous prie de croire que si j'ai témoigné ci-devant n'approuver pas tout-à-fait certaines choses particulières qui venoient de vous, cela n'empêche point que la déclaration que je viens de faire ne soit très vraie. Mais comme on remarque plus soigneusement les petites pailles des diamants que les plus grandes taches des pierres communes, ainsi j'ai cru devoir regarder de plus près à ce qui venoit de votre part, que s'il fût venu d'une personne moins estimée; et je ne craindrois pas de vous dire que cette même raison me console, lorsque je vois que de bons esprits s'étudient à reprendre les choses que j'ai écrites, en sorte qu'au lieu de leur en savoir mauvais gré, je pense être obligé de les en remercier. Ce qui peut, ce me semble, servir à vous assurer que c'est véritablement et sans fiction que je suis, etc.

AU R. P. MERSENNE [1].

(Lettre 65 du tome III.)

Mon révérend père,

J'ai été bien aise de voir les questions que vous dites que vos géomètres, ni M. de Roberval même, qui est celui que vous estimez le principal d'entre eux, confessent ne savoir pas, car je pourrai éprouver en les cherchant si mon analyse est meilleure que la leur.

La première de ces questions est de trouver les tangentes des courbes décrites par le mouvement d'une roulette. A quoi je réponds que la ligne droite qui passe par le point de la courbe dont on veut trouver la tangente, et par celui de la base auquel touche la roulette pendant qu'elle le décrit, coupe toujours cette tangente à angles droits. En sorte que si l'on veut, par exemple, trouver la ligne droite qui touche au point B la courbe ABC [2],

---

[1] « Cette lettre est la 19ᵉ de M. de la Hire. Elle est datée par M. Descartes du 23 d'août 1638. Cette lettre n'est pas entière, il n'y a ici que les huit premières pages. Il y a ensuite deux pages de réponses à des difficultés touchant la géométrie, que je ne crois pas imprimées. La fin de cette lettre compose la lettre 76 de ce volume tout entière. »

[2] Figure 18.

décrite sur la base AD par l'un des points de la circonférence de la roulette DNC, il faut mener par ce point B la ligne BN parallèle à la base AD, puis mener une autre ligne du point N, où cette parallèle BN rencontre la roulette DNC, vers le point D, où cette roulette touche la base, et après cela mener BO parallèle à ND, et enfin BL qui la rencontre à angles droits; car cette ligne BL est la tangente cherchée.

De quoi je ne mettrai qu'une démonstration qui est fort courte et fort simple. Si on fait rouler un polygone rectiligne, quel qu'il soit, sur une ligne droite, la courbe décrite par l'un de ses points, quel qu'il soit, sera composée de plusieurs parties de cercles, et les tangentes de tous les points de chacune de ces parties de cercles couperont à angles droits les lignes tirées de ces points vers celui auquel le polygone aura touché la base en décrivant cette partie. Ensuite de quoi, considérant la roulette circulaire comme un polygone qui a une infinité de côtés, on voit clairement qu'elle doit avoir cette même propriété, c'est-à-dire que les tangentes de chacun des points qui sont en la courbe qu'elle décrit doivent couper à angles droits les lignes tirées de ces points vers ceux de la base qui sont touchés par elle au même temps qu'elle les décrit.

Ainsi lorsqu'on fait rouler l'hexagone ABCD sur

la ligne droite EFGD, son point A décrit la ligne courbe EHIA, composée de l'arc EH, qu'il décrit pendant que cet hexagone touche la base au point F, qui est le centre de cet arc; de l'arc HI, dont le centre est G, et de l'arc IA, dont le centre est D, etc., par lesquels centres passent toutes les lignes qui rencontrent les tangentes de ces arcs à angles droits. Or le même arrive à un polygone de cent millions de côtés, et par conséquent aussi au cercle. Je pourrois démontrer cette tangente d'une autre façon, plus belle à mon gré, et plus géométrique, mais je l'omets pour m'épargner la peine de l'écrire, à cause qu'elle seroit un peu plus longue.

Or il faut remarquer que lorsque la base de cette courbe est égale à la circonférence du cercle qu'on imagine rouler sur cette même base pour la décrire, ainsi que je l'ai supposée en l'exemple précédent, cette courbe n'a que la voûture d'un demi-cercle, c'est-à-dire qu'en chacun de ses bouts la tangente de son dernier point est perpendiculaire sur cette base. Mais lorsque sa base est plus courte, ses deux bouts sont repliés en dedans de part et d'autre, en sorte que plusieurs de ses révolutions font une telle figure.

Or, pour trouver les tangentes de cette courbe et savoir exactement où elle commence à se replier, il faut imaginer que le point qui la décrit est au

dehors de la roulette, et supposer deux bases, l'une
sur laquelle est décrite la courbe, comme ici AF
sur laquelle la courbe ABCD[1], est décrite par le
point D, joint par dehors à la roulette FG, en
telle sorte qu'il décrit le cercle END autour du
centre de cette roulette, au même temps qu'il décrit la courbe ABCD sur le plan AD; et une autre
base, comme BG, sur laquelle se meut la roulette FG, dont la demi-circonférence doit être égale
à la demi-base AE; et les tangentes se mesurent
ici par le cercle DE, et par le point G, où la roulette
FG touche sa base BG; en sorte que pour trouver
la ligne qui touche cette courbe, par exemple, au
point C, il faut mener CN, parallèle à la base,
et joindre le point N, qui est dans le cercle
DNE au point G, où la roulette touche sa base;
puis mener CP parallèle à NG, et cette CP est perpendiculaire sur CL, qui est la tangente cherchée.

Ensuite de quoi on voit clairement que le point
B, où la seconde base BG rencontre cette courbe[2],
est celui où elle commence à se replier en dedans;
car la tangente de ce point est perpendiculaire sur
la base AE.

Que si la base de cette courbe est plus longue
que la circonférence du cercle que trace autour
du centre de la roulette le point qui la décrit,
ses deux bouts sont repliés en dehors; en sorte

[1] Figure 19. — [2] Figure 20.

que plusieurs de ses révolutions font une telle figure[1].

Et pour trouver ses tangentes, et savoir où elle commence à se replier, il faut imaginer que le point qui la décrit est au dedans de la roulette, et ainsi supposer une seconde base BG, sur laquelle se meut la roulette FG, dont la circonférence est égale à cette base, pendant que le point D, qui décrit la courbe sur l'autre base AE, décrit autour du centre de la roulette le cercle DE; puis, pour trouver la tangente du point C, pris à discrétion en cette courbe, il faut mener CN parallèle à la base, et joindre le point N qui est dans le cercle DE au point G, où la roulette touche sa base, puis tirer CP parallèle à NG, et CL qu'elle rencontre à angles droits est la tangente cherchée.

Ensuite de quoi, pour trouver le point H[2], où la partie de la courbe AH cesse d'être concave, et HCD d'être convexe, il ne faut tirer que du point G une ligne comme GR, qui touche le cercle DRE au point R, et de ce point R mener RH parallèle à la base. Et il est à remarquer qu'il ne peut y avoir aucune ligne droite qui touche cette courbe AHCD en ce point H, à cause qu'il fait la séparation de ses deux parties, dont l'une est concave et l'autre convexe. Or ces déterminations

[1] Figure 21. — [2] Figure 22.

si simples et si faciles peuvent être prises pour la seconde chose que M. votre habile géomètre a confessé ne savoir pas ; car bien qu'il ait dit en avoir une démonstration, mais qui étoit longue, et qu'il en désiroit seulement une plus courte, il n'a pu toutefois en avoir qui déterminât exactement aucune de ces choses, puisqu'il n'a pu trouver les tangentes.

Au reste, il est à remarquer que tant ce que j'ai ici écrit des tangentes, que ce que je vous avois mandé ci-devant touchant l'espace que contiennent ces lignes décrites par une roulette circulaire, se peut aussi étendre à toutes celles qui sont décrites par des roulettes qui ont d'autres figures, telles qu'elles puissent être, excepté seulement que touchant l'espace il faut que les circonférences de ces roulettes soient convexes, et que leurs parties opposées soient semblables ; comme lorsqu'elles ont la figure d'une ellipse, ou de deux hyperboles ajustées l'une contre l'autre, etc. Et il est si aisé de leur appliquer les démonstrations que je vous ai envoyées, que cela ne vaut pas la peine que je l'explique ; même il n'y faut changer que fort peu de chose, lorsque les circonférences de ces roulettes ne sont pas toutes convexes ; et ainsi je ne crois pas qu'il y ait guère rien à dire touchant ces lignes qui ne soit compris en ce peu que je vous en ai écrit.

Il faut aussi remarquer que les courbes décrites par des roulettes sont des lignes entièrement mécaniques, et du nombre de celles que j'ai rejetées de ma Géométrie ; c'est pourquoi ce n'est pas merveille que leurs tangentes ne se trouvent point par les règles que j'y ai mises.

Mais pour cette autre tangente qu'il avoue n'avoir pu trouver, à savoir, celle qui fait l'angle de quarante-cinq degrés avec l'essieu de la courbe que j'avois ci-devant proposée, il ne faut que suivre ces règles tout simplement pour la connoître ; et en voici la façon.

Soit ACKFA' l'une des feuilles qui fait la partie de cette courbe dont l'essieu est AH, et le plus grand diamètre de la feuille est AK, et l'angle HAK est de quarante-cinq degrés, je cherche la tangente FE ou CB, parallèle au diamètre AK, posant que la propriété de cette courbe est telle que, menant FG à angles droits sur AH, l'agrégat des cubes de FG et AG est égal au parallélipipède des mêmes FG et AG, et d'une autre ligne donnée qui est double de AH. Et je fais AG $\|$ [*] x, GF $\|$ y, et le double de AH $\|$ n ; d'où j'ai $x^3 + y^3 \| xyn$. Puis je fais AE $\|$ v, de façon que EG est $x - v$; et pourceque l'angle EFG est de quarante-cinq degrés, GF est aussi $x - v$, ce que je substitue au lieu de y en l'équation précédente, et au lieu de y^3, je substitue

---

['] Figure 23.

[*] « Ces deux barres sont exprimées, dans le manuscrit de M. de la Hire, par cette figure ∝. »

son cube, qui est $x^3 - 3vx^2 + 3v^2x - v$. Si bien que j'ai pour mon équation $2vx^2 - 3vx^2 + vx - v^3 \parallel nx^2 - nvx$; ce que je compare avec $x^2 - 2ex + e^2 \parallel o$, multiplié par $2x - 2f \parallel o$; et j'ai

$$2x^3 - 4cx^2 + 2e^2x$$
$$-2fx^2 + 4efx^2 - e^2f \parallel o ;$$

de même forme que

$$2x^3 - 3vx^2 + 3v^2x - v^3 \parallel o$$
$$-nx^2 + nvx.$$

Et les termes multipliés par x^2 me donnent $2f \parallel 3v + n - 4c$, puis les termes multipliés par x me donnent

$$6ev + 2en - 6e^2 \parallel 3v^2 + nv ;$$

ou bien

$$v^2 \parallel -\tfrac{1}{3}nv + 2ev + \tfrac{2}{3}ne - 2e^2.$$

C'est-à-dire à cause que e est égal à x, que v est

$$x - \tfrac{1}{6}n = \sqrt{\tfrac{1}{36}n^2 + \tfrac{1}{3}nx - x^2},$$

ce qui détermineroit entièrement la tangente cherchée, si la quantité x étoit connue, mais pourcequ'elle ne l'est pas, il faut poursuivre en cette sorte.

Puisque y est égal à $x - v$, et que v vient d'être trouvé, nous avons aussi

$$y \parallel \tfrac{1}{6}n = \sqrt{\tfrac{1}{36}n^2 + \tfrac{1}{3}nx - x^2},$$

ce qui étant substitué au lieu de y, et son cube au lieu de y^3 en la première équation, on trouve, en la démêlant, qu'elle se réduit à ces termes :

$$x^4 - \tfrac{1}{9}n^3x + \tfrac{2}{54}n^4 \parallel o.$$

Et par ma règle, qui est en ma Géométrie, page 383, j'écris en leur place :
$$z^6 - \tfrac{2}{27}n^4 z - \tfrac{1}{81}n^6 \parallel 0.$$

Puis, par la page 381, je trouve la valeur de z, qui est $\tfrac{2}{3}n^2$ et $z \parallel n\sqrt{\tfrac{1}{3}}$. Au moyen de quoi, par la page 383, je divise l'équation $x^6 - \tfrac{1}{9}n^2 x + \tfrac{1}{54}n^4 \parallel 0$, en deux autres qui sont :

$$x^2 - nx\sqrt{\tfrac{1}{3} + \tfrac{1}{6}n^2} - \tfrac{n^2}{6\sqrt{3}} \parallel 0.$$

Et

$$x^2 + nx\sqrt{\tfrac{1}{3} + \tfrac{1}{6}n^2} + \tfrac{n^2}{6\sqrt{3}} \parallel 0.$$

Et par la première de ces deux équations, je connois la valeur de x, qui est

$$x \parallel n\sqrt{\tfrac{1}{12}} = \sqrt{\tfrac{n^2}{6\sqrt{3}} - \tfrac{1}{12}n^2}.$$

Enfin, à cause que, cherchant en même façon la ligne AB par la tangente CB, il vient une équation toute semblable, on apprend de là que la ligne AG est

$$n\sqrt{\tfrac{1}{12}} + \sqrt{\tfrac{n^2}{6\sqrt{3}} - \tfrac{1}{12}n^2},$$

et que AD est

$$n\sqrt{\tfrac{1}{12}} - \sqrt{\tfrac{n^2}{6\sqrt{3}} - \tfrac{1}{12}n^2};$$

et par conséquent que DG est

$$\sqrt{\tfrac{2n^2}{3\sqrt{3}} - \tfrac{1}{3}n^2},$$

et que CF est

$$\sqrt{\tfrac{4n^2}{3\sqrt{3}} - \tfrac{2}{3}n^2};$$

ce qui est la plus grande largeur de la feuille qu'on demandoit ; en sorte que si la ligne n est 9, CF sera $\sqrt{36\sqrt{3}-54}$, et si n est 3, CF sera $\sqrt{4\sqrt{3}-6}$, et ainsi des autres.

Au reste, puisque je vois qu'il a pris plaisir à considérer la figure de cette ligne, laquelle il nomme un galanth, ou une fleur de jasmin, je lui en veux ici donner une autre, qui ne mérite pas moins que celles-là les mêmes noms, et qui est néanmoins beaucoup plus aisée à décrire, en ce que l'invention de tous ses points ne dépend d'aucune équation cubique. Celle-ci donc est telle, qu'ayant pris AK pour l'essieu de l'une de ces feuilles, et en AK le point N à discrétion, il faut seulement faire que le carré de l'ordonnée LN soit au carré du segment AN, comme l'autre segment NK est à l'agrégat de la toute AK et du triple de AN, et ainsi on aura le point L, c'est-à-dire tous ceux de la courbe, puisque le point N se prend à discrétion.

Je pourrois lui donner une infinité d'autres lignes qui ne seroient point d'une nature plus composée que celle-là, et toutefois qui représenteroient des fleurs ou des galanths beaucoup plus doubles et plus beaux ; mais, pour en parler ingénument, je fais si peu d'état de ces galanteries, que j'aurois honte de m'amuser à les écrire : et je m'étonne de ce qu'il semble prétendre quelque gloire pour avoir remarqué en gros la figure d'une ligne dont je lui avois envoyé la définition; car elle se voit à l'œil sans aucun esprit ni science, après qu'on a pris la peine de la tracer.

Il ne reste plus ici à résoudre que sa dernière question, qui est telle: les côtés AD et AE du quadrilatère ADCE, étant donnés avec l'angle DAE, et la longueur de la diagonale AC, et enfin la proportion qui est entre les deux lignes AG et AH, perpendiculaires sur les côtés inconnus CD et CE, il faut chercher le reste.

A quoi je réponds que ce problème étant ainsi généralement proposé, n'est ni plan ni solide, mais qu'il ne laisse pas de pouvoir toujours être construit par les règles que j'ai données en ma géométrie, à cause qu'on le peut toujours réduire au carré de cube, ou à moins. Et en voici la façon :

Puisque les côtés AD, AE, et l'angle DAE sont donnés, la base DE est aussi donnée, et sa perpendiculaire AF, et ses segments DF, FE; c'est pourquoi je fais AF ∥ b, DF ∥ c, FE ∥ d, je fais aussi AC ∥ a, et que la raison de AG à AH est comme g à h; puis, ayant mené AB parallèle à DE, je cherche la perpendiculaire CB, que je nomme y; et à cet effet je prolonge AB jusques à K et L, où elle rencontre CD et CE, sur lesquelles je mène les perpendiculaires LQ et KN. Or, puisque j'ai fait CA $\parallel a$, et CB $\parallel y$, j'ai AB $\parallel \sqrt{a^2-y^2}$; et comme CI, qui est $y-b$, est à IE, qui est $d-\sqrt{a^2-y^2}$, ainsi CB, qui est y, est à BL, qui par conséquent est $\frac{dy-y\sqrt{a^2-y^2}}{y-b}$, et AL est

$\frac{dy-b\sqrt{a^2-y^2}}{y-b}$, et LC $\parallel \frac{y}{y-b}$

$\sqrt{-2by+b^2+d^2+a^2-2d\sqrt{a^2-y^2}}$.

Tout de même comme

CI $\parallel y-b$ est à ID $\parallel c+\sqrt{a^2-y^2}$.

Ainsi CB $\parallel y$ est à BK, qui par conséquent est $\frac{cy+y\sqrt{a^2-y^2}}{y-b}$, et Ak est $\frac{cy+b\sqrt{a^2-y^2}}{y-b}$, et Ck est $\frac{y}{y-b}$

$\sqrt{-2by+b^2+c^2+a^2+2c\sqrt{a^2-y^2}}$, et kL est $\frac{dy+cy}{y-b}$.

De plus je fais AG $\parallel gz$, et AH $\parallel hz$, et comme Ak est kL, ainsi AG est à LQ; d'où j'ai LQ $\parallel$

$\frac{dygz+cyg z}{cy+b\sqrt{a^2-y^2}}$. Et comme AL est à kL, ainsi AH est

à kN, ce qui m'apprend que kN est $\frac{dyhz+cyhz}{dy-b\sqrt{a^2-y^2}}$.

Enfin, comme LQ est à kN, ainsi CL est à Ck; d'où je conclus que $dgy-bg\sqrt{a^2-y^2}$, multipliés par $\sqrt{-2by+b^2+c^2+a^2+2c\sqrt{a^2-y^2}}$, est égal à $chy+bh\sqrt{a^2-y^2}$ multipliés par

$\sqrt{-2by+b^2+d^2+a^2-2d\sqrt{a^2-y^2}}$.

7.

Et, en démêlant cette équation, on voit clairement qu'il n'y peut venir de plus haut terme que y^6. En sorte qu'on la peut toujours résoudre par ma Géométrie, et il n'est pas besoin que je passe outre, car il ne faut que le travail d'un apprenti pour l'achever. Mais, pour conclusion, je puis dire que si je ne contente vos géomètres avec ces solutions, je ne les saurois jamais contenter, non pas même si j'avois le don de faire des miracles. C'est pourquoi je n'y tâcherai jamais plus.

Pour ce qui est de M. de Fermat, je ne sais quasi qu'y répondre; car, après les compliments qui se sont faits entre nous de part et d'autre, je serois marri de lui déplaire : mais il semble que l'ardeur avec laquelle il continue à exalter sa méthode, et à vouloir persuader que je ne l'ai pas entendue, et que j'ai failli en ce que je vous en ai écrit, m'oblige à mettre ici quelques vérités qui me semblent ne lui être pas avantageuses.

Vous m'envoyâtes l'hiver passé de sa part une règle[1] pour trouver les plus grandes et les moindres en géométrie, laquelle j'assurai être défectueuse, et je le vérifiai très clairement par l'exemple même qu'il avoit donné; mais j'ajoutai[2] qu'en la corrigeant on la pouvoit rendre assez bonne, bien que non pas si générale que son auteur prétendoit,

---

[1] « *De maximis et minimis.* »
[2] « Voyez la 56ᵉ de ce volume, vers le milieu. »

et qu'on ne pourroit pas même s'en servir en la façon qu'elle étoit dictée pour trouver la tangente d'une certaine ligne que je nommai. J'ajoutai aussi que plusieurs raisons me faisoient juger qu'il ne l'avoit trouvée qu'à tâtons; et enfin que s'il avoit envie de s'éprouver en géométrie, ce ne devoit pas être en ce sujet, lequel n'est pas des plus difficiles, mais en trois ou quatre autres que je lui proposai, qui sont toutes choses auxquelles il auroit sans doute répondu depuis, s'il eût eu de quoi. Mais, au lieu de cela, quelqu'un de Paris, qui favorisoit son parti, ayant vu mon écrit entre vos mains, tâcha de vous persuader que je m'étois mécompté, et vous pria de surseoir à le lui envoyer. Vous me le mandâtes, et je vous assurai que je ne craignois rien de ce côté-là. Vous m'envoyâtes quelque temps après une réponse faite pour lui par ce même homme de Paris qui soutenoit son parti, en laquelle ne trouvant autre chose, sinon qu'il ne vouloit pas qu'une certaine ligne EB pût être nommée la plus grande, il me fit souvenir de ces avocats qui, pour faire durer un procès, cherchent à redire en des formalités qui ne servent de rien du tout en la cause. Je vous avertis dès lors que je voyois bien qu'il n'usoit de cette procédure que pour donner plus de loisir à ma partie de penser à me répondre ; car, bien que vous ne lui eussiez pas encore envoyé ma lettre, je ne doutois point que d'autres ne lui en eussent mandé le contenu, et l'événement montre assez que mes conjectures ont été vraies. Or, après avoir été ennuyé de ce que la chicanerie de la ligne EB duroit trop long-temps, je leur ai enfin [1] mandé tout au long ce qui devoit être ajouté à la règle dont il étoit question pour la rendre vraie, sans pour cela changer la façon dont elle étoit conçue, et suivant laquelle j'avois dit qu'on ne pouvoit s'en servir pour trouver la tangente que j'avois proposée. Depuis ce temps-là, soit que ce que j'avois corrigé en cette règle lui ait donné plus de lumière, soit qu'il ait eu plus de bonheur qu'auparavant, enfin, *quod felix faustumque sit*, après six mois de délai, il a trouvé moyen de la tourner d'un nouveau biais, par l'aide duquel il exprime en quelque façon cette tangente. *Io triumphe;* ne voilà pas une chose qui vaut bien la peine de chanter si haut sa victoire. Je ne m'arrêterai point ici à dire que ce nouveau biais qu'il a trouvé étoit très facile à rencontrer, et qu'il l'a pu tirer de ma Géométrie, où je me sers d'un semblable moyen pour éviter l'embarras qui rend sa première règle inutile en cet exemple, et que par là il n'a point satisfait à ce que je lui avois proposé, qui n'étoit pas de trouver cette tangente, vu qu'il la pouvoit avoir de ma Géométrie, mais

---

[1] « Voyez page 327 de la lettre 60 de ce volume. »

de la trouver en ne se servant que de sa première
règle, puisqu'il l'estimoit si générale et si excellente ; et, enfin, que ce n'est pas trouver parfaitement les tangentes que de les exprimer par les
deux quantités indéterminées x et y, comme il a
fait, car ces quantités X et Y ne sont point données
séparément, mais on doit chercher l'une par l'autre. Et ceux qui ont voulu depuis employer sa règle à chercher la tangente qui fait l'angle de quarante-cinq degrés avec l'essieu de cette courbe
ont assez pu connoître ce défaut par expérience.
Je ne veux pas, dis-je, m'arrêter à toutes ces choses ; mais je dirai seulement qu'il lui eût été, ce
me semble, plus avantageux de ne point parler du
tout de cette tangente, à cause que le grand bruit
qu'il en fait donne sujet à un chacun de penser
qu'il a eu beaucoup de peine à la trouver, et de
remarquer que, puisqu'il s'est tu cependant de
toutes les autres choses que je lui ai objectées,
c'est un témoignage qu'il n'a rien eu du tout à y
répondre, et même qu'il ne sait pas encore bien
le fondement de sa règle, puisqu'il n'en a point
envoyé la démonstration, nonobstant que vous l'en
ayez ci-devant pressé et qu'il l'eût promise, et
que ce fût l'unique moyen de prouver sa certitude, laquelle il a tâché inutilement de persuader
par tant d'autres voies. Il est vrai que depuis qu'il
a vu ce que j'ai mandé y devoir être corrigé, il

ne peut plus ignorer le moyen de s'en servir ; mais s'il n'a point eu de communication de ce que j'ai mandé depuis à M. Hardi[1] touchant la cause de l'élision de certains termes, qui semble s'y faire *gratis*, je le supplie très humblement de m'excuser si je suis encore d'opinion qu'il ne la sauroit démontrer. Au reste, je m'étonne extrêmement de ce qu'il veut tâcher de persuader que la façon dont il trouve cette tangente est la même qu'il avoit proposée au commencement, et de ce qu'il apporte pour preuve de cela qu'il s'y sert de la même figure, comme s'il avoit affaire à des personnes qui ne sussent pas seulement lire ; car il n'est besoin que de lire l'un et l'autre écrit pour connoître qu'ils sont très différents. Je m'étonne aussi de ce que, nonobstant que j'aie clairement démontré tout ce que j'ai dit devoir être corrigé en sa règle, et qu'il n'ait donné aucune raison à l'encontre, il ne laisse pas de dire que j'y ai mal réussi, au lieu de quoi je me persuade qu'il m'en devroit remercier ; et même il ajoute que j'ai failli, pour avoir dit qu'il falloit donner deux noms à la ligne qu'il nomme B, etc. Ce qui ne réussit, dit-il, qu'aux questions qui sont aisées, au lieu qu'il devroit dire que c'est donc lui-même qui avoit failli, à cause que j'ai suivi en cela son texte mot pour mot, ainsi que j'ai dû faire pour le corriger. Est-ce pas une chose

[1] « Voir la lettre 61 de ce volume, page 335. »

bien admirable qu'il veuille que j'aie trouvé en sa règle, il y a six mois, ce qu'il n'y a changé que depuis trois jours; et que j'aie failli, de ce que je n'y ai pas corrigé une chose qui ne la rend nullement fausse : car, comme il dit, étant prise en ce sens-là, elle réussit aux questions aisées, bien qu'elle ne réussisse pas aux autres, ce qui vient de ce qu'elle ne leur peut être appliquée et s'accorde entièrement avec ce que j'en avois écrit. Et, afin qu'il sache que son nouveau biais ne s'étend pas si loin qu'il s'imagine, qu'il tâche, s'il lui plaît, de s'en servir à trouver la tangente d'une ligne courbe qui a cette propriété, que l'agrégat des quatre lignes tirées de chacun de ses points vers quatre autres points donnés, comme vers A,B,C,D, est toujours égal à une ligne donnée, et je m'assure qu'il ne s'y trouvera pas moins empêché que s'il se servoit du premier, bien qu'elle soit incomparablement moins composée que son $X^{10} + BX^9$,etc., qu'il allègue. Je m'étonne aussi de ce qu'il s'attribue si particulièrement cette méthode, qu'il semble, à l'en ouïr parler, qu'elle soit quelque grand secret qui n'ait jamais pu être trouvé que de lui seul; car, à le bien prendre, il n'y a rien du tout en elle qu'il se puisse approprier à meilleur droit que le feu et l'eau et les grands chemins, sinon les défectuosités avec lesquelles il l'a proposée. En tout ce qu'elle a de bon, elle est si simple et si facile à rencontrer, qu'il n'y a personne qui se mêle de l'analyse qui n'en soit capable, pourvu seulement qu'on lui propose ou bien qu'il se propose lui-même par hasard certaines questions qui y conduisent; et s'il y en a quelques uns qui puissent y prétendre plus de droit que les autres, ce doivent sans doute être ceux qui en savent les fondements et les raisons, du nombre desquels je n'ai pu connoître jusques ici qu'il fût. Je n'ajoute point que je m'étonne de ce qu'il continue à vouloir soutenir les objections qu'il a ci-devant faites contre ma Dioptrique ; car je m'assure qu'il y en a plusieurs autres qui s'en étonnent aussi bien que moi, et je serois marri de le détourner d'un exercice que je sais ne me pouvoir être qu'avantageux. Mais j'admire surtout le raisonnement dont il use à la fin de sa lettre, dont voici les propres mots : *Pour ce que je vois que je n'ai rien encore proposé à quoi son écolier n'ait satisfait, comme il vous écrit, il est juste qu'il travaille à son tour aux propositions suivantes.* Et ensuite de ces mots il me propose quatre problèmes auxquels je réponds, qu'encore même qu'ils valussent à peine qu'on les cherchât, ce que je n'ai nullement jugé en passant les yeux par-dessus, ou encore que je les susse déjà, ce que je ne voudrois pas dire être vrai, de peur qu'on pensât que je voulusse tirer vanité de si peu de chose; et, enfin, encore que je n'eusse point d'autre meilleur exercice pour me divertir, je ne voudrois pas toutefois lui en envoyer les solutions, de peur de sembler par là à lui accorder qu'il est juste que j'y travaille, et donner ainsi le pouvoir de me faire perdre du temps à tous ceux qui en peuvent avoir envie. Au reste, je ne laisserai pas, s'il lui plait, d'être toujours son très humble serviteur, aussi bien qu'à ceux qui ont tâché de le défendre, et je me promets qu'enfin la force de la vérité les convertira [1].

[1] « La suite de cette lettre est écrite à la main : »

Vous m'avez aussi envoyé quelques objections contre ma Géométrie, sans me nommer leur auteur, auxquelles je vais répondre. Le premier est contre la page 301, où, après avoir dit qu'il faut chercher un binôme par lequel je divise la somme d'une équation cubique, j'ajoute que, ou bien la quantité connue de ce binôme est la racine cherchée, ou bien l'équation étant divisée par lui, je réduis à deux dimensions, en sorte qu'on en peut trouver après la racine plus aisément. Et il reprend cet ou bien, pource, dit-il, que cette quantité connue sera toujours l'une des valeurs de la racine ou réelle ou imaginaire, au lieu de quoi il doit dire ou vraie ou fausse, car cette quantité connue ne peut jamais être du nombre de celles que j'ai nommées imaginaires ; mais je laisse passer cela très volontiers, et il me suffit de l'avertir que je parle seulement ici de la racine cherchée, laquelle ne peut jamais être imaginaire ni fausse, et même entre celles qui sont vraies ou réelles, il n'y en a ordinairement qu'une qui soit la cherchée ; de façon que j'aurois grandement failli si j'avois oublié ce ou bien qu'il reprend. Et j'admire fort son raisonnement en sa seconde instance, etc., etc., où il dit que si par le mot de racine j'entends seulement la valeur réelle, etc., il ne laisse pas d'y avoir à redire, d'autant qu'il arrive souvent qu'après cette réduction il n'y a plus rien à faire. Car c'est pour cela même que j'ai mis la disjonctive, disant que, ou bien la quantité connue en la quan-

tité cherchée, ou bien, etc., c'est-à-dire que, ou bien il n'y a plus rien à faire, ou bien il y faut encore faire telle chose. Pour sa troisième instance, qui est que cette règle procède à tâtons, je réponds que ce n'est nullement procéder à tâtons que d'examiner par ordre diverses choses, lorsqu'on les connoît toutes comme on fait ici, et que le nombre en est déterminé comme il est ici, encore même qu'il y en eût mille, au lieu qu'il n'arrive ici que fort rarement qu'il y en ait plus de trois ou quatre, principalement aux questions qui se cherchent par lettres ou par nombres, et il doit considérer que j'ai écrit une géométrie et non une arithmétique; outre que les règles que l'on peut donner, pour l'exemple, d'examiner toutes les quantités auxquelles se divise le dernier terme, sont de si peu d'usage et si aisées à trouver, que j'ai négligé de les écrire.

La quatrième et dernière instance est que la règle par laquelle je résous les équations cubiques n'est pas générale, à cause que, pour les appliquer aux équations de carré, il les faut réduire aux cubiques, et qu'elle ne sert point pour celles qui montent à plus de dimensions. Mais je n'avois jamais ouï dire qu'une règle ne fût pas générale pourceque'elle ne s'étendoit pas à des choses auxquelles on n'avoit point eu dessein de l'appliquer, et je n'ai prétendu appliquer celle dont il est ici question qu'aux équations cubiques toutes seules, car j'en ai donné une autre pour le carré du carré. Et enfin, en la page 389, je mets en cinq ou six lignes la règle générale qui peut servir pour toutes les autres équations, non point à dessein de l'enseigner à un chacun, car il m'eût fallu faire un trop gros livre si j'eusse voulu expliquer assez au long pour cet effet tout ce que j'avois à y mettre, et j'ai mieux aimé être succinct en plusieurs endroits, pour donner moyen à ceux qui auront le plus d'esprit d'y trouver quelque chose de plus que les autres.

Pour l'herbe sensitive que vous me mandez avoir vue chez M. de la Brosse, je n'y trouve rien d'étrange que la rareté; car, après avoir décrit le mouvement du cœur d'une façon qui pourroit aussi bien convenir à une plante qu'à un animal si les organes s'y trouvoient de même, je n'ai nulle difficulté à concevoir comment le mouvement de cette plante peut se faire; mais je ne voudrois pas entreprendre de dire déterminément comment il se fait, si je ne l'avois vue et examinée auparavant.

Il faudroit aussi que je visse une salle dont vous me parlez pour juger de l'écho qui s'y rencontre; mais il est bien certain qu'une même voix peut être plusieurs fois repoussée par les mêmes corps, ainsi qu'une balle peut bricoler plusieurs fois contre une même muraille. Pour cette voûte de porte, dont vous dites que l'écho répond à certains sons plutôt qu'aux autres, cela vient sans doute de ce que tout son corps est disposé à branler d'une vitesse qui s'accorde avec la vitesse des tremblements d'air qui causent ce ton, et non point avec celle des autres. A propos de quoi je vous dirai qu'il y a un aveugle à Utrecht, fort renommé pour la musique, qui joue ordinairement sur les cloches de cette haute tour dont vous désirez avoir les mesures, lequel j'ai vu faire rendre cinq ou six divers sons à chacune des plus grosses de ces cloches sans les toucher, approchant seulement sa bouche de leur bord et y entonnant tout bassement le même son qu'il leur vouloit faire imiter. Mais il observoit que c'étoit toujours ou le son naturel de la cloche, ou son octave, ou la douzième ; car autrement elle ne lui eût pas répondu, et elle lui répondoit toujours fort distinctement, en forme d'un écho, lequel duroit assez long-temps après sa voix. Mais je rencontrai ici dernièrement par hasard un autre écho que vous trouverez peut-être assez rare : car, soit qu'on parlât haut ou bas, ou qu'on frappât des mains, il rendoit toujours un même son, qui étoit fort clair et fort aigu, semblable à celui de la voix d'un poulet, nonobstant que ceux qu'on tiroit en fussent fort différents ; en sorte que je pensois du commencement qu'il y eût quelque oiseau caché dans les herbes où je l'entendois ; mais j'aperçus aussitôt après que c'étoit un écho qui se formoit dans ces herbes, lesquelles étant des corps fort petits et déliés, à comparaison du sommet du rocher où l'écho a coutume de se former, étant frappés par la voix, jetoient leurs tours et retours beaucoup plus fréquents, et ainsi donnoient un son plus aigu ; car cet écho étoit dans un coin du jardin où quantité de vesces et autres herbes étoient montées à peine à la hauteur d'un homme ou davantage, et la plupart de ces herbes étant coupées, l'écho a presque d'autant cessé*. Je suis, etc.

* « La suite de cette lettre est dans la page 404 du tome III, et commence la lettre 70 de ce troisième volume. M. Rextal.... »

AU R. P. MERSENNE[1].

(Lettre 66 du tome III[1].)

MON RÉVÉREND PÈRE,

J'ai été très aise de voir ce que M. de Sainte-Croix vous a écrit touchant la réponse que j'avois faite à ses questions, et j'y apprends plusieurs considérations touchant les nombres, dont je n'avois point ouï parler, comme, entre autres, la différence qu'il met entre le *milieu* et la *moitié* m'étoit inconnue, et voulant faire distinction de ces deux mots, je n'aurois pas pris celui de milieu pour l'une des parties de la quantité, mais seulement pour l'endroit où se fait la séparation des moitiés. Je sais bien que la règle que j'ai donnée pour résoudre sa première question eût été meilleure, si j'y eusse ajouté quelque moyen pour déterminer tout d'un coup les trigones utiles, sans faire examiner de suite tous les impairs. Mais il arrive souvent aux questions de nombres qu'on ne les peut pas si entièrement déterminer par règle qu'il n'y

---

[1] « Cette lettre 66 du 3ᵉ vol. est la 16ᵉ de M. de la Hire, datée fixe-
» ment le 27 juillet 1638. Elle est toute bouleversée, mais il y a peu
» d'augmentation. »

reste quelque chose à chercher par induction. Comme en la règle que donne Euclide pour trouver les nombres parfaits, il fait examiner tous les nombres qui suivent de l'unité en proportion double, jusques à ce qu'on en trouve un duquel ôtant l'unité le reste soit un nombre premier; au lieu qu'il devoit donner un moyen pour excepter tous ceux qui, étant diminués d'une unité, ne deviennent pas nombres premiers. Par exemple, il en devoit excepter tous les nombres qui suivent de 4 en proportion quadruple, comme 16, 64, 256, etc. Car il est aisé à démontrer qu'étant diminués d'une unité, ils sont nécessairement divisibles par 3, et tous ceux qui suivent de 8 en proportion octuple, comme 64, 512, 4096, etc. Car, étant diminués d'une unité, ils sont nécessairement divisibles par 7, et ainsi ceux qui suivent de 32, de 128, etc. Mais je ne crois pas qu'il soit si aisé de donner une règle pour trouver les trigones utiles à la question proposée, sans qu'on en doive examiner aussi plusieurs inutiles.

Pour la seconde question, il y a, ce me semble, plus d'industrie à la résoudre en faisant que les côtés des trigones soient des nombres rompus, qu'autrement, à cause qu'on ne sauroit y parvenir à tâtons, ainsi qu'on peut faire lorsqu'on les suppose être entiers. Outre que les nombres qui servent à la résoudre en fractions, servent aussi toujours à la résoudre en entiers lorsqu'ils sont multipliés, et je ne comprends point du tout ce que M. de Sainte-Croix entend ici par les côtés primitifs des trirectangles; car si c'étoit qu'ils ne dussent pas être divisibles par aucun nombre, son exemple ne satisferoit pas à la question, vu que 210, 720 et 750 étant divisés par 30, produisent 7, 24, 25, qui sont les côtés primitifs du trirectangle.

Pour la troisième question, je crois y avoir satisfait, en démontrant qu'elle est impossible; et ainsi il ne reste que la quatrième, en laquelle je n'eusse jamais deviné qu'il falloit trouver un nombre composé de trois carrés, à l'exclusion de 4; car, ne cachant point la remarque de M. Bachet sur ce sujet, je ne voyois pas plus de raison d'en exclure les quatre carrés que les cinq ou les six, ou plus grand nombre; mais, si je l'eusse sue, j'aurois répondu qu'en ce sens là cette question ne peut être résolue par d'autres nombres que par 3, 3, 6; 3, 11, 14, et 3, 21, 24; car, supposant le théorème de M. de Sainte-Croix, à savoir, que tout nombre se peut réduire à trois trigones, à quatre carrés, à cinq pentagones, etc., ou, à moins, je crois pouvoir démontrer que tous les nombres divisibles en trois carrés qui sont au-delà de 33, peuvent aussi être divisés en quatre carrés, excepté seulement ceux qui se produisent de 6 ou de 14, multipliés par 4, comme 24, 96, 384, 1236, etc., et 56, 224, 896,

3584, etc., lesquels ne suffisent point pour cette question, à cause que l'agrégat de deux tels nombres ne sauroit jamais être égal à un autre de même nature.

Mais pour ce théorème, qui est sans doute l'un des plus beaux qu'on puisse trouver touchant les nombres, je n'en sais point la démonstration, et je la juge si difficile, que je n'ose entreprendre de la chercher. Au reste, je suis très obligé à M. Sainte-Croix du favorable jugement qu'il lui plaît faire de moi, et je crois avoir très bien employé le temps que j'ai été occupé en ces questions, si j'ai pu acquérir par ce moyen quelque part en ses bonnes grâces, auxquelles je vous prie de me conserver, en l'assurant de mon très humble service.

Je passe à la démonstration de la roulette, que je ne vous avois pas ci-devant envoyée[1], comme une chose d'aucune valeur, mais seulement afin de faire voir à ceux qui en font grand bruit qu'elle est très facile; et je l'aurois écrite fort succinctement, tant afin d'épargner le temps, que parceque je pensois qu'ils ne manqueroient pas de la reconnoître pour bonne sitôt qu'ils en verroient les premiers mots; mais, puisque j'apprends qu'ils la nient, je l'éclaircirai ici en telle façon qu'il sera facile à un chacun d'en juger.

[1] « Voyez la page 384 de la lettre 68 de ce vol., qui, étant écrite le 27 mai 1638, est antérieure à celle-ci, écrite du 27 juillet 1638. »

Soit AkFGC la moitié de la ligne courbe que décrit le point a de la roulette $anopb$[1], pendant que cette roulette se meut sur la ligne droite AB, en sorte que cette ligne AB est égale à la moitié de sa circonférence, et la perpendiculaire CB est égale à son diamètre. Je mène les perpendiculaires OE et DF, qui divisent AB et CB, en parties égales ; je mène aussi la ligne droite AC qui ferme le triangle ABC ; puis je considère que le point O de la roulette est ajusté sur le point O de la ligne AB, son centre e se trouve sur le point E, où AC et DF s'entrecoupent ; à cause que CD étant la moitié de CB, DE doit être égale à la moitié de BA, c'est-à-dire à BO. Je considère aussi que son demi-diamètre ea se trouve alors appliqué sur la ligne EF, qui par conséquent lui est égale, à cause que la ligne AO étant égale au quart de la circonférence de cette roulette, l'angle aeo doit être droit ainsi qu'est l'angle FEO, et enfin AE est égal à EC. De plus, ayant pris les points N et P dans la ligne AB, des deux côtés du point O, autant éloignés de ce point O l'un que l'autre, et à telle distance de lui qu'on voudra, pourvu que ce soit entre les points A et B ; puis ayant pris aussi dans la roulette les points n et p qui leur correspondent, en sorte que l'arc an soit égal à l'arc pb, et aussi aux droites AN et PB, je tire les diamètres ne, pe, avec les perpendicu-

[1] Figure 24.

laires *ay*, *ax*; et je considère que le point *n* de la roulette étant appliqué sur le point N de la droite AB, son point *a* se trouve joint au point de la courbe marqué *k*, qui est tel, que tirant kM parallèle à BA, cette ligne kM est égale à NB plus *ay*, (car si on tiroit NRQ parallèle à BC, joignant kQ, les triangles kQR, *aey* seroient égaux et semblables, et partant *ay*, kR seroient égales), et que MD (ou QR)[1] est égal à *ye*.

Je considère de même que le point *p*[2] de la roulette, étant appliqué sur le point P de la droite AB, son point *a* touche la courbe au point G, qui est tel que la ligne GI est égale à PB plus *af*, et que ID est égale à *fe*. Si bien que les deux lignes ensemble GI plus kM sont égales à la ligne AB plus la ligne *az*; car il est manifeste que *af*+*ay* sont ensemble égales à la toute *az*; et que NB plus PB sont égales à la toute AB, vu que AN est égale à PB. Outre cela, je considère que H étant le point où GI coupe AC, et L celui où kM coupe la même AC, les lignes LM et HI sont ensemble égales à la toute AB, car MB est égale à CI; et si on mène LV, parallèle à MB, elle sera aussi égale à CI, et par conséquent HI égale à AV: car les triangles AVL et HIC sont égaux et semblables, et LM est

---

[1] « Ces deux parenthèses n'étoient point dans le manuscrit de M. de la Hire. »

[2] Figure 25.

aussi égale à VB. Or, puisque LM plus HI sont égales à la ligne AB, et que kM plus GI sont égales à la même AB plus la ligne *az*, il est évident que les deux restes kL et GH sont ensemble égaux à cette ligne *az*, laquelle est autant éloignée du centre de la roulette *e* que kL et GH le sont du point E, c'est-à-dire de la ligne EF. Et pourceque les points N et P ont été pris à direction, excepté qu'ils sont également éloignés du point O (ce qui est cause que les lignes kL et GH sont aussi également éloignées de la ligne EF), ceci se doit entendre généralement de toutes les deux lignes menées entre la droite AC et la courbe AFC, qui sont parallèles à EF, et également distantes d'elles, l'une d'un côté, l'autre de l'autre, à savoir, qu'elles sont ensemble égales à la ligne droite inscrite dans la roulette, et autant éloignée de son centre que ces lignes le sont du point E, ou bien de la ligne FE.

D'où il suit que si sur une même ligne droite, comme αϐφω, on décrit le demi-cercle αδβ, égal à la moitié de la roulette, et la figure φγκψω, dont la partie φγκθε soit égale et semblable à FGCHE, et l'autre partie εθκψω soit égale et semblable à ELAkF (car AE étant égal à EC, et l'angle AEF à l'angle DEC, il est évident que ces deux parties de figures peuvent aussi être jointes), la base φω sera égale à αβ, et la hauteur de la figure φκω égale à celle du demi-cercle αδβ; et outre cela tous les segments des mêmes lignes droites parallèles à la base αβφω, qui seront compris l'un dans la figure φxω, l'autre dans le demi-cercle, seront égaux l'un à l'autre, comme γω sera égal à μν, 4, 5, à 2, 3, δ, 9, à 6, 7, et ainsi des autres.

Ce qui prouve assez que l'espace φxω est égal au demi-cercle αδβ, pour ceux qui savent que généralement lorsque deux figures ont même base et même hauteur, et que toutes les lignes droites parallèles à leurs bases qui s'inscrivent en l'une sont égales à celles qui s'inscrivent en l'autre à pareilles distances, elles contiennent autant d'espace l'une que l'autre. Mais pourceque c'est un théorème qui ne seroit peut-être pas avoué de tous, je poursuis en cette sorte.

Ayant mené les lignes droites δα, δ6, xω[1], il est évident que le triangle est φxω égal au triangle αδβ, car je prends x et δ pour les plus hauts points de ces deux figures. Tout de même, ayant mené les lignes μα, μδ, νδ, νβ; γx, γφ, ψx, ψω, il est évident que les deux triangles γxφ et ψxω sont ensemble égaux aux deux μδα et νδβ; car φω, étant égale à αβ, 12 13 est aussi égale à 10 11; et pourceque γψ, est égale à μν, γ 12, plus 13, ψ, qui sont les bases des triangles γxω et ψxω, sont ensemble égales à μ, 10, plus 11, ν, qui sont les bases des triangles μδα et νδ6, et ces quatre

[1] Figure 26.

triangles ont même hauteur. Ainsi derechef inscrivant d'autres triangles des points 45, δ 9, et 23, 67, et tant d'autres qu'on voudra à l'infini, on trouvera toujours en même façon que ceux de la figure κφω seront égaux à ceux du demi-cercle ; et par conséquent toute cette figure est égale à ce demi-cercle, car toutes les parties d'une quantité étant égales à toutes celles d'une autre, le tout est nécessairement égal au tout. Et c'est une notion si évidente, que je crois qu'il n'y a que ceux qui sont en possession de nommer toutes choses par des noms contraires aux vrais qui soient capables de la nier, et de dire que cela ne conclut qu'à peu près.

Au reste, l'espace compris entre la droite AC et la courbe AKFGC étant égal au demi-cercle, il est évident que tout l'espace AFCB est triple du demi-cercle ; car le triangle rectiligne ABC est égal à tout le cercle, puisque la ligne AB est supposée égale à la moitié de sa circonférence, et BC à son diamètre. Mais encore que cette ligne AB fût supposée plus grande ou plus petite (comme lorsqu'on imagine que le point qui décrit la courbe AFC est au dehors ou au dedans de la roulette, et non pas en sa circonférence), l'espace compris entre la droite AC et la courbe AFC ne laisseroit pas d'être toujours égal au demi-cercle, dont le diamètre seroit égal à BC, en sorte qu'il n'y auroit que le triangle rectiligne ABC qui changeroit de grandeur, ainsi qu'il est assez manifeste de cela seul que, bien que la grandeur de la ligne AB soit changée, il ne faut rien changer pour cela en la démonstration que je viens d'écrire ; et ce que j'ai mis ici fort au long, afin de pouvoir être entendu par ceux qui ne se servent point de l'analyse, peut être trouvé en trois coups de plume par le calcul[1].

Les deux feuillets précédents[2] ont été pour les autres. Je viens ici aux divers articles de votre lettre, dont le premier est que le sieur N. vous a dit que les capucins avoient tous unanimement admiré, étant en leur assemblée générale, ce qu'il a écrit contre moi, de quoi je pense avoir sujet de me rire ; car il n'y a aucune apparence que la dévotion de ces bons religieux les rende si simples, qu'ils ne puissent remarquer les fautes qui sont en toutes les lignes de son discours, ni qu'ils approuvent toutes ses impiétés, qui sont telles en quelques endroits, que, s'il étoit en un pays où l'inquisition fût un peu sévère, il auroit sujet de craindre le feu. Outre que la profession qu'ils font de reprendre les vices les oblige à blâmer le désir de médire, dont on voit qu'il n'a pas été moins embrasé que les plus saints d'entre eux le sauroient être de

---

[1] « La suite est à la page 375 de ce vol., au premier alinéa, qui est ligne 18 : *Pour l'objection....* »

[2] D'une autre main : « Autre lettre, septembre 1638. » — D'une autre main encore : « Cela est faux. »

l'amour divin. Pour moi je ne crains pas que ceux qui ont du jugement, et qui me connoissent, s'imaginent qu'il me fût malaisé de lui répondre, si je pensois qu'il fût de la bienséance que je le fisse. Mais je vous dirai que je n'aurois pas moins de honte d'écrire contre un homme de cette sorte, que de m'arrêter à poursuivre quelque petit chien qui aboieroit après moi dans une rue. Ce qui n'empêche pas que je ne veuille tâcher d'éclaircir les raisons que j'ai données de l'existence de Dieu, mais j'en écrirai en latin; et pourceque la plupart des objections qu'on m'a envoyées, et que j'ai dessein de faire imprimer lorsque j'en aurai un assez bon nombre, sont aussi latines, je serois bien aise que ceux qui m'en voudront faire à l'avenir les écrivissent en même langue: et pourceque j'ai quasi opinion que les jésuites de La Flèche me feront l'honneur de m'en envoyer, je vous prie de les en faire avertir, car je crois que si cela est, ils aimeront mieux les mettre en latin qu'en français; mais que ce soit, s'il vous plaît, comme sans dessein et par occasion, à cause que peut-être ils ne pensent point à m'en envoyer. Je voudrois bien savoir aussi de quelle façon ils traitent mes Météores en leur philosophie, savoir, s'ils les réfutent, ou s'ils s'en taisent; car je n'ose encore penser qu'ils les suivent, et cela se peut voir par leurs thèses publiques, qu'ils font environ cette saison.

M. Des Argues m'oblige du soin qu'il lui plaît avoir de moi, en ce qu'il témoigne être marri de ce que je ne veux plus étudier en géométrie ; mais je n'ai résolu de quitter que la géométrie abstraite, c'est-à-dire la recherche des questions qui ne servent qu'à exercer l'esprit, et ce afin d'avoir d'autant plus de loisir de cultiver une autre sorte de géométrie, qui se propose pour question l'explication des phénomènes de la nature : car, s'il lui plaît de considérer ce que j'ai écrit du sel, de la neige, de l'arc-en-ciel, etc., il connoîtra bien que toute ma physique n'est autre chose que géométrie.

Pour ce qu'il désire savoir de mon opinion touchant les petites parties des corps, je vous dirai que je ne les imagine pas autrement que comme les pierres dont une muraille est composée, ou les planches dont est fait un navire ; à savoir, on peut plus aisément les séparer les unes des autres que les rompre ou les rejoindre, ou leur donner d'autres figures ; mais on peut aussi toutes ces choses, pourvu qu'on ait les outils qui sont propres à cet effet.

Pour vos difficultés touchant la page 258 de mes Météores, elles requièrent un long discours, et c'est l'endroit le plus difficile de tout le livre ; mais j'en ai écrit[1] assez amplement en ma réponse à quelques objections venues de Louvain, lesquelles j'espère que vous verrez imprimées avant la fin de

---

[1] « Voyez la 56ᵉ lettre du 1ᵉʳ volume. »

l'année. Et par provision, je vous dirai, premièrement, que les boules qui sont peintes en la figure de cette page ne servent que d'exemple, et doivent être prises pour des boules de bois, ou autres, et non pour les parties de la matière subtile; secondement, qu'il seroit très mal aisé et fort peu utile de penser à déterminer absolument la vitesse du tournoiement des parties de cette matière subtile, et que je l'ai seulement déterminée à comparaison du mouvement droit; à savoir, que si le droit est surpassé par le circulaire, cela produit le rouge, et les autres couleurs voisines en forme de nuance, à raison du plus ou du moins dont il en est surpassé; et que si c'est le contraire, cela produit le bleu, etc. Je ne vous ai rien répondu ci-devant touchant la pensée de M. Gandais, pour expliquer les réfractions, à cause qu'elle ne se rapporte point du tout à la mienne.

Pour le géostaticien, je vous assure que je me soucie fort peu si lui ou ses semblables écrivent contre moi; car plus il y en aura qui s'en acquitteront mal, plus la vérité paroîtra, et je sais bien qu'il ne sauroit s'en acquitter que très mal.

Le raisonnement dont M. F... prétend prouver le même que le géostaticien, est défectueux en deux choses: la première est qu'il suppose que le poids C[1], étant parvenu au centre de la terre, doit

[1] Figure 27.

passer plus loin de l'autre côté, ce qu'il lui faudroit prouver, car on le peut nier avec raison; et la seconde est qu'il considère B et C comme deux corps séparés, au lieu qu'étant joints par la ligne BC, qu'on suppose ferme comme un bâton, ils ne doivent être considérés que comme un seul corps, duquel le centre de gravité étant au point A, ce n'est pas merveille si l'une des parties de ce corps se hausse, afin que les autres s'abaissent, jusqu'à ce que son centre de gravité soit conjoint avec celui de la terre.

Je remercie M. Des Argues de l'observation qu'il dit avoir apprise des mineurs: mais il est malaisé de bien juger de la cause de telles expériences lorsqu'on ne les sait que par le rapport d'autrui, outre qu'il faudroit s'enquérir si le semblable arrive aux autres pays, et si c'est partout à même heure; car, si cela est, la chose est grandement considérable et me pourroit beaucoup servir.

Encore que ce que j'ai écrit touchant la géostatique ne mérite en aucune façon d'être publié, toutefois, si, selon ce que vous me mandez, on désireroit qu'il le fût, il m'importe fort peu, pourvu que mon nom n'y soit point mis; et, s'il vous plaît aussi, qu'on en retranche ces mots: *Il témoigne en cela qu'il n'a pas moins d'impudence et d'effronterie que d'ignorance;* au lieu desquels on peut mettre: *Il fait voir par là qu'on ne doit pas ajouter beaucoup de foi à ce qu'il écrit;* et plus bas, où j'ai mis *que ce livre est si impertinent, si ridicule et si méprisable,* on peut ôter *impertinent et ridicule,* et laisser seulement que *ce livre est si méprisable.* Ce n'est pas que ces épithètes ne lui conviennent très bien, ni que j'aie aucune peur de l'offenser, mais c'est qu'il ne me semble pas qu'il me convienne de les écrire, et ils ne sont échappés de ma plume qu'en faveur du tour qu'il nous a joué pour le privilége.

J'en étois parvenu jusques ici, lorsque j'ai reçu votre dernier paquet du deuxième de ce mois, lequel ne contient que des écrits de M. de Fermat, auxquels je n'ai pas besoin de faire grande réponse; car pour celui où il explique sa méthode *ad maximas,* il me donne assez gagné, puisqu'il en use tout autrement qu'il n'avoit fait la première fois, afin de la pouvoir accommoder à l'invention de la tangente que je lui avois proposée; et, selon ce dernier biais qu'il la prend, il est certain qu'elle est très bonne, à cause qu'elle revient à celui dont j'ai mandé ci-devant qu'il la falloit prendre. En sorte que, pour en dire entre nous la vérité, je crois que s'il n'avoit point vu ce que j'ai mandé y devoir être corrigé, il eût eu de la peine à s'en démêler. Je crois aussi que toute cette chicanerie de la ligne EB, savoir, si elle devoit être nommée la plus grande, que ses amis de Paris ont fait durer près de six mois, n'a été inventée par eux que pour lui donner du temps à chercher quelque chose de mieux pour me répondre. Et ce n'est pas grande merveille qu'il ait trouvé en six mois de temps un nouveau biais pour se servir de sa règle; mais on n'auroit pas de grâce de leur parler de cela, car n'importe pas en combien de temps, ni en quelle façon il l'a trouvée, puisqu'il l'a trouvée. On n'auroit pas de grâce non plus de dire que le quatrième nombre, dont les parties aliquotes font le double, qu'il vous a envoyé en sa dernière lettre, étant justement le même que je vous avois envoyé auparavant, il est fort vraisemblable qu'il l'a eu de quelqu'un de Paris, auquel vous, ou M. de Sainte-Croix, l'avez fait voir; et je m'assure quasi que cela est, car il le donne assez à connoître par ce qu'il vous écrit en vous l'envoyant, à savoir, qu'il l'a trouvé par une méthode semblable à la mienne, etc. Et particulièrement aussi par ce qu'il met un peu devant touchant la quatrième question de M. de Sainte-Croix, que j'y aurai peut-être fait la même équivoque qui lui arriva la première fois qu'elle fut proposée, et que j'aurai cru qu'il suffisoit que les nombres cherchés ne fussent ni carrés ni composés de deux carrés, bien qu'ils fussent composés de quatre, ce qui n'est pas pourtant selon le sens de l'auteur, etc. Car comment auroit-il deviné que j'ai eu cette pensée, et comment oseroit-il assurer qu'elle n'est pas selon le vrai sens de l'auteur, si cela même ne lui avoit été écrit de Paris par quelqu'un ? Mais on n'a point droit d'accuser un homme de telle chose, si ce n'est qu'on le puisse prouver fort clairement, il est seulement permis de le penser. Cependant toutes ces procédures indirectes me dégoûtent si fort de leur conférence, que je ne demande pas mieux que de la finir [1].

Pour l'objection de M. de Fermat contre ma Dioptrique, il en écrit si sérieusement, que je commence à me persuader qu'il croit avoir raison, et ainsi je ne le prends nullement en mauvaise part; mais je pense avoir grand droit de lui rendre ces mots, à savoir que je ne saurois comprendre comment un homme qui est d'ailleurs très habile et de très bon esprit entreprend de réfuter des démonstrations qui sont très fermes et très solides, avec des arguments si fragiles, et auxquels il est si aisé de répondre. Car pour ce dernier, à savoir que si la balle qui est au point B [2] est poussée par deux forces égales, dont l'une la porte de B vers D, et l'autre de B vers G, elle se doit mouvoir vers I, en sorte que l'angle GBI soit égal à IBD; et que tout de même, étant pous-

---

[1] « La suite de cette lettre est dans l'alinéa de la page suivante, M. de Roberval..... »

[2] Figure 28.

sée de B vers N et vers I, elle doit aller vers L, qui divise l'angle NBI en deux parties égales; ces prémisses sont vraies, mais elles ne contiennent rien du tout qui regarde les fractions, car elles ne sont point causées par deux forces égales qui poussent la balle, mais seulement par la rencontre oblique de la superficie où elles se font : et ainsi je ne sais par quelle logique il prétend inférer de là que ce que j'en ai écrit n'est pas vrai. Mais je suis bien aise de ce qu'il veut tâcher de répondre à ce que j'avois demandé à M. Mydorge touchant ses autres objections; car je me promets qu'en l'examinant de plus près, il reconnoîtra enfin que ce qu'il nomme des subterfuges sont des vérités très certaines, par lesquelles je réponds à des sophismes: et si ma démonstration n'est pas comprise par plusieurs, l'on ne doit pas juger par là qu'elle manque d'être évidente, mais seulement que la matière en est difficile; ainsi que les démonstrations d'Apollonius et d'Archimède ne laissent pas d'être fort évidentes, encore qu'il y ait quantité d'honnêtes gens, et qui sont très habiles en autre chose, qui ne sauroient les comprendre. Vous pourrez envoyer, s'il vous plaît, ces lignes à M. de Fermat lorsque vous lui écrirez[1].

Et M. de Roberval me semble aussi vain avec son galanth qu'une femme qui attache un ruban

---

[1] « La suite est à la page suivante : *Ceux qui reprennent...* »

à ses cheveux afin de paroître plus belle; car il n'a eu besoin d'aucune industrie pour trouver la figure de cette ligne, puisque je lui en avois envoyé la définition; et son écrit ne sert qu'à me faire connoître qu'ils l'ont fort examinée et fort travaillée avant que d'en pouvoir trouver la tangente, car il y a six ou sept mois que je la leur avois proposée, et ils n'ont commencé à en parler que depuis un mois. Mais je vous prie de ne me plus brouiller avec lui, car je suis entièrement dégoûté de sa conférence, et je ne trouve rien de raisonnable en tout ce qu'il dit ici; comme d'estimer la façon de conclure *ad absurdum* plus subtile que l'autre : c'est une chose absurde, et elle n'a été pratiquée par Apollonius et par Archimède que lorsqu'ils n'ont pu donner de meilleures démonstrations.

Vous verrez clairement pourquoi un corps pendu à une corde pèse moins étant proche du centre de son arrêt qu'en étant plus loin, si vous considérez ce que j'ai écrit ¹ du plan incliné, du levier et de la balance, car il se meut suivant un plan beaucoup plus incliné sur l'horizon. Je ne vous envoie point le centre de gravité qu'ils demandent, car je n'ai pas loisir à ce soir de le calculer, et je crois vous en avoir envoyé assez d'autres il y a quinze jours; j'aime mieux le faire

¹ « Voyez les lettres 73 et 74 du 1ᵉʳ vol. »

chercher à Gillot lorsqu'il sera ici, où je crois qu'il viendra dans cinq ou six semaines, afin de leur envoyer de sa part. Et pour Gillot, je vous dirai qu'encore qu'il ne pût peut-être pas tant gagner à Paris qu'ici, je serois néanmoins bien aise qu'il y fût, afin de faire entendre ma Géométrie. Et pourvu que je fusse seulement assuré qu'il auroit moyen d'y subsister sans nécessité, je ne laisserois pas de l'y envoyer; car, sans lui, j'appréhende que malaisément elle soit entendue par ceux qui n'ont point su auparavant d'analyse, et je vois que ceux qui en ont su ne lui rendent aucune justice, et qu'ils tâchent de la mépriser le plus qu'ils peuvent. Que si l'on trouve que l'introduction qui a été envoyée d'ici y puisse aider, je ne serai pas marri que les jésuites la voient aussi, car je serois bien aise que plusieurs l'entendissent [1].

Ceux qui reprennent le mot de *tantôt* en la page 380 [2] font le même que s'ils me blâmoient de ce que mon collet seroit de travers, car l'un ne touche pas plus à mon honneur que l'autre, et s'ils n'approuvent pas que j'ai écrit, *ainsi qu'il a tantôt été dit*, ils devroient aussi reprendre le mot *dit*, et m'obliger à mettre, ainsi qu'il a été ci-de-

---

[1] « La suite de cette lettre est dans la page suivante : *J'avois quasi oublié.....* »

[2] *Du 3ᵉ livre de ma Géométrie.*

vant *écrit*, ou plutôt ainsi qu'il a été ci-devant *imprimé*, à cause que c'est un livre imprimé et non pas écrit à la main.

Pour le mot, *car ou bien la quantité*, etc., en la page 381, ceux-là ne l'entendent pas qui ne voient pas que cette disjonction *ou bien* y est très nécessaire, aussi bien que les lignes qui suivent, comme ils connoîtront par l'exemple que j'y ai mis, s'ils changent seulement les signes $+$ et $-$, et qu'ils lisent $+ y^5 + 8y^4 - 124yy + 64 \parallel 0$; car le binôme rationnel par lequel on peut diviser cette équation est $yy + 16$, et toutefois la racine cherchée n'est pas 16, mais $4 + \sqrt{12}$ ou bien $4 - \sqrt{12}$. C'est une misère que d'être blâmé en ce qui est bien, pour cela seul que ceux qui se mêlent d'en juger ne l'entendent pas[1]. J'avois quasi oublié à vous remercier de la peinture des couronnes que vous m'avez envoyées, laquelle j'ai été fort aise de voir, car elle se rapporte entièrement à celle que je décris[2]. Je suis, etc.

[1] « La suite est à la page 370 de ce volume, à l'alinéa : *Les deux* » *feuillets......* »

[2] « La suite sont ces paroles : *Je vous envoie une lettre pour M. de* » *Fermat, tout ouverte, mais vous la fermerez, s'il vous plaît, avant* » *que de la lui envoyer, pour la bienséance.* »

EXTRAIT D'UNE LETTRE

DE M. DESCARTES AU R. P. MERSENNE.

Si du nombre mesuré par 8 [1] on ôte une unité, le nombre restant ne sera ni carré ni composé de deux carrés ni de trois carrés. Et si d'un nombre mesuré par 4 on ôte l'unité, le nombre restant ne sera ni carré ni composé de deux nombres carrés. Ce que je démontre facilement par cela seul que, de tout nombre carré qui est impair, si on ôte une unité, le reste se mesure par 8, et par conséquent aussi par quatre (comme il se prouve de ce qu'on les peut tous produire en ajoutant 8 à 1 qui fait 9, et deux fois 8 à 9 qui fait 25, et trois fois 8 à 25 qui fait 49, et ainsi à l'infini), et que tout nombre carré qui est pair se mesure par 4 : d'où il suit clairement que deux nombres carrés joints ensemble en composent un, lequel, ou bien se mesure par 4, à savoir si ces deux carrés sont nombres pairs, ou bien qui est plus grand d'une unité qu'un nombre mesuré par 4, à savoir si l'un d'eux est impair ou qui est plus grand de deux unités,

---

[1] « Ce théorème suit dans la page 400 de ce volume. Il est ici plus
» étendu et mieux expliqué que dans la page 400 ; il faut par conséquent
» l'imprimer comme il est ici, mais l'insérer dans la page 400 de la lettre
» 69. »

s'ils sont tous deux impairs ; et de là se démontre leur second théorème : car si tout nombre carré ou composé de deux carrés ne peut surpasser un nombre mesuré par 4 que d'un ou de deux, tous ceux qui le surpassent de trois, comme font tous ceux qui sont moindres d'une unité qu'un nombre mesuré par 4, ne peuvent être ni carrés ni composés de deux carrés. Tout de même, si on joint ensemble trois carrés qui soient pairs, ils ne pourront surpasser un nombre mesuré par 8 que de 4 ; et si l'un d'eux est impair, ils ne le pourront surpasser que d'un ou de 5 ; et s'il y en a deux impairs, ils ne le surpasseront que de 2 ou de 6 ; et s'ils sont tous trois impairs, ils ne le surpasseront que de 3 : de façon qu'ils ne le peuvent jamais surpasser de 7, ainsi que font tous les nombres mesurés par 8, après qu'on les a diminués d'une unité, qui est ce qu'il falloit démontrer, et pour les fractions c'est la même chose. Leur autre question est ce problème :

TROUVER UNE INFINITÉ DE NOMBRES, LESQUELS ÉTANT PRIS DEUX A DEUX, L'UN EST ÉGAL AUX PARTIES ALIQUOTES DE L'AUTRE, ET RÉCIPROQUEMENT L'AUTRE EST ÉGAL AUX PARTIES ALIQUOTES DU PREMIER, A QUOI JE SATISFAIS PAR CETTE RÈGLE.

Si sumatur binarius[1], vel quilibet alius nume-

[1] « Ce problème est mieux expliqué ici que dans la page 401 ; ainsi il « le faut ôter d'ici pour le mettre dans la page 401 de la lettre 69 de ce « volume. »

rus ex solius binarii multiplicatione productus, modo sit talis, ut si tollatur unitas ab ejus triplo fiat numerus primus; item, si tollatur unitas ab ejus sextuplo, fiat numerus primus, et denique si tollatur unitas ab ejus quadrati octo-decuplo, fiat numerus primus. Ducaturque hic ultimus numerus primus per duplum numeri assumpti, fiet numerus cujus partes aliquotæ dabunt alium numerum, qui vice versa, partes aliquotas habebit æquales numero præcedenti. Sic, assumendo tres numeros 2, 8 et 64, habeo hæc tria paria numerorum; aliaque infinita possunt inveniri eodem modo.

284 cujus partes aliquotæ sunt 220, et vice versa.
18416 . 17296
9437056 9363584 [1].

---

[1] « La suite de cette lettre est à la 32ᵉ ligne de la page 101 de ce 3ᵉ volume : *Je n'ai que faire*..... »

A M. DESCARTES [1].

(Lettre 67 du tome III.)

MONSIEUR,

Quant au sieur de Roberval, il a trouvé quantité de belles spéculations nouvelles, tant géométriques que mécaniques, et entre autres je vous en dirai une, à savoir qu'il a démontré que l'espace compris par la ligne courbe ACB et la droite AB est triple du cercle ou de la roue [2], ou roulette AEF ; or ledit espace est fait par la roulette qui se meut depuis A jusques à B sur le plan ou sur la ligne AB, lorsque la ligne AB est égale à la circonférence de ladite roulette. Et puis il a démontré la proportion de cet espace avec ledit cercle, lorsque la roulette décrit AB plus grande ou plus petite que sa circonférence, *in quacunque ratione data.*

2. Or agréez, s'il vous plaît, que je vous propose deux difficultés dont je suis en controverse avec le-

---

[1] « Ceci est un extrait d'une lettre du P. Mersenne, contenant des objections de M. de Roberval et de M. de Fermat. Cette lettre est datée du 28 avril ou du 1er mai 1638. Voyez les deux premières lignes de la suivante ; c'en est une preuve infaillible. »

[2] Figure 29.

dit sieur de Roberval, lesquelles vous me ferez plaisir de résoudre, si vous le pouvez. La première est, supposé que Dieu n'eût rien créé, il prétend qu'il y auroit encore le même espace solide réel [1] qui est maintenant, et fonde la vérité éternelle de la géométrie sur cet espace, tel que seroit l'espace où sont tous les corps enfermés dans le firmament si Dieu anéantissoit tous ces corps. Et moi je dis qu'il n'y auroit nul espace réel, autrement il y auroit quelque être réel qui ne dépendroit point de Dieu.

3. La seconde difficulté, laquelle il me semble déjà vous avoir touchée autrefois, est d'une arbalète[2], à savoir, si la corde étant bandée depuis A jusqu'à D, si ce décochant de D, elle ne va pas plus vite de D à C que de C à A, en achevant son chemin. Je dis que, puisqu'elle endure plus de violence en D qu'en C, elle ira plus vite en partant de D qu'en passant et chemin faisant par C; et lui dit qu'elle ira plus vite en C, et encore plus vite en arrivant en A où est son terme. Ce qui fait pour lui est que, si elle alloit plus vite en D, supposé que la corde fût arrêtée en C, le trait poussé de D en C [3] iroit plus vite que lorsqu'il est tout en A; et aussi

---

[1] « Peut-être solide et réel. »

[2] Figure 30.

[3] « Peut-être qu'il faut mettre de D en A. J'ai vu l'original; il y a de D en C, mais c'est peut-être une faute du copiste. »

que le triangle EDF est plus grand que ECF, et ainsi qu'il lui faut plus de temps pour mouvoir et attirer la corde de D à C que de C à A; mais je m'appuie sur la plus grande force, ou le plus fort bandement de la corde en D. Il ajoute que, comme la corde GH, attachée en G, et tirée de H en I, descend et se meut plus lentement en commençant son mouvement en I, et plus vite en H, par où elle passe, qu'en aucun autre endroit, de même la corde, partant de D, va plus lentement qu'en aucun autre lieu du fût de l'arbalète DA, et en A plus vite qu'en aucun autre lieu. Or ce qui m'étonne ici est que la corde frappant aussi vite et aussi fort la flèche en A, lorsqu'elle ne viendroit que de C en A, elle n'enverroit pas la flèche si loin que si la corde venoit de D ou de plus loin, c'est-à-dire qu'un arc, quoique moins vite et frappant la flèche moins fort, l'envoie plus loin, quand il est plus grand; de sorte que si, avec la même flèche, vous bandez un arc deux fois plus grand que les précédents, il enverra la flèche beaucoup plus loin, encore que vous ayez moins de peine à bander le grand arc que le petit, et, par conséquent, encore que le petit frappe la flèche plus vite et plus fort ; de sorte que la longueur de la conduite de la corde de l'arc semble imprimer de nouvelles forces à la flèche, et que ce n'est pas la plus grande vitesse de la corde frappante qui la fait aller plus loin, mais la longueur du chemin que la corde accompagne la flèche. Que seroit-ce donc si la corde accompagnoit une toise de long ladite flèche ? Je crois néanmoins que cet accompagnement n'y apporte plus rien après un certain espace, comme il arrive que les canons, après une certaine longueur passée, diminuent plutôt la longueur des portées qu'ils ne l'augmentent; mais il n'est peut-être pas possible de déterminer la longueur de cet accompagnement, et où finit son utilité.

4. Finalement, nous sommes aussi en grande difficulté pourquoi la balle d'arquebuse n'a pas tant d'effet à quinze ou vingt pieds de la bouche du canon qu'à cinquante, puisqu'il semble qu'elle va plus vite les vingt premiers pieds qu'après ; c'est de même d'une pierre qu'on jette, si à la sortie de la main elle rencontroit votre corps, elle ne vous blesseroit pas tant qu'après dix ou douze pas : donc ce n'est pas la seule vitesse des missiles qui fait la plus grande impression, ou bien il ne vont pas si vite au commencement qu'après, ce qui est contre votre opinion aussi bien que contre la mienne. Et je sais qu'un tour de chambre, fait tout doucement, vous suffira pour nous dire ce qui est de ces difficultés.

EXTRAIT D'UNE LETTRE

DE M. DE FERMAT, INSÉRÉE EN CELLE DU R. P. MERSENNE.

5. Esto parabolicus conois OBAu, cujus axis IA, basis circulus circa diametrum CIu. Quærere centrum gravitatis, perpetua et constanti, qua, maximam et minimam et minimam et tangentes linearum curvarum, investigavimus, methodo, ut, novis exemplis, et novo usu, eoque illustri, pateat falli eos, qui fallere methodum existimant [1].

Je serai bien aise de savoir le jugement de messieurs de Roberval et Pascal sur mon *Isagoge topique* et sur l'*Appendix*, s'ils ont vu l'un et l'autre, et pour leur faire envie de quelque chose d'excellent, il faut étendre les lieux d'un point à plusieurs *in infinitum* ; et, par exemple, au lieu qu'on dit d'ordinaire trouver une parabole, en laquelle prenant quelque point qu'on voudra, il produise toujours un même effet, je veux proposer :

Trouver une parabole en laquelle prenant tels 2, 3, 4, 5, etc., points que vous voudrez, ils produisent toujours un même effet, et ainsi à l'infini.

Bien plus, je puis encore donner la résolution de cette question.

Trouver autant de lignes courbes qu'on voudra,

[1] Figure 31.

en chacune desquelles prenant tel nombre de points qu'on voudra, tous ces points ensemble produisent un même effet.

6. Au reste, j'ai encore une difficulté disputée depuis peu de jours entre M. Des Argues et moi, dont je vous prie de me donner la solution si vous la savez : c'est sur un globe qui roule sur un plan, à savoir si se mouvant d'un point à un autre, comme il arriveroit jouant à la courte boule sur un plan parfait avec une boule parfaitement ronde, jusques à ce qu'il revienne au même point, il décrira une ligne sur le plan égale à sa circonférence. La raison d'en douter est que nulle partie de la ligne courbe ne peut convenir avec ce plan pour la toucher; donc elle n'est touchée que par les seuls points du globe, et non par ses parties; et partant sur la ligne plate, il y aura autant de hiatus ou de vides que de points, et par conséquent ce ne sera pas une ligne continue.

AU R. P. MERSENNE[1].

(Lettre 68 du tome III.)

Mon révérend père,

J'ai reçu vos lettres du 28 avril et du 1ᵉʳ mai en même temps, et outre les lettres des autres, j'y trouve vingt-six pages de votre écriture, auxquelles je dois réponse. Véritablement c'est une extrême obligation que je vous ai, et je ne saurois penser à la peine que je vous donne que je n'en aie un très grand ressentiment; mais *ad rem*. Vous commencez par une invention de M. de Roberval, touchant l'espace compris dans la ligne courbe que décrit un point de la circonférence d'un cercle qu'on imagine rouler sur un plan, à laquelle j'avoue que je n'ai ci-devant jamais pensé, et que la remarque en est assez belle; mais je ne vois pas qu'il y ait de quoi faire tant de bruit d'avoir trouvé une chose qui est si

---

[1] « 27 mai 1638. Voyez le gros cahier. — Voyez la 14ᵉ de M. de « la Hire. » — Plus bas. « Voyez la 13 et 14ᵉ de la Hire. » — 13 et 14 sont effacés, et à la place : « 70 et 71. »

facile, que quiconque sait tant soit peu de géométrie ne peut manquer de la trouver, pourvu qu'il la cherche : car si ADC' est cette ligne courbe, et AC une droite égale à la circonférence du cercle STVX, ayant divisé cette ligne AC en 2, 4, 8, etc., parties égales par les points B, G, H, N, O, P, Q, etc., il est évident que la perpendiculaire BD est égale au diamètre du cercle, et que toute l'aire du triangle rectiligne ADC est double de ce cercle. Puis prenant E pour le point où ce même cercle toucheroit la courbe AED, s'il étoit posé sur sa base au point G, et prenant aussi F pour le point où il touche cette courbe quand il est posé sur le point H de sa base, il est évident que les deux triangles rectilignes AED et DFC sont égaux au carré STVX inscrit dans le cercle. Et tout de même prenant les points IKLM pour ceux où le cercle touche la courbe, lorsqu'il touche sa base aux points NOPQ, il est évident que les quatre triangles AIE, EKD, DLF et FMC sont ensemble égaux aux quatre triangles isocèles inscrits dans le cercle SYT, TZV, VIX, X2S, et que les huit autres triangles inscrits dans la courbe sur les côtés de ces quatre seront égaux aux huit inscrits dans le cercle, et ainsi à l'infini. D'où il paroît que toute l'aire des deux segments de la courbe qui ont pour bases AD et DC est égale à celle du cercle ; et par conséquent toute

Figure 32.

l'aire comprise entre la courbe ADC et la droite AC est triple du cercle[1].

2. Pour la question, savoir s'il y auroit un espace réel, ainsi que maintenant, en cas que Dieu n'eût rien créé, encore qu'elle semble surpasser les bornes de l'esprit humain, et qu'il ne soit point raisonnable d'en disputer, non plus que de l'infini; toutefois je crois qu'elle ne surpasse les bornes que de notre imagination, ainsi que sont les questions de l'existence de Dieu et de l'âme humaine, et que notre entendement en peut atteindre la vérité, laquelle est, au moins selon mon opinion, que non seulement il n'y auroit point d'espace, mais

---

[1] *Ce que je n'aurois pas ici pris la peine d'écrire, s'il m'avoit dû coûter un moment de temps davantage qu'il en a fallu pour l'écrire. Et si je me vantois d'avoir trouvé de telles choses, il me sembleroit faire le même que si, en regardant le dedans d'une pomme que je viendrois de couper par la moitié, je me vantois de voir une chose que jamais aucun autre que moi n'auroit vue. Or je vous dirai que toutes les autres inventions, tant de M. Fermat que de ses défenseurs, au moins celles dont j'ai ouï parler jusqu'à présent, ne me semblent point d'autre nature. Il faut seulement avoir envie de la trouver, et prendre la peine d'en faire le calcul pour y devenir aussi savant qu'eux. Et je vous dirai que lorsque je lisois le premier écrit qu'ils m'ont envoyé, où ils avoient mis un grand registre des inventions de M. Fermat, au lieu d'en avoir meilleure opinion de lui ou d'eux, je pensois en moi-même que pauperis est numerare pecus, vu principalement qu'ils ne faisoient quasi que répéter les mêmes choses qu'il avoit déjà mises à la fin de son* De maximis. *On peut rencontrer une infinité de telles choses en étudiant; mais si ce n'est qu'elles servent à quelque usage lorsqu'elles me viennent, je n'en veux pas charger ma mémoire, ni même souvent ne prends pas la peine d'en charger mon papier.*

même que ces vérités qu'on nomme éternelles, comme que *totum est majus sua parte*, etc., ne seroient point vérités, si Dieu ne l'avoit ainsi établi, ce que je crois vous avoir déjà autrefois écrit.

3. Pour l'autre question touchant la corde d'une arbalète, je suis de l'opinion de M. de Roberval, excepté seulement qu'au lieu de dire, sans exception, que le mouvement de la corde s'augmente toujours en se débandant depuis D jusques au point A, qui est en la ligne droite EAF, je tiens que cela n'est exactement vrai que lorsqu'elle ne pousse point de flèche; car, lorsqu'elle en a une à chasser, la résistance de cette flèche est cause que sa vitesse commence à diminuer tant soit peu devant qu'elle soit arrivée au point A. Il est vrai aussi que plus un arc est grand, plus il a de force, bien qu'il ne soit pas plus tendu; et il est vrai qu'il y a certaine proportion de grandeur tant pour les arcs que pour les canons, au-delà de laquelle il seroit inutile ou même nuisible de passer, mais ce n'est pas pour la même cause touchant les arcs que touchant les canons; car en ceux-ci elle dépend des proportions du feu, du fer et de la poudre, et en l'autre de celle du bois et de l'air.

4. Je ne suis point encore certain de l'expérience, savoir si une arquebuse a moins de force de près que de loin, et je crois que l'effet varie selon la nature des corps contre lesquels elle

agit, en sorte que ce ne sera pas le même si on en fait l'épreuve contre une cuirasse que si on la fait contre une planche de sapin, mais que la balle ne laisse pas d'aller plus vite en sortant du canon que par après.

5. Le centre de gravité du conoïde parabolique de M. de Fermat se peut trouver fort aisément par la même façon dont Archimède a trouvé celui de la parabole, sans qu'il soit aucunement besoin pour cela de se servir de sa méthode; et n'étoit qu'il faut du temps pour en faire le calcul, et que vous m'avez taillé assez d'autre besogne en vos dernières, je vous l'enverrois, mais je le néglige comme facile; je vous dirai seulement que je n'ai point encore vu qu'il ait donné aucun exemple de sa méthode qu'on ne puisse aisément trouver sans elle, ce qui me fait croire qu'il n'en est pas lui-même fort assuré. Et pour ce qu'il dit que j'ai fait tant de chemin, et que j'ai pris une voie si pénible pour trouver les tangentes en ma Géométrie, je vois bien qu'il ne l'a pas entendue; car elle est beaucoup plus courte que la sienne, laquelle ne conclut qu'en tant qu'elle emprunte son fondement de celui que j'ai pris, comme vous aurez pu voir par celles que j'ai écrites il y a quinze jours; et, pour en dire la vérité, je crois qu'il n'a parfaitement entendu ni l'une ni l'autre[1].

---

[1] *Et pour ce qu'il dit ensuite qu'il a trouvé par ces méthodes, je n'y re-*

6. Vous demandez si je pense qu'un globe roulant sur un plan décrit une ligne égale à sa circonférence, à quoi je réponds simplement que oui, par l'une des maximes que j'ai écrites, à savoir que toutes les choses que nous concevons clairement et distinctement sont vraies; car je conçois bien aisément une même ligne pouvoir être tantôt droite et tantôt courbe comme une corde; mais je ne saurois concevoir ce qu'on entend par les points d'un globe, lorsqu'on les distingue de ses parties, ni comprendre cette subtilité de la philosophie[1].

Vous me demandez si je crois que ce que j'ai écrit de la réfraction soit une démonstration ; je

marque rien dont il doive faire si grand bruit ; mais il me semble qu'il promet beaucoup pour donner peu ; car il fait des propositions générales : trouver autant de lignes courbes, et ce qui contient une infinité de cas desquels ni lui ni aucun autre ne sauroit jamais venir à bout ; en quoi il fait tout de même que si, à cause qu'il peut marcher dans une chambre, il se vantoit de pouvoir aller de son pied jusques à la Chine ; car encore qu'il ne fallût point, comme il lui semble, d'autre méthode pour trouver ces questions que celle qu'il sait, il s'y peut toutefois trouver une infinité d'embrouillements qu'il ne peut jamais développer. Vous demandez.....

[1] Je passe à votre seconde lettre, où vous me parlez de l'écrit de M. de Roberval, lequel véritablement m'a fait rire; et j'ai jugé qu'il s'amusoit à me dire des injures ainsi qu'une harengère, à cause qu'il n'avoit rien de bon à répondre : car ne pensez pas que je demeure d'accord au fond de ce qu'il écrit. Ce sont des impertinences très grandes, et je m'étonne extrêmement qu'il en ait pu persuader quelque chose à M. Mydorge; mais je crois que j'y ferai un mot de réponse séparée, afin que vous lui fassiez voir, si bon vous semble. Vous me demandez si.....

réponds que oui, au moins autant qu'il est possible d'en donner en cette matière, sans avoir auparavant démontré les principes de la physique par la métaphysique (ce que j'espère de faire quelque jour, mais qui ne l'a point été par ci-devant), et autant qu'aucune autre question de mécanique, ou d'optique, ou d'astronomie, ou d'autre matière qui ne soit point purement géométrique, ou arithmétique, ait jamais été démontrée. Mais d'exiger de moi des démonstrations géométriques, en une matière qui dépend de la physique, c'est vouloir que je fasse des choses impossibles ; et si on ne veut nommer démonstrations que les preuves des géomètres, il faut donc dire qu'Archimède n'a jamais rien démontré dans la mécanique, ni Vitellion en l'optique, ni Ptolomée en l'astronomie, etc., ce qui toutefois ne se dit pas. Car on se contente, en telles matières, que les auteurs, ayant présupposé certaines choses qui ne sont point manifestement contraires à l'expérience, aient au reste parlé en bonne forme [1], et sans faire de paralogisme, encore même que leurs suppositions ne fussent pas exactement vraies ; comme je pourrois démontrer que même la définition du centre de gravité qui a été démontrée [2] par Archimède est fausse, et qu'il n'y a point de tel centre ; et les autres choses qu'il

[1] *Parlé conséquemment, et sans.....*
[2] *Donnée.*

suppose ailleurs ne sont point non plus exactement vraies. Pour Ptolomée et Vitellion, ils ont des suppositions bien moins certaines, et toutefois on ne doit pas pour cela rejeter les démonstrations qu'ils en ont déduites. Or ce que je prétends avoir démontré touchant la réfraction ne dépend point de la vérité de la nature de la lumière, ni de ce qu'elle se fait ou ne se fait pas en un instant, mais seulement de ce, je suppose, qu'elle est une action, ou une vertu, qui suit les mêmes lois que le mouvement local, en ce qui est de la façon dont elle se transmet d'un lieu en un autre, et qui se communique par l'entremise d'une liqueur très subtile, qui est dans les pores des corps transparents. Et pour la difficulté que vous trouvez en ce qu'elle se communique en un instant, il y a de l'équivoque au mot d'instant : car il semble que vous le considériez comme s'il nioit toute sorte de priorité, en sorte que la lumière du soleil pût ici être produite sans passer premièrement par tout l'espace qui est entre lui et nous ; au lieu que le mot d'instant n'exclut que la priorité du temps, et n'empêche pas que chacune des parties inférieures du rayon ne soit dépendante de toutes les supérieures, en même façon que la fin d'un mouvement successif dépend de toutes ses parties précédentes. Et sachez qu'il n'y a que deux voies pour réfuter ce que j'ai écrit, dont l'une est de prouver par quelques expériences ou raisons que les choses que j'ai supposées sont fausses, et l'autre que ce que j'en déduis ne sauroit en être déduit : ce que M. de Fermat a fort bien entendu, car c'est ainsi qu'il a voulu réfuter ce que j'ai écrit de la réfraction, en tâchant de prouver qu'il y avoit un paralogisme ; mais pour ceux qui se contentent de dire qu'ils ne croient pas ce que j'ai écrit, à cause que je le déduis de certaines suppositions que je n'ai pas prouvées, ils ne savent pas ce qu'ils demandent, ni ce qu'ils doivent demander[1].

Pour le sieur P.[2], je n'ai nullement approuvé son écrit, et je juge qu'il a eu envie d'être de fête, et de faire des objections sans avoir eu toutefois aucune chose à objecter ; car il n'a fait que se jeter en quelques mauvais lieux communs, empruntés des athées pour la plupart, et qu'il entasse sans beaucoup de jugement, s'arrêtant principalement à ce que j'ai écrit de Dieu et de l'âme, dont il semble n'avoir pas compris un seul mot. Et ce

---

[1] *Mon Limousin n'est pas encore ici, mais j'apprends qu'il est en Zélande, sous un capitaine de ce pays, afin de passer plus sûrement, avec promesse d'avoir son congé sitôt qu'il seroit arrivé, et maintenant que ce capitaine refuse de lui donner, jusqu'à ce qu'il ait de mes nouvelles, pour savoir s'il est vrai qu'il soit à mon service : ainsi je ne pourrai avoir sitôt ce qu'il m'apporte, car je ne sais pas encore seulement le lieu où est ce capitaine, pour lui en faire écrire.*

[2] D'abord Pascal, puis effacé ; ensuite : « Petit, intendant des fortifica-
« tions. »

qui m'a fait vous prier de tirer de lui ses objections contre ma Dioptrique, c'est que je crois qu'il n'en a point, et que je doute s'il est capable d'en faire qui aient aucune couleur, sans montrer très clairement son insuffisance. Mais ce qui lui a fait promettre d'en faire, c'est qu'il a eu peur qu'on lui demandât pourquoi il ne s'est pas adressé à cette matière où il dit avoir employé dix ou onze années, plutôt qu'à une matière de morale ou de métaphysique, qui n'est point du tout de sa profession, dont la vérité ne pouvant être entendue que de fort peu de personnes, bien que chacun se veuille mêler d'en juger, les plus ignorants sont capables d'en dire beaucoup de choses qui passent pour vraisemblables parmi ceux qui ne les examinent pas de fort près; au lieu qu'en la Dioptrique, il ne pourroit entrer tant soit peu en matière, qu'on ne reconnût très évidemment sa capacité; il ne l'a déjà que trop montrée, par cela seul qu'il a voulu soutenir que les verres sphériques seroient aussi bons que les hyperboliques, sur ce qu'il s'est imaginé qu'il n'étoit pas besoin qu'ils eussent plus d'un pouce ou demi-pouce de diamètre.

Je juge tout autrement de M. Morin, auquel je crois avoir de l'obligation de ses objections, comme généralement je croirois en avoir à tous ceux qui m'en proposeront à dessein de faire que la vérité se découvre; même je ne leur saurois aucunement mauvais gré de me traiter aussi rudement qu'ils pourront, et je tâcherai de leur répondre à tous en telle sorte qu'ils n'auront aucun sujet de s'en fâcher¹.

Vous aurez à ce voyage ou au prochain l'écrit que je vous avois promis pour l'intelligence de ma Géométrie, car il est presque achevé, et c'est un gentilhomme d'ici de très bon lieu qui le compose. Vous pourrez assurer MM. de Fermat et de Roberval, et les autres, que je ne me pique nullement de ce qui s'écrit contre moi, et que si, lorsqu'on m'attaque un peu rudement, je réponds quelquefois à peu près de même style, ce n'est qu'afin qu'ils ne pensent pas que ce soit la crainte

---

¹ *Ce que je vous avois écrit de Gillot n'étoit point à dessein que vous vous missiez aucunement en peine de lui chercher condition ; car je ne lui ai pas encore seulement demandé s'il voudroit se résoudre d'aller en France, ni ne l'ai vu il y a plus de six mois. Et en s'arrêtant à Leyde ou à La Haye, il y peut aisément gagner quatre ou cinq cents écus par an. Il eût pu aussi en gagner assez en Angleterre, mais ses parents l'en ont retiré contre son gré, lorsqu'il commençoit à y entrer en connoissance, pourceque'ils craignoient qu'il ne se débauchât, étant loin d'eux, comme ils craindroient sans doute, étant en France, qu'on ne le rendît catholique, car ils sont fort zélés huguenots ; mais pour lui il est fort docile, et de sa fidélité j'en voudrois répondre comme de mon frère. En sorte que si M. de Sainte-Croix ou quelque autre lui offre une condition que vous jugiez lui être avantageuse, je ne lairrai pas de l'envoyer, pourvu toutefois que Rivel n'en soit point averti; car il a tant de pouvoir sur ses parents, qu'il les empêcheroit d'y consentir, sous prétexte de la religion, bien que ce ne fût en effet que pour empêcher son avancement, car c'est son humeur. Pour le géostaticien, son procédé est digne de risée ; et si le libraire m'en croit, il lui enverra un sergent, sans l'épargner. Vous aurez....*

qui me fasse parler plus doucement; mais qu'à l'exemple de ceux qui disputent au jeu lorsque la partie est achevée, je ne m'en souviens plus du tout, et ne laisse pas pour cela d'être tout prêt de me dire leur serviteur.

Je vous remercie de l'écrit du révérend père G.[1] : je le trouve tout pour moi, comme vous dites, et je lui en ai obligation; mais je n'ai garde de le faire imprimer, ni aucune chose de M. de Fermat, ou d'autres qui ne le désirent pas : je suis trop éloigné de cette humeur; et ce qui m'a fait vous écrire que je ne désirois point qu'on m'envoyât rien que je ne pusse faire imprimer, a été seulement pour obliger ceux qui me voudroient envoyer quelque chose, à le rendre meilleur, et m'exempter, autant que je pourrois, de lire des sottises. Mais pour ceux qui nonobstant cela n'ont pas laissé de m'en envoyer, quelque permission qu'ils me donnent de les publier, ce n'est pas à dire que je le fasse. Et si je donne à imprimer quelques objections qu'on m'aura faites, ce seront seulement celles qui pourront être de quelque utilité, et avoir quelque force, et qui me pourroient ci-après être faites par d'autres, sans me soucier davantage du reste (à savoir de l'écrit dont vous avez la peine de transcrire une feuille pour me l'envoyer, et de ses semblables) que je ferois des injures que me diroit

[1] « Gibieuf. »

un perroquet pendu à une fenêtre pendant que je passe par la rue. Et je vous prie de ne me point envoyer cet écrit, ni aucun de pareille étoffe, non pourceque j'aurois quelque fâcherie en les lisant, car au contraire ils me donnent de la joie et de la vanité. Je sais que telles gens ne s'attaquent jamais qu'aux choses qu'ils jugent les plus excellentes ; mais je les estime si peu, que je ne daigne pas prendre la peine de les lire, et je ne voudrois pas vous prier non plus d'y perdre du temps : mais si vous les avez déjà lus, et que vous y ayez rencontré quelque chose à quoi vous pensiez que je doive répondre, vous m'obligerez de me l'écrire.

La méthode de M. de Fermat pour trouver deux nombres, tels que les parties aliquotes de l'un soient réciproquement égales à l'autre, se rapporte à la mienne, et n'a rien de plus ni de moins ; mais celle dont il use pour en trouver dont les parties aliquotes fassent le double, ne peut servir pour en trouver aucuns autres que 120 et 672, ce qui fait juger qu'il ne les a pas trouvés par elle, mais plutôt qu'il l'a accommodée à eux après les avoir cherchés à tâtons. Je ne m'arrête point à résoudre leurs questions de géométrie ; car je crois que ce que j'ai fait imprimer peut suffire pour un essai en cette science, à laquelle je fais profession de ne vouloir plus étudier, et, pour en parler franchement entre nous, comme il y en a qui refusent de se battre en duel contre ceux qui ne sont pas de leur qualité, ainsi je pense avoir quelque droit de ne me pas arrêter à leur répondre.

Pour ce que dit M. de Roberval, qu'il n'y a rien dans Archimède qui aide à démontrer (touchant des lignes imaginées à l'imitation de la parabole et des spirales) des propriétés qui se rapportent à celles qu'il a démontrées touchant ces lignes-là, il y a autant d'apparence qu'à ce qu'il dit, que la tangente ne peut être considérée comme la plus grande. Mais je ne saurois fermer la bouche de ceux qui veulent toujours parler[1], et moins j'emploierai de temps à contester avec eux, moins j'en perdrai.

Il y a une règle générale pour trouver des nombres qui aient avec leurs parties aliquotes telle proportion qu'on voudra, et si Gillot va à Paris, je la lui apprendrai avant que de l'y envoyer. Mais je vous prie de me mander si vous jugez que la condition de M. de Sainte-Croix fût bonne pour lui : il est très fidèle, de très bon esprit, et d'un naturel fort aimable ; il entend un peu de latin et d'anglais, le français et l'allemand ; il sait très bien l'arithmétique, et assez de ma méthode pour apprendre de soi-même tout ce qui lui peut manquer dans les autres parties de mathématiques. Mais si

---

[1] « Parler *sans raison....* »

on attend de lui des sujétions comme d'un valet, il n'y est nullement propre, à cause qu'il a toujours été nourri avec des personnes qui étoient plus que lui, et avec lesquels néanmoins il a vécu comme camarade. Outre qu'il ne sait pas mieux les civilités de Paris qu'un étranger, et je crains que si on le vouloit faire trop travailler dans les nombres il ne s'en ennuyât; car, en effet, c'est un labeur fort infructueux, et qui a besoin de trop de patience pour un esprit vif comme le sien.

J'ai donné vos lettres à M. Bannius, lequel est non seulement catholique, mais avec cela prêtre[1]. Il est fort savant en la pratique de la musique; pour la théorie je vous en laisse le juge. Mais si vous ne lui avez encore envoyé votre livre latin, il n'est pas besoin que vous le fassiez, car je crois qu'il l'a déjà, aussi bien que le français, lequel il m'avoit prêté cet hiver, et j'y ai trouvé plusieurs observations que j'estime.

J'ai mandé à Leyde qu'on m'achetât *Heinsius in novum Testamentum*; mais je ne sais par où vous l'envoyer, car M. de Zuytlichem est à l'armée : il faudra attendre quelque autre commodité. Le sieur Beeckman est mort il y a déjà plus d'un an, et je pensois vous l'avoir mandé. Comme j'étois prêt à fermer cette lettre, j'ai encore reçu votre dernière du 10 mai, et, pour réponse, j'ai écrit à M. Zuytlichem

---

[1] *Et qui a, je crois, quelque bénéfice dans Harlem.*

touchant l'affaire de M. Hardy, et sitôt que j'en aurai réponse je lui manderai.

Je vous prie derechef de ne me point envoyer l'écrit contre moi dont vous m'avez fait voir une feuille; car je connois assez par ce peu que le reste ne doit rien valoir, et je ne suis pas résolu de m'arrêter à tous les fous qui auront envie de me dire des injures.

Pour ce que M. Des Argues vous a dit de la part de M. N[1], je n'ai rien à y répondre, sinon que je suis leur très humble serviteur, mais que je ne crois point que les pensées de M. le cardinal se doivent abaisser jusques à une personne de ma sorte.

Au reste, pour en parler entre nous, il n'y a rien qui fût plus contraire à mes desseins que l'air de Paris, à cause d'une infinité de divertissements qui y sont inévitables, et pendant qu'il me sera permis de vivre à ma mode, je demeurerai à la campagne, en quelque pays où je ne puisse être importuné des visites de mes voisins, non plus que je le suis ici en un coin de la Nord-Hollande; et c'est cette seule raison qui m'a fait préférer ce pays au mien, et j'y suis maintenant si accoutumé que je n'ai nulle envie de le changer.

Je vous envoie une partie de l'écrit que je vous avois promis pour l'intelligence de ma Géométrie;

---

[1] « Bautru. »

le reste n'a pu être transcrit, c'est pourquoi je le garde pour un autre voyage. Il a principalement été fait à l'occasion de M. Des Argues, mais je ne serai pas marri que tous les autres qui auront envie de s'en servir en aient des copies, au moins ceux qui ne se vantent point d'avoir une méthode meilleure que la mienne; car pour ceux-ci ils n'en ont que faire, et je me suis expressément rendu un peu obscur en quelques endroits, afin que telles gens ne se pussent vanter d'avoir su sans moi les mêmes choses que j'ai écrites. Je pensois écrire à M. Morin à ce voyage, mais je suis trop pressé; ce sera pour une autre fois, aussi bien ne suis-je point résolu de commencer sitôt à faire imprimer aucunes objections, car j'en attends encore quelques unes qu'on m'a fait espérer. Si vous le voyez cependant, vous lui ferez, s'il vous plaît, mes compliments. Je suis, etc. [1].

[1] « Fin de la lettre. »

AU R. P. MERSENNE[1].

(Lettre 69 du tome III.)

Mon révérend père,

J'ai reçu vos deux lettres du douzième et vingt-deuxième mars, toutes deux en même temps, en quoi j'admire que la dernière soit venue si vite, car je n'en avois jamais reçu aucune de si fraîche date.

Pour l'accusation du géostaticien, que je ne donne rien des équations que Viète n'ait donné plus doctement, *nego majorem;* car, comme je crois vous avoir déjà remarqué quelque autre fois, je commence en cela par où Viète avoit fini. Et, pour ce qu'il dit, que je ne suis pas excusable de n'avoir pas vu Viète, il auroit raison si j'avois ignoré pour cela quelque chose qui fût dans Viète, ce que je ne crois pas qu'il m'enseigne par ce beau livret qu'il en a autrefois fait imprimer.

Pour les lieux solides, il est aisé d'amplifier ce que j'en ai écrit; car je ne les enseigne que par

[1] « Cette lettre est la dixième des manuscrits de M. de la Hire, datée fixement du 13 mai 1638. Voyez le gros cahier. »

un corollaire qui contient justement onze lignes, à savoir, les deux dernières de la page 334, et les neuf premières de la page 335. Puis les six ou sept lignes suivantes servent pour les lieux *ad lineas tres* [1], et *ad superficiem*; car je mets dans la question de Pappus tout ce qu'il faut savoir de plus pour les entendre. Mais le bon est, touchant cette question de Pappus, que je n'en ai mis que la construction et la démonstration, sans en mettre toute l'analyse, laquelle ils s'imaginent que j'ai mise seule, en quoi ils témoignent qu'ils y entendent bien peu ; mais ce qui les trompe, c'est que j'en fais la construction, comme les architectes font les bâtiments, en prescrivant seulement tout ce qu'il faut faire, et laissant le travail des mains aux charpentiers et aux maçons. Ils ne connoissent pas aussi ma démonstration, à cause que j'y parle par a, b, ce qui ne la rend toutefois en rien différente de celles des anciens, sinon que par cette façon je puis mettre souvent en une ligne ce dont il leur falloit remplir deux ou trois pages, et pour cette cause elle est incomparablement plus claire, plus facile, et moins sujette à erreur que la leur. Pour l'analyse, j'en ai omis une partie, afin de retenir les esprits malins en leur devoir ; car, si je la leur eusse donnée, ils se fussent vantés de l'avoir sue longtemps auparavant, au lieu que maintenant ils

---

[1] « Lieux quæ vocantur linearia, et... »

n'en pourront rien dire qui ne fasse connoître leur ignorance. Pour ce qui est de connoître à quel lieu l'équation faite appartient, ce que vous dites que M. de Roberval eût désiré que j'eusse mis en ma Géométrie, s'il lui plaît de lire depuis la pénultième ligne de la page 326 jusques à la 332, et de le rapporter au corollaire des lieux, page 334, il trouvera que je les mets tous exactement. Il y a toutefois un cas des plus aisés de tous que j'ai omis pour sa trop grande facilité; mais ne l'en avertissez pas, s'il vous plaît, car vraisemblablement ils n'y prendront pas garde, et il me sera aisé de l'y ajouter en trois mots dans une seconde impression. Or, par cette seule équation [1]

$$\dot{y} \parallel m - \tfrac{n}{y}x + \sqrt{mm + ox - \tfrac{p}{m}xx}$$

de la page 326, en changeant seulement les marques $+$ et $-$, ou, supposant quelques termes pour nuls, je comprends toutes celles qui peuvent se rapporter à quelque lieu plan ou solide. Je ne crois pas qu'il soit possible de rien imaginer de plus général ni de plus court, ou de plus clair et de plus facile que cela, ni que ceux qui l'auront une fois compris daignent après prendre la peine

---

[1] « Équation de la page 326, à savoir :

$$y \parallel m - \sqrt{x + mm + ox - \tfrac{n}{p}xx}.$$

« en changeant seulement les marques $+$ et $-$. »

de lire les longs écrits des autres sur cette matière [1].

Pour M. Morin, je vous prie de l'assurer que j'ai reçu son discours en très bonne part, et que je ne manquerai pas d'y répondre le plus ponctuellement, le plus civilement et le plus tôt qu'il me sera possible, et que je le ferai imprimer avec ma réponse, puisqu'il le trouve bon, y laissant son nom, ou l'ôtant, ainsi qu'il l'aura agréable; et même, s'il le désire, que je m'offre de lui envoyer ma réponse en manuscrit, afin qu'il y puisse changer ou retrancher tout ce qu'il lui plaira avant qu'elle soit imprimée. Je lui écrirois dès ce voyage, mais le temps me presse trop; je suis son très humble serviteur.

Pour le sieur N.[2], laissez-le faire, il y a grande apparence qu'il n'achèvera rien, et je crois que le moindre petit tourneur ou serrurier seroit plus capable que lui de faire voir l'effet des lunettes.

Je vous remercie du soin que vous avez eu pour les livres de Rome; le retardement ne sera peut-être qu'avantageux, à cause que ceux auxquels ils s'adressent en auront pu cependant ouï parler.

---

[1] *Pour le billet du géostaticien, j'y répondrai aussi par un billet, afin que vous lui puissiez faire voir. Vous ne m'avez pas fait réponse à ce que je vous avois prié de m'apprendre, particulièrement l'histoire de sa friponnerie touchant notre privilège, de quoi je vous prie derechef.*

[2] *« Ferrier. »*

Celui qui m'accuse d'avoir emprunté de Kepler les ellipses et les hyperboles de ma Dioptrique doit être ignorant ou malicieux; car, pour l'ellipse, je n'ai pas mémoire que Kepler en parle, ou, s'il en parle, c'est assurément pour dire qu'elle n'est pas l'anaclastique qu'il cherche; et, pour l'hyperbole, je me souviens fort bien qu'il prétend démontrer expressément que ce n'est pas elle non plus, bien qu'il dise qu'elle n'est pas beaucoup différente. Or je vous laisse à penser si je dois avoir appris qu'une chose fût vraie d'un homme qui a tâché de prouver qu'elle étoit fausse, ce qui n'empêche pas que je n'avoue que Kepler a été mon premier maître en optique, et qu'il est celui de tous les hommes qui en a le plus su par ci-devant.

Je vous prie de convier M. Petit de m'envoyer au plus tôt tout le reste de ce qu'il dit avoir à objecter contre ma Dioptrique ou autres choses, afin que j'y puisse répondre tout d'un coup, sans avoir la peine d'en faire à deux fois; car il n'a que faire de craindre que la multitude m'accable, et pour le peu qu'il m'a envoyé, je ne veux employer à y répondre que quelques heures de récréation après le repas.

Pour ce qui est de couper l'œil d'un bœuf, en sorte qu'on y puisse voir le même que dans une chambre obscure, comme j'ai écrit en la Dioptrique, je vous assure que j'en ai fait l'expérience; et, quoique c'ait été sans beaucoup de soin ni de précaution, elle n'a pas laissé pour cela de réussir. Mais je vous dirai comment. Je pris l'œil d'un vieux bœuf (ce qu'il faut observer, car celui des jeunes n'est pas transparent), et ayant choisi la moitié d'une coquille d'œuf, qui étoit telle que cet œil pouvoit aisément être mis et ajusté dedans sans changer sa figure, je coupai en rond avec des ciseaux fort tranchants [1] les deux peaux, *corneam et uneam*, sans offenser la troisième, *retinam*; et la pièce ronde que je coupai n'étoit qu'environ de la grandeur d'un sol, et avoit le nerf optique pour son centre. Puis, quand elle fut ainsi coupée tout autour, sans que je l'eusse encore ôtée de sa place, je ne fis que tirer le nerf optique, et elle suivit avec la rétine, qui se rompit, sans que l'humeur vitrée fût aucunement offensée; si bien que, l'ayant couverte de ma coquille d'œuf, je vis derrière ce que je voulois, car la coquille d'œuf étoit assez transparente pour cet effet, et je l'ai montrée à d'autres depuis en cette sorte, même sans coquille d'œuf, avec un papier. Il est vrai que l'œil est sujet à se rider un peu au-devant, et ainsi à rendre l'image moins parfaite, mais on y peut obvier en le pressant un peu à côté avec les doigts, ou aussi en prenant un œil d'un bœuf fort fraîchement tué, et le tenant toujours dans de l'eau sitôt qu'il est tiré de la tête,

---

[1] *Et un peu émoussés à la pointe.*

et même l'y tenant pendant qu'on en coupe les peaux, jusques à ce qu'il soit ajusté dans la coquille. Voilà pour votre première lettre.

Je viens à la dernière, où vous répondez à ma précédente, et je vous supplie très humblement de m'excuser, si j'ai jugé que les amis de M. de Fermat vous avoient déconseillé de lui envoyer ma réponse, etc. Je pensois en avoir de grandes raisons, pourceque vous m'en écriviez comme de personnes qui étoient extrèmement ses amis, et qu'ils ne trouvoient à reprendre en ma réponse qu'une chose, qu'ils citoient tout au contraire de ce que j'ai écrit. Mais encore qu'il eût été vrai, de quoi je n'ai plus aucune opinion, puisque vous me mandez le contraire, je vous supplie de croire très assurément que ni cela, ni aucune autre chose qui puisse arriver, n'est capable de diminuer en aucune façon mon affection très extrème à vous servir, et ma reconnoissance pour une infinité d'obligations que je vous ai.

Je vous supplie de ne vous point excuser de m'avoir trop mandé de particularités de ce qui se disoit contre moi, car d'autant plus que vous m'en écrivez, d'autant plus vous en ai-je d'obligation ; et je pense avoir assez de retenue pour user en telle sorte des avertissements que vous me donnez, qu'ils ne vous sauroient jamais préjudicier et me peuvent beaucoup servir.

Je suis extrêmement aise de ce que M. Des Argues veut prendre la peine de lire ma Géométrie, et tant s'en faut qu'il me faille prier pour lui envoyer, ou à vous, ce que je crois être utile pour en faciliter l'intelligence, je voudrois au contraire le prier de l'accepter. Celui qui m'avoit promis d'en écrire quelque chose, n'est plus ici, et a des affaires qui me font craindre qu'il ne le puisse faire de cinq ou six semaines; toutefois je le hâterai le plus que je pourrai, et je l'écrirois moi-même sans m'attendre à un autre; mais mon calcul m'est si commun, que je ne puis imaginer en quoi les autres[1] peuvent trouver de la difficulté. Au reste, je pense à un autre moyen qui seroit beaucoup meilleur, qui est que le jeune Gillot, que vous connoissez, est l'un de ces deux qui enseignent ici les mathématiques, et presque celui du monde qui sait le plus de ma méthode. Il fut l'année passée en Angleterre, d'où ses parents l'ont retiré lorsqu'il commençoit d'y entrer en réputation, et il n'a pas ici grande fortune qui l'oblige à y demeurer; s'il y avoit assurance de lui en faire trouver à Paris une meilleure, j'ai assez de pouvoir sur lui pour l'y faire aller, et il pourroit donner plus d'ouverture en une heure pour l'intelligence de ma Géométrie, que tous les écrits que je saurois envoyer.

[1] « Voyez l'article coté 6 de la 3ᵉ page de la 14ᵉ lettre de M. de la
« Hire, datée du 27 mai 1638. »

Vous avez grande raison de m'avertir que je ne fasse point imprimer ce que le sieur N.[1] a écrit contre M. de Roberval et de Fermat. Et je suis bien aise de ce qu'il me permet de le retrancher; mais je n'aurois pas laissé de le faire quand il ne me l'auroit pas permis, car autrement je participerois à sa faute, et je n'ai point droit de faire imprimer des médisances, sinon celles qui me regardent tout seul, afin de m'en pouvoir justifier.

Je suis bien aise d'apprendre que MM. Pascal et Roberval n'ont point de si particulière liaison avec M. de Fermat que vos lettres m'avoient fait imaginer; car cela étant, je ne doute point qu'ils ne se rendent enfin à la vérité, et je ne crois pas avoir mis une seule syllabe en ma réponse qui les puisse désobliger; et vous les pourrez assurer que je souhaite et chéris l'affection des honnêtes gens autant que personne.

Mais pour les questions géométriques qu'ils vous promettent de me proposer, lesquelles ils ne peuvent résoudre, et qu'ils croient ne pouvoir être résolues par ma méthode, je trouve que ce parti est désavantageux pour moi : car, premièrement, c'est contre le style des géomètres de proposer aux autres des questions qu'ils ne peuvent résoudre eux-mêmes; puis il y en a d'impossibles, comme la quadrature

[1] — Petit.

du cercle, etc. Il y en a d'autres qui, bien qu'elles soient possibles, vont toutefois au-delà des colonnes que j'ai posées, non à cause qu'il faut d'autres règles et plus d'esprit, mais à cause qu'il y faut plus de travail; et de ce genre sont celles dont j'ai parlé en ma réponse à M. de Fermat sur son écrit *De maximis et minimis*, pour l'avertir que, s'il vouloit aller plus loin que moi, c'est par là qu'il devoit passer. Enfin, il y en a qui appartiennent à l'arithmétique, et non à la géométrie, comme celles de Diophante, et deux ou trois de celles dont ils ont fait mention dans leur écrit, à toutes lesquelles je ne promets pas de répondre, ni même seulement d'y tâcher; non que ces dernières soient plus difficiles que celles de géométrie, mais pourcequ'elles peuvent quelquefois mieux être trouvées par un homme laborieux, qui examinera opiniâtrément la suite des nombres, que par l'adresse du plus grand esprit qui puisse être, et que d'ailleurs, comme elles sont très inutiles, je fais profession de ne vouloir pas m'y amuser. Et toutefois, afin qu'ils n'aient pas pour cela occasion de croire que j'ignore la façon de les trouver, je mettrai ici la solution de celles qui étoient en leur papier.

Les premières sont ces deux théorèmes : si d'un nombre mesuré par 8 [1], etc. Ce que je démontre

---

[1] « La suite de cette lettre se trouve dans la page 378 de ce volume, et

facilement ; par cela seul que de tout nombre carré qui est impair, si on ôte une unité, le reste se mesure par 8, et par conséquent aussi par 4, comme on prouve de ce qu'ils se produisent tous en ajoutant, premièrement, 8 à 1, qui font 9; puis deux fois 8 à 9, qui font 25; puis trois fois 8 à 25, qui font 49, et ainsi à l'infini; et tout nombre carré qui est pair se mesure par 4. D'où il suit clairement que deux nombres carrés joints ensemble en composent un, lequel ou bien se mesure par 4, à savoir si ces deux carrés sont nombres pairs; ou bien qui est plus grand d'une unité qu'un nombre mesuré par 4, à savoir si l'un d'eux est impair, ou qui est plus grand de deux unités, s'ils sont tous deux impairs, et de là se démontre leur second théorème. Car si tout nombre carré ou composé de deux carrés ne peut surpasser un nombre mesuré par 4 que d'un ou de deux, tous ceux qui le surpassent de trois, comme font tous ceux qui sont moindres d'une unité, qu'un nombre mesuré par 4, ne peuvent être ni carrés, ni composés de deux carrés. Tout de même, si on joint ensemble trois carrés qui soient pairs, ils ne pourront surpasser un nombre mesuré par 8 que de 4. Et si l'un d'eux est impair, ils ne le pourront surpasser que d'un ou de 5; et si deux sont impairs, ils ne le surpasse-

---

« après la fin de la page 379, il faut revenir à la 32ᵉ ligne de la page 401 de ce même volume : *Je n'ai que faire....* »

ront que de deux ou de six ; et enfin, s'ils sont tous trois impairs, ils ne le surpasseront que de trois : de façon qu'ils ne le peuvent jamais surpasser de sept, ainsi que font tous les nombres mesurés par 8, après qu'on en a ôté une unité, qui est ce qu'il falloit démontrer ; et pour les rompus, c'est la même chose.

Leur autre question est ce problème : trouver une infinité de nombres¹, etc., auquel je satisfais par cette règle : si on prend le nombre deux, ou quelqu'un de ceux qui se produisent en les multipliant par deux à l'infini. Pour éviter la perte du temps, je n'ai que faire d'en mettre ici la démonstration, car j'épargne le temps ; et en matière de problèmes, c'est assez d'en donner le fait, puis c'est à ceux qui l'ont proposé d'examiner s'il est bien résolu ou non. Mais je serai bien aise, avant que de leur faire voir cette règle, que vous les priiez de vous donner aussi la leur, afin que, si elle est meilleure, je la puisse apprendre. J'eusse pu faire celle-ci de plus d'étendue qu'elle n'est, mais elle eût été plus longue ; et puisqu'ils ne demandent qu'une infinité de tels nombres, sans les y comprendre tous, celle-ci satisfait assez à leur problème, car elle en contient une infinité.

---

¹ *Lesquels étant pris deux à deux, l'un est égal aux parties aliquotes de l'autre, et réciproquement l'autre est égal aux parties aliquotes du premier. A quoi je satisfais par cette règle : Si sumatur.....*

En l'humeur où je suis, j'ajouterois ici tout d'un train la solution de toutes les autres questions qui sont en leur papier; mais j'appréhende plus la peine de les écrire que celle de les chercher : et pourceque la première n'est qu'un lieu compris en ma Géométrie, lequel est même des plus faciles par ma méthode, et que toutes les autres ne sont que des suites[1] de ce qu'Archimède a démontré de la parabole et des spirales, je ne crains pas que ceux qui entendront ma Géométrie se puissent imaginer que j'aie de la difficulté à les résoudre; et vous savez qu'il y a déjà plus de quinze ans que je fais profession de négliger la géométrie, et de ne m'arrêter jamais à la solution d'aucun problème, si ce n'est à la prière de quelque ami, comme en cette occasion. Puisque vous leur avez promis de m'envoyer ce qu'il leur plaira de proposer, je le recevrai de très bon cœur, et tâcherai d'y répondre incontinent; mais ce sera, s'il vous plaît, pour une fois et sans conséquence.

Au reste, je vous prie d'excuser en tout ceci les erreurs de la plume, s'il s'en rencontre, car j'écris fort vite; et jetant les yeux dernièrement sur la copie de ma réponse aux amis de M. de Fermat, j'en ai trouvé une que je crains qui ne soit aussi dans l'original : c'est en l'endroit où la page est divisée en trois colonnes, car au titre de la colonne du

---

[1] « Suites ou *imitation* »....

milieu, où sont ces mots, *ont plus grande proportion entre eux*, il y faut encore ajouter ceux-ci en parenthèse [1] (*à savoir, le plus grand au moindre*); ce que vous ferez, s'il vous plaît, s'il est encore entre vos mains.

A propos de nos ministres, j'ai à vous dire que N., mathématicien d'Amsterdam, a commission de MM. les États d'aller, par la France, en Italie, pour apprendre l'invention de Galilée pour des longitudes. Et pourcequ'il passera, je crois, par Paris, et même qu'il s'y vantera peut-être de mon amitié, j'ai à vous avertir qu'outre qu'il est très ignorant, c'est une âme très noire et malicieuse, qui au même temps qu'il me venoit voir et feignoit de rechercher mon amitié, médisoit de moi en compagnie, avec si peu de vraisemblance, et tant d'effronterie, que des personnes même qui l'aimoient, et auxquels j'étois indifférent, l'en querellèrent, de quoi je voudrois pouvoir avertir ceux qui me connoissent, auxquels il se pourroit adresser [2].

Je vous prie de faire ce qui se pourra afin que M. Petit m'envoie ses objections contre ma Dioptrique au plus tôt [3]; je vous prie aussi de m'en-

---

[1] *S'ils n'y sont pas.*

[2] *Ce que vous obtiendrez peut-être mieux en leur témoignant que je le crains, qu'autrement; et n'importe en quelle façon, pourvu que vous l'obteniez. Je vous prie...*

[3] *Je vous ai écrit il y a quelque temps pour tâcher d'avoir mon Limousin, et je serai bien aise qu'il vienne s'il est prêt; mais s'il ne l'est pas,*

voyer l'écrit du père Gibieuf et de ses amis contre mes raisons de l'existence de Dieu le plus promptement que vous pourrez : s'il y a moyen d'avoir de lui quelque chose de plus, tant mieux. Je vous prie aussi de m'interpréter ouvertement un mot que vous me mandez d'eux, qu'ils sont si fort occupés à d'autres choses, que vous n'y pensez plus qu'à regret; car je ne l'entends point, et commence à m'étonner de n'entendre point de leurs nouvelles, vu la bonne volonté qu'ils m'ont témoignée autrefois, sans que je puisse m'imaginer que je leur aie donné *cogitatione, verbo, vel opere,* aucun sujet de refroidissement. Je vous prie aussi de me mander des nouvelles de MM. Silhon et Cerisay. J'ai réservé tout ceci pour la fin de ma lettre, afin que vous vous en souveniez mieux.

J'ai pensé oublier de répondre à ce qui est à la fin du papier de M. Petit, touchant les réfractions, à quoi je dis que la dureté des corps n'a aucun rapport avec elles, comme j'expliquerai en ma réponse à M. Morin. Secondement, touchant la nature de la dureté, je dis dans les Météores qu'elle consiste en ce que les parties de ces corps sont moins disposées à se mouvoir séparément l'une

et qu'il me fallût attendre après lui quelque temps, j'aime mieux qu'il ne vienne point du tout, et je vous prie de ne le point tenir en incertitude, car j'en sais ici un autre que j'ai promis de prendre si le Limousin ne vient dans la fin d'avril, ou que je n'aie nouvelle qu'il soit en chemin pour venir

de l'autre, ou mieux jointes et plus grosses. Troisièmement, si vous désirez vous appliquer à ma Géométrie, j'en serai très aise, et tout ce que j'y pourrois contribuer, je le ferai avec passion; mais il faudroit pour cela que le sieur Gillot fût à Paris.

Je pensois vous envoyer un billet séparé pour votre géostaticien; mais je me ravise, car je crois que cela n'en vaut pas la peine, et, s'il vous en parle, vous lui pourrez faire voir que je vous ai prié de me mander si celui qui m'a écrit en ces termes, *Qu'il démontre*, etc., est quelque roi, ou autre qui ait autorité sur moi, et que si cela étoit, je me mettrois en devoir de lui obéir; mais que si c'est une personne qui n'ait aucun droit de me commander, je juge de son style qu'il ne mérite pas que je l'oblige en lui enseignant ce qu'il demande. Ou s'il ne veut pas avouer qu'il l'ignore, et qu'il pense avoir quelque méthode meilleure que la mienne pour chercher toutes sortes de questions, c'est à lui à examiner si j'ai failli, et à se taire jusques à ce qu'il le puisse démontrer. Je suis, etc. [1].

[1] *En fermant ce paquet, je reçois une lettre d'Utrecht, de laquelle je vous envoie une partie, afin que vous puissiez voir par là qu'il y en a qui peuvent entendre ma Géométrie....*

AU R. P. MERSENNE.

(Lettre 70 du tome III.)

Du 31 mars 1638.

Mon révérend père,

M. Leroi[1] revenant ici m'a apporté la hauteur de la tour d'Utrecht très exactement mesurée, et elle est de 350 pieds de roi, en comptant le coq ou la girouette qui est au-dessus, et cette girouette avec la pomme qui la soutient est haute de 16 pieds et 7 pouces. Il vous en vouloit écrire; mais pourcequ'il n'avoit autre chose à vous mander, je lui ai promis de vous faire ses baisemains, et ainsi j'ai déchargé mon paquet d'autant de papier. Or,

---

[1] « Ce commencement ne peut s'accorder avec la fin de la page 406. « M. Leroi ou Regius écrivit, pour la première fois de sa vie, à M. Des- « cartes le 18 d'août 1638. Il lui écrivit, pour la seconde, le 9 mars « 1639, pour le remercier de sa lettre en réponse d'août 1638, marque « qu'il ne l'avoit pas encore vu. Ici il commence comme s'il l'avoit déjà « vu deux fois, et ci-après, page 406, il ne l'a jamais vu ni connu. » — Cette note est effacée, et comme conclusion, à la place de *Leroi revenant ici*, il a été mis *Renery*, correction qui lève toute difficulté.

entre nous, quoique vous ne me mandiez point quel est l'auteur des objections auxquelles je réponds en l'autre feuillet que vous séparerez, s'il vous plait, de celui-ci, en cas que vous vouliez le montrer, je juge néanmoins qu'elles viennent du géostaticien, car elles sont justement de sa portée, et contiennent des raisonnements dignes de lui ; mais je n'ai pas laissé d'y vouloir répondre civilement. Assurez-vous que j'appréhende fort peu sa colère, et que j'aime mieux que telles gens me soient ennemis déclarés et qu'ils parlent avec animosité contre moi, que non pas que, feignant d'être mes amis, ils disent froidement qu'ils s'étonnent de ce que j'ai donné si peu de chose, etc. Or je vous envoie ici des solutions de tout ce que M. de Roberval dit ne savoir pas dans la lettre dont vous m'avez envoyé la copie; mais je vous prie de les faire voir à plusieurs avant lui, et même de ne lui en point donner l'original : car j'ai tant remarqué de procédures indirectes en ces gens-là, que je crois qu'il ne faut pas trop s'y fier ; et s'il n'avoit pu comprendre ma première démonstration de la roulette, il ne comprendra peut-être pas non plus tout ce qui est en celle-ci ; mais il m'eût fallu trop de peine à écrire pour éclaircir le tout pour des enfants. Je serai bien aise de savoir ce qu'il aura dit de ma dernière explication de la démonstration de la roulette; car je crois qu'elle est si claire, que s'il la nie, les moindres écoliers seront capables de s'en moquer.

Pour l'introduction à ma Géométrie, je vous assure qu'elle n'est nullement de moi, et je l'ai seulement à peine ouï lire un peu devant que je l'enfermasse dans mon paquet, et j'ai honte de ce que vous avez écrit à M. de Fermat que j'y ai résolu son lieu plan; car il est si facile par ma Géométrie, que c'est tout de même que si vous lui aviez mandé que j'ai pu inscrire un triangle dans un cercle. A propos de quoi, s'il vous souvient que je témoignai en faire état la première fois que vous me l'envoyâtes, et que je vous mandai que son auteur devoit être fort savant en géométrie, et que j'espérois qu'il seroit l'un de ceux qui jugeroient le mieux de la mienne, vous pouvez connoître par là que je suis d'une humeur fort différente de la leur, vu que je louois en eux une chose que j'eusse crue être trop basse pour moi, et eux au contraire méprisent en moi des choses qui sont si loin au-delà de leur portée, qu'ils ne sont pas seulement capables de les comprendre lorsque je les ai suffisamment expliquées. J'ai considéré exactement la démonstration prétendue de la roulette envoyée par M. de Fermat, laquelle commence par ces mots: *Le centre du demi-cercle n, le diamètre divisé aux parties égales IK, KL*, etc. Mais c'est à mon sens la chose la plus embrouillée du monde[1]. En effet, il montre par là que, n'ayant rien su trouver de bon touchant cette roulette, et ne voulant pas pour cela demeurer sans réponse, il a mis là un discours embarrassé qui ne conclut rien du tout sur l'espérance qu'il a eue que les plus habiles ne l'entendroient pas, et que les autres croiroient cependant qu'il l'auroit trouvée. Si le sieur de Roberval s'étoit contenté de cela, on pourroit bien dire, en bon latin, que *mulus mulum fricat*. Vous m'aviez mandé, il y a un an ou deux, qu'il avoit écrit un livre contre Galilée, avec un titre fort fastueux, de quoi je n'ai plus ouï parler depuis; je voudrois bien savoir ce qui en est réussi. En effet, que ces gens-là fassent, ou disent, ou écrivent tout ce qu'ils voudront, je suis résolu de ne m'en pas soucier; et, au bout du compte, si les Français me font injustice, *convertam me ad gentes*. Je suis résolu de faire imprimer bientôt la version latine pour ce sujet, et je vous dirai que j'ai reçu cette semaine des lettres d'un docteur que je n'ai jamais vu ni connu, qui me remercie de ce que je l'ai fait être professeur en médecine dans une université[2], où il n'eût jamais osé prétendre sans moi. Ce qui est arrivé pourceque, ayant enseigné en particulier quelque chose de ma philosophie à des étudiants de ce lieu-là, ils y ont pris

---

[1] *Mais c'est le galimatias le plus ridicule que j'aie encore jamais vu.*

[2] *Où je n'ai ni amis ni pouvoir. Mais j'apprends qu'ayant....*

un tel goût, qu'ils ont prié le magistrat de leur donner ce professeur[1]. J'en ai reçu d'autres qui entendent et enseignent ma Géométrie, ce que je vous mande afin que vous sachiez que si la vérité ne peut trouver place en France, elle ne laissera peut-être pas d'en trouver ailleurs, et que je ne m'en mets pas fort en peine.

Je vous prie de faire mes compliments à M. Morin, lequel je remercie de son observation de l'arc-en-ciel; je lui ferois réponse, mais puisqu'il m'enverra peut-être encore quelques répliques à mes réponses, je les attendrai.

J'ai reçu la lettre de M. de Zuytlichem, où il me mande, touchant M. Hardy, qu'il y aura moyen d'obtenir ce qu'il demande, pourvu, dit-il, qu'il lui plaise d'y contribuer ce qu'on propose, *nempe ut obiter id manu propria testetur*, qui est à mon avis la forme de caution que les gens d'honneur ont à rendre en ces occurrences : ce sont ses mots; et il m'a envoyé l'extrait de la lettre que M. Hardy lui avoit écrite sur ce sujet, où il mettoit, ce me semble, quelque mot latin qui signifie une promesse juridique, ou par-devant notaires; je l'ai égaré entre mes papiers, sans cela je lui enverrois. J'écrirois aussi à M. Hardy, mais je n'ai pas le temps;

---

[1] *Il y en a d'autres qui enseignent ma Géométrie sans en avoir reçu de moi aucunes instructions, et d'autres qui la commentent, ce que je vous écris afin que....*

je suis son très humble serviteur, et je le prie de ne point faire voir ce que je lui ai mandé ci-devant de la règle *De maximis*, si ce n'est qu'il l'ait déjà fait; car j'ai mis ci-dessus, en ce que je réponds à la lettre de M. de Fermat, qu'il n'en sauroit donner la démonstration s'il ne l'a apprise de ce que je lui ai écrit. J'oubliois à vous dire que la nouvelle ligne que je propose au sieur R., à la fin de la quatrième page de cette lettre, est toute la même que l'autre, ce que je fais pour me rire de lui, s'il ne le reconnoît pas, à cause qu'il dit la connoître comme le cercle[1]. J'ai reçu enfin de Leyde le livre de Galilée, et ai employé deux heures à le feuilleter; mais j'y trouve fort peu de matière pour remplir les marges, et je crois que j'y ferai mieux de marquer seulement tout ce que je trouverai de remarquable dans un petit feuillet de papier, et vous l'envoyer dans une lettre, car M. de Zuytlichem n'étant point à La Haye, je ne sais par quelle

---

[1] Au lieu de *J'ai reçu enfin de Leyde...* jusqu'à *je suis extrêmement obligé à M. de Sainte-Croix* :

J'ai reçu l'écrit contre moi, que M. d'Igby avoit adressé, mais je ne l'ai pas encore décacheté; et si vous ne me mandez derechef qu'il importe que je le lise, je ne lui en veux pas faire l'honneur; mais je vous le renverrai tel qu'il est lorsque M. de Zuytlichem sera à La Haye, car je n'ai point d'autre commodité. J'ai aussi le livre de Galilée, et j'ai employé deux heures à le feuilleter; mais j'y trouve si peu de quoi remplir les marges, que je crois pouvoir mettre en une fort petite lettre tout ce que j'y pourrai remarquer, et ainsi que ce ne sera pas la peine que je vous envoie la lettre. Je suis, etc.

voie je pourrois vous envoyer le livre, et ses marges étant toutes vides, vous ne les verriez peut-être pas de bon œil. J'ai reçu aussi l'écrit contre moi par l'ambassadeur d'Angleterre[1], lequel je n'ai pas encore seulement décacheté, et si vous ne me mandez derechef qu'il importe que je le lise, je ne lui en veux point faire l'honneur, mais je vous le renverrai tel qu'il est. Je suis extrêmement obligé à M. de Sainte-Croix du favorable jugement qu'il fait de moi. Je vous prie de m'entretenir en ses bonnes grâces, et de celui qui vous a donné les nombres dont les parties aliquotes font le triple; il doit savoir une excellente arithmétique, puisqu'elle le conduit à une chose où l'analyse a bien de la peine à parvenir. Je n'avois point remarqué l'erreur de plume qui étoit au dernier de ses nombres; car j'avois seulement examiné le second, et l'ayant trouvé bon, je n'avois point douté que les autres ne le fussent aussi. Mais cela me fait souvenir que je me suis aussi mécompté en ce que j'ai écrit sur la dernière question à M. de Sainte-Croix, que tous les nombres au-delà de 33, qui sont composés de trois carrés, le sont aussi de 4, excepté les quadruples de 6 et de 14; car, au lieu de 33, je devois mettre 41, et alors ce théorème est vrai: comme aussi qu'il n'y a point d'autres nombres qui ne soient composés de quatre carrés, excepté

[1] M. d'Igby.

les quadruples de deux, comme 8, 32, 128, etc., lesquels ne sont ni carrés, ni composés de trois, ni de quatre carrés, mais seulement de deux.

Je crois que vos lettres ne se perdent point par Harlem, car j'en ai déjà reçu cinq ou six, et je fais ici réponse à trois, dont la dernière est du douzième de ce mois, et nous sommes au 23 d'août 1638. Mais je vous prie de prendre un peu garde à les bien fermer; car j'en ai reçu deux ou trois qui avoient, ce me semble, été ouvertes : il est vrai qu'il n'y a jamais rien dedans que tout le monde ne puisse bien voir. Je suis, etc.

A M. DESCARTES,

PAR UN R. P. JÉSUITE [1].

(Lettre 55 du tome I. Version.)

MONSIEUR,

Un de mes amis, appelé M. Plempius, homme d'une singulière érudition, et qui vous a en très

[1] « Jésuite de Louvain, appelé le P. Ciermans. Cette lettre est du « 4 janvier 1638. »

grande estime, m'a fait la faveur de me prêter depuis peu de jours le livre que vous avez mis naguère en lumière, lequel je n'ai pu m'empêcher de lire d'un bout à l'autre, aux heures de mon loisir : et pourceque j'ai appris, tant par la lecture que j'en ai faite que par le rapport de ce mien ami, qu'on ne sauroit vous faire plus de plaisir que de vous dire librement ce qu'on en pense, pour apprendre par là les divers jugements que l'on en fait, j'ai cru que vous n'auriez pas désagréable que je vous exposasse ici mes sentiments.

Je vous dirai donc, premièrement, que cette hardiesse me plaît, qui fait que, vous écartant des chemins battus et des routes ordinaires, vous avez l'assurance de chercher de nouvelles terres et de faire de nouvelles découvertes. Car, en effet, n'est-ce pas découvrir un nouveau monde en philosophie, et tenter des routes inconnues, que de rejeter comme vous faites toutes ces troupes de qualités, pour expliquer sans elles, et par des choses qui sont sensibles et comme palpables, tout ce qu'il y a de plus caché dans la nature?

Véritablement votre livre contient un très grand nombre de très belles choses, entre lesquelles néanmoins je ne compte point ce qui appartient à la Géométrie; car ces choses sont telles, qu'elles se recommandent assez d'elles-mêmes, et n'ont pas besoin de l'approbation de personne pour être mises en estime, et pour éterniser le nom de leur auteur; le vôtre ne peut qu'il ne s'acquière par là une gloire immortelle pour l'excellence de cet ouvrage, qui méritoit d'être mis en un volume à part, et non pas d'être rejeté sur la fin d'un livre; en quoi certes vous ne lui avez pas rendu justice. Seulement aurois-je cru qu'il eût été mieux de lui faire porter le nom de *Mathématiques pures* que celui de *Géométrie* que vous lui avez donné, à cause que les choses qu'il contient n'appartiennent pas davantage à la géométrie qu'à l'arithmétique, et aux autres parties des mathématiques.

Pour les autres matières dont vous traitez dans votre livre, et qui sont sujettes à plus de dispute et à une plus grande diversité d'opinions, il n'y en a pas une qui ne me semble digne d'une particulière louange, tant pour la beauté de l'invention que pour la nouveauté des raisons dont vous vous servez pour les expliquer et éclaircir. Ce n'est pas qu'il n'y ait plusieurs endroits où j'aurois souhaité un peu plus de vérité, ou du moins plus de lumière pour la reconnoître; mais, n'ayant pas maintenant assez de loisir pour vous les indiquer tous, j'en prendrai seulement un, tiré du discours de l'arc-en-ciel, qui est un sujet où vous avez, ce me semble, fait paroître le plus d'esprit.

Dans tout ce discours, vous établissez pour principal fondement de toutes vos preuves le triangle de verre NMP[1], au travers duquel passent les rayons DF, EH, avec cette différence, que celui-ci, à savoir EH, est bleu ou violet, et que l'autre, à savoir DF, est rouge. Et la raison que vous en apportez est que ces rayons, qui sont composés, dites-vous, d'une infinité de petits globes, viennent vers nos yeux avec des mouvements ou plutôt des circulations différentes, ce qui véritablement est très conforme à vos principes; suivant quoi vous voulez que la vision dépende du mouvement, ou même de la seule inclination à se mouvoir de ces petits corps : car, puisque la vision du bleu est différente de celle du rouge, il s'ensuit de vos principes que le mouvement de ces petits corps ne doit pas être semblable. C'est pourquoi je trouve que vous avez très grande raison de faire tout votre possible pour trouver la cause d'une si grande diversité. Et pour cela, en la page 258 des Météores, vous considérez la petite boule 1234[2], qui est entourée de quatre autres semblables, qui vont ensemble de même vitesse, jusqu'à ce qu'elles rencontrent la superficie de l'eau yy. Or, cela posé, il est vrai, comme vous dites, que la petite boule du milieu 1234 commencera à tourner, ainsi que la raison et l'expérience nous peuvent apprendre. Mais comme la philosophie que vous cultivez est nouvelle, il est mal-

[1] Figure 33. — [2] Figure 14.

aisé de la pouvoir combattre que par vos principes mêmes; c'est pourquoi je prends de là occasion de vous faire deux arguments : par le premier, qui combat la nature de votre lumière, je prétends montrer *qu'il n'est pas vrai que la vision dépende du mouvement ou de l'inclination à se mouvoir de ces petits corps;* et, par l'autre, *qu'il ne s'ensuit pas de là qu'un triangle de verre doive avoir ou produire diverses couleurs.*

Pour le premier, je dis que si un de ces petits corps, ou de ces petits globes dont vous composez la lumière, est capable de pousser, de retenir, ou de faire tourner un autre de ses semblables qu'il rencontrera tout droit ou de côté en son chemin ; et s'il est vrai que la couleur consiste dans le tournoiement de ces petits globes, quand des rayons de diverses couleurs viennent de divers endroits, vers les yeux de diverses personnes, par un même milieu, comme par l'air, et que ces rayons se croisent au milieu de leur chemin, c'est une nécessité que les rayons s'empêchent l'un l'autre, et qu'ils apportent quelque changement au mouvement que chacun d'eux avoit en particulier. Par exemple, les petits globes A [1], qui vont en tournoyant vers l'œil B (et que je suppose être de couleur rouge), heurteront et choqueront ceux marqués D (que je suppose être d'une autre cou-

[1] Figure 35.

leur) quand ceux-ci tendront vers l'œil E, et se rencontreront les uns les autres au point F; et partant les deux yeux E et B, ne recevant l'action de ces globes qu'après avoir été troublés dans leur mouvement, n'auront pas le sentiment des mêmes couleurs qu'ils auroient eu, si un seul rayon, teint d'une seule couleur, et passant par le même air, sans être interrompu ou troublé dans son cours par aucun autre rayon, eût été vu par l'un d'eux seulement : ce qui toutefois répugne manifestement à l'expérience, et ce que je ne pense pas aussi que vous vouliez dire. Mais vous direz peut-être (ainsi que je me suis déjà imaginé qu'on pouvoit répondre, quand j'ai considéré ce que vous dites de cette cuve pleine de raisins foulés dans la page 6 de votre Dioptrique) que ces petits globes vont et viennent librement, et sans aucun empêchement de côté et d'autre; ce qu'on ne doit pas trouver étrange, et qu'on ne doit pas faire difficulté de leur accorder, puisqu'ils sont d'une matière presque céleste : mais si cela est, vous ne pourrez pas dire alors que dans un triangle de verre les couleurs se changent par le choc mutuel de ces petits corps, puisqu'ils ne se nuisent point les uns les autres; et c'est par où je finis mon premier argument.

Mais, puisque j'ai commencé à vous proposer les difficultés que j'avois touchant la nature de votre lumière, vous trouverez bon que je vous fasse encore ici quelques questions là-dessus. Comment entendez-vous que ces petits corps sortent ou s'écoulent du soleil, des astres, et de tous les autres corps lumineux? Est-ce par un écoulement de ces petits corps, ainsi que la sueur sort du corps d'un cheval? De plus, quelle pourroit être la source d'un si grand écoulement? Car c'est ici où je crains que vous ne puissiez tout-à-fait vous passer des *formes* ou des *qualités* que vous avez, ce semble, tant en horreur. Comment le corps du soleil n'est-il point entièrement épuisé, depuis tant d'années qu'il s'écoule de lui une si grande quantité de ces petits corps? Ne penseriez-vous point qu'il est réparé par les vapeurs de la terre, ainsi que se sont imaginé quelques anciens philosophes? De plus, comment et par quelle force naturelle ces petits corps peuvent-ils conserver, dans un si grand espace qu'il y a depuis les cieux jusques à nous, le même tournoiement avec lequel ils sont poussés vers nous? comme, par exemple, comment est-il possible, principalement dans l'opinion de Copernic, qui est, comme je crois, aussi la vôtre, que les petits corps qui sortent de l'épaule gauche d'Orion, laquelle nous paroît d'une couleur rougeâtre, puissent conserver dans un si long trajet le tournoiement qui est nécessaire pour nous la faire voir de cette couleur. Et d'ailleurs si ces petits corps peuvent bien avoir tant de force que de retenir si fermement le mouvement ou la circulation qu'ils ont une fois reçue d'un astre, il n'y a pas d'apparence que le verre ou la superficie de l'eau la leur puisse faire changer.

Je viens à mon second argument, par lequel je prétends faire voir que les petits globes qui tombent sur la superficie de l'eau ne servent de rien pour la formation des couleurs.

Par exemple, représentons-nous les petites boules ABC[1] comme des corps de lumière qui viennent du soleil, et qui sont mus suivant la ligne MO: toutes ces petites boules iront d'une égale vitesse et d'un même branle, jusqu'à ce que la première, marquée A, ayant traversé la dernière superficie du verre NP, et étant, pour ainsi dire, plus en liberté, commence à être emportée vers F plus vite qu'elle n'étoit auparavant; et pourceque le côté marqué 3 de la petite boule B, qui se trouve encore engagée dans le verre, lui résiste, la boule A sera contrainte de tourner selon l'ordre des chiffres 1234, et même poussera l'autre, et la contraindra aussi de tourner selon l'ordre de ses parties 3412. Que si, après cela, nous supposons que la petite boule B ait aussi traversé le verre, en sorte que sa superficie la plus basse soit en OR, il arrivera de même que la petite boule B étant empêchée par celle qui est marquée C, tournera aussi

[1] Figure 36.

en rond comme auparavant (car nous la supposons tout-à-fait hors du verre), et même d'une vitesse plus grande que la boule A, à cause qu'elle a déjà été disposée à tourner en ce sens-là par la première. Et pareillement la petite boule C, étant une fois dégagée du verre, sera contrainte de tourner, et même de tourner plus vite que les autres. Cela étant aussi, il sera vrai de dire que les rayons DF, SG, TV et EH, tomberont sur l'œil, ou plutôt sur la muraille HF avec un tournoiement différent en vitesse : et je crois ne me pas éloigner en cela de votre pensée; car quant à ce que vous avez dit (en la page 258 des Météores) qui arrivoit à ces petites boules qui rencontrent la superficie de l'eau, je ne vois pas que vous l'ayez assez justement appliqué au triangle de verre; mais je ne pense pas qu'on en puisse faire une application plus juste que celle que je viens de faire, quand bien le rayon EH, qui sort d'un triangle de verre, au lieu de paroître bleu comme il fait, paroîtroit rouge; ou même quand on supposeroit que le bleu, qui a coutume de paroître de ce côté-là, viendroit de la violente agitation de ces petits globes de lumière. Car, si je l'ai bien compris, je trouve que vous n'apportez point d'autre raison que celle que vous tirez de l'expérience d'un verre triangulaire, pour assurer que la couleur rouge dépend de la violente agitation de ces petits globes, quoique vous eussiez dû plutôt inférer que c'est le bleu qui en dépend, et que le rouge est produit par celles qui sont le moins agitées, puisque le rouge paroît, ce me semble, où il y a moins d'agitation, et le bleu où il y en a davantage. Et, par ce moyen, l'on explique fort bien pourquoi le rayon EH est teint d'un peu de rouge et paroît violet, à savoir, à cause que sur les confins de l'ombre il y a toujours quelques rangées de ces petits corps dont l'agitation est retardée.

Mais néanmoins, cela même supposé, on ne voit pas encore assez quelle peut être la nécessité de l'ombre pour la génération de ces couleurs; car cette mutuelle collision de ces petits corps et leur diverse agitation, d'où procède, selon vous, la diversité des couleurs, ne sera jamais causée par l'ombre. Et je ne comprends pas ce que, dans votre opinion, l'ombre peut contribuer à la production des couleurs, de quelque façon que l'on suppose que le mouvement de ces petits globes soit altéré au sortir du verre; car il est certain que les rayons souffrent réfraction loin de l'ombre, aussi bien qu'aux bords de l'ombre. Mais je veux que sur les bords de l'ombre le mouvement de ces petits corps soit altéré et troublé, pourquoi donc ne voit-on pas de ces couleurs en toutes les réfractions qui sont terminées par des ombres? Mais en voilà assez, ne doutant point que vous ne mettiez en considération tout ce que j'ai dit, et tout ce que je pourrois dire sur ce sujet; je vous laisse donc y penser, et vous exhorte, autant que je puis, à ne vous point lasser de nous donner de temps en temps quelques nouveaux témoignages de la beauté de votre esprit : cela me donnera beaucoup de joie, et à tous ceux qui, comme moi, aiment les sciences, et qui font une particulière profession de vous honorer. Je suis, etc.

RÉPONSE DE M. DESCARTES

AU R. P. JÉSUITE[1].

(Lettre 56 du tome I. Version.)

Mon révérend père,

J'ai été touché, en lisant la lettre que M. Plempius m'a envoyée de la part de votre révérence, d'une émotion pareille à celle que je m'imagine que ressentoient autrefois ces chevaliers errants toutes les fois que, dans le cours de leurs voyages, ils faisoient rencontre de quelque chevalier inconnu, tout couvert d'armes (comme c'étoit alors

---

[1] « Réponse de M. Descartes au P. Ciermans. Je la date du 9 janvier « 1638. Voyez les raisons dans le nouveau cahier. »

la coutume), et de qui la contenance et la démarche sembloient promettre beaucoup de valeur; car il ne leur pouvoit arriver rien de plus souhaitable que de faire ainsi rencontre de quelque brave avec lequel ils pussent faire épreuve de leur force. Et bien que je ne présume pas assez de moi pour oser me comparer à ces héros, il faut toutefois que je vous avoue que j'ai beaucoup de joie d'avoir occasion d'entrer aujourd'hui en lice avec un homme qui me paroît être tel, que plus il me sera difficile de le vaincre, et moins il me sera honteux d'en être vaincu.

Il est vrai que j'ai vu dans la lettre que V. R. m'a fait l'honneur de m'écrire des effets de cette bonté singulière qui a toujours été la marque de la générosité et de la véritable valeur; non seulement par les louanges que vous donnez à mes petites inventions, mais même en ce que vous dites que ce peu que j'ai écrit de géométrie mériteroit plutôt de porter le nom de mathématiques pures : car je n'ai expliqué en ce traité-là pas une des questions qui appartiennent proprement à l'arithmétique, ni même aucune de celles où l'on considère l'ordre et la mesure, comme a fait Diophante, mais bien davantage je n'y ai point aussi traité du mouvement, quoique la mathématique pure (au moins celle que j'ai le plus cultivée) en fasse son principal objet.

Et lorsqu'entre plusieurs endroits de mes écrits qui vous semblent avoir besoin d'un peu plus d'éclaircissement que je n'en ai donné, vous choisissez celui où j'ai tâché d'expliquer les couleurs par le roulement ou tournoiement de certains petits globes, vous faites voir que vous n'êtes pas peu versé en ce genre d'escrime : car s'il y en a quelqu'un qui ne soit pas si bien muni que les autres, et qui par conséquent soit plus exposé aux attaques de mes adversaires, j'avoue que c'est celui que V. R. a choisi. Car, à dire le vrai, il est assez difficile de comprendre comment le tournoiement de ces petits globes ne se nuisent point les uns aux autres, quand des rayons de diverses couleurs viennent de divers objets vers les yeux de diverses personnes, par un même milieu et en même temps, et que ces rayons se croisent au milieu de leur chemin. J'aurois pu sans doute ajouter à ce traité plusieurs choses qui auroient peut-être de beaucoup diminué la difficulté que vous y trouvez ; mais je les ai omises la plupart tout exprès, ou, si j'en ai parlé, ce n'a été que fort légèrement et comme en passant, à cause que je les avois auparavant expliquées dans ce traité duquel j'ai fait mention au cinquième chapitre de ma Méthode. Et, afin que vous ne pensiez pas que je veuille par là m'excuser, je m'en vas tout de bon tâcher à vous répondre.

Et premièrement, je vous prie de considérer que ces petits globes dont j'ai parlé ne sont point des corps qui exhalent et qui s'écoulent des astres jusques à nous ; mais que ce sont des parcelles imperceptibles de cette matière que V. R. appelle elle-même céleste, qui occupent tous les intervalles que les parties des corps transparents laissent entre elles, et qui ne sont autrement appuyées les unes sur les autres que le vin de cette cuve que j'ai pris pour exemple en la page 6 de ma Dioptrique, où l'on peut voir que le vin qui est en C tend vers B[1], et qu'il n'empêche point pour cela que celui qui est en E ne tende vers A, et que chacune de ses parties tend à descendre vers plusieurs divers endroits, quoiqu'elle ne se puisse mouvoir que vers un seul en même temps. Or j'ai souvent averti que par la lumière je n'entendois pas tant le mouvement, que cette inclination ou propension que ces petits corps ont à se mouvoir, et que ce que je dirois du mouvement, pour être plus aisément entendu, se devoit rapporter à cette propension ; d'où il est manifeste que, selon moi, l'on ne doit entendre autre chose par les couleurs que les différentes variétés qui arrivent en ces propensions. Mais je ne veux pas m'arrêter long-temps là-dessus, pourceque V. R. a déjà bien prévu et jugé que je pourrois répondre

[1] Figure 3.

quelque chose de semblable, et qu'on ne devoit pas faire difficulté de me l'accorder.

Mais, d'un autre côté, vous avez pris de là occasion de me faire une nouvelle difficulté; car, dites-vous, s'il est vrai que les divers mouvements de ces petits globes ne se nuisent point les uns les autres, les couleurs ne pourront donc pas se changer dans un triangle de verre par leur mutuelle rencontre et collision.

A cela je réponds qu'il faut faire distinction entre les mouvements ou plutôt entre les propensions aux mouvements; car il y en a quelques unes qui sont séparées, c'est-à-dire qui ne dépendent point les unes des autres, et d'autres qui sont conjointes et qui en dépendent. Par exemple, l'inclination ou propension qu'ont toutes les parties du vin qui sont en la superficie CDE à descendre vers A n'augmente ni ne diminue en aucune façon celle que ces même parties ont à descendre vers B; et si avec cela nous feignons que dans cette cuve il y ait quelques poissons qui nagent d'un côté et d'autre, et qui agitent diversement les parties de ce vin, les propensions qu'avoient auparavant ces parties ne seront point pour cela changées. Et il me semble que tout ceci se peut assez bien adapter aux propensions qu'ont les petites parties de la matière céleste à ces différentes sortes de roulements ou tournoiements par lesquels les diverses couleurs se font sentir. Car à la place des trous A et B nous y pouvons mettre les yeux de divers spectateurs, et au lieu du vin qui est en CDE, nous pouvons feindre qu'il y ait plusieurs objets diversement colorés, et enfin au lieu des poissons nous pouvons supposer des vents qui agitent l'air qui est entre deux.

Que si maintenant nous supposons que la balle F qui est dans l'air soit poussée vers C, non pas selon la ligne droite CB, mais selon que l'exige la nature de sa réfraction, en telle sorte qu'étant parvenue jusques au vin de cette cuve, elle tende après cela tout droit depuis C jusques à B, il est manifeste que la force dont cette balle poussera la partie du vin qui est en C ne pourra pas seulement augmenter la propension qu'elle avoit à descendre vers B, mais même qu'elle apportera du changement en la manière ou en la nature de cette propension : car cette balle poussera tout droit vers B le vin qui est en C; et la force de la gravité ne le poussera qu'obliquement, pourceque je suppose que la ligne CB ne tend pas directement au centre de la terre. Et ces deux propensions qu'ont ensemble les parties du vin qui sont en C à descendre vers B représentent fort bien ce roulement ou tournoiement des petits globes de la matière céleste qui cause en nous le sentiment des couleurs, comme on verra encore plus clairement par la suite.

Mais auparavant je répondrai ici en peu de mots aux demandes que vous me faites. Et d'autant que j'ai déjà ci-dessus averti V. R. que ces petits globes dont j'ai parlé, n'étant rien autre chose que des particules de cette matière dont tous les espaces transparents sont remplis, n'exhalent et ne s'écoulent point des astres, et qu'il ne faut point appréhender que le soleil n'en soit exténué ni avoir recours pour cela aux contes fabuleux de quelques rêveurs de philosophes ; il ne me reste plus autre chose à lui dire, sinon que je n'ai point voulu expliquer dans les Météores ni dans la Dioptrique ce que j'entends par la lumière, c'est-à-dire par cette force qu'ont tous les corps lumineux de pousser de tous côtés la matière céleste qui les environne, à cause que j'en ai traité ailleurs, et que la crainte qu'elle dit avoir que je ne puisse tout-à-fait me passer des formes et des qualités (pour lesquelles j'avoue que j'ai de l'aversion) ne me fera point changer de résolution ni de dessein.

Et pour ce qui est des couleurs qui paroissent aux étoiles, par exemple, à l'étoile qui est à l'épaule gauche d'Orion, je réponds que ce n'est pas une rougeur qui soit semblable à celle qui paroît au travers d'un prisme de cristal, mais que c'est seulement un éclat de lumière plus dense et plus fort que n'est celui qui se trouve communément dans les autres astres; car pour les couleurs qui sont vraiment teintes et chargées, nous voyons qu'elles s'affoiblissent quelque peu par la grandeur de la distance, et qu'elles se changent peu à peu en de plus claires et moins chargées, comme le savent assez tous ceux qui se mêlent tant soit peu de la peinture.

Ce n'est pas pourtant que je comprenne la raison pourquoi les petites parties de la matière céleste ne pourroient pas, selon vous, conserver aussi bien cette disposition qu'elles ont au tournoiement qui cause les couleurs, que celle qu'elles ont au mouvement direct dans lequel j'ai dit que consiste la lumière : car l'un et l'autre se peut également concevoir, et cependant je ne doute point que ce que la nature fait tous les jours ne soit plus exact, et plus selon toutes les lois de la plus scrupuleuse mathématique, que tout ce que nous saurions jamais nous imaginer. Quant à ce qui fait que ce tournoiement varie et se change à la rencontre de la superficie d'un verre, il a déjà été expliqué dans les Météores, et il le sera encore plus clairement ci-après.

Je passe maintenant à votre second argument, par lequel V. R. prétend prouver que je n'applique pas assez justement aux petits globes de lumière qui entrent ou qui sortent d'un triangle de verre, le changement que j'ai dit qui arrive à des boules qui rencontrent obliquement la superficie de l'eau : mais il m'est facile d'y répondre par cela même que j'ai avancé dans la page 23 de la Dioptrique, où j'ai fait voir clairement qu'il n'en étoit pas de même des corps terrestres (tels que sont les boules dont j'ai parlé dans la page 258 des Météores) que de ces petits globes par lesquels se transmet l'action de la lumière, à cause que celles-là passent plus difficilement par l'eau que par l'air, et que ceux-ci au contraire passent plus facilement par l'eau, et encore plus facilement par le verre que par l'eau : car par là il est aisé à voir que, pour en faire une juste application, il a fallu comparer ces petites boules qui, passant de l'air dans l'eau, rencontrent obliquement la superficie de l'eau, avec les rayons qui passent du verre dans l'air, ainsi que j'ai fait.

Et je prie ici V. R. de ne pas croire que je me sois contenté de si peu d'arguments, ou même si légers, pour me confirmer dans la créance des choses que j'ai écrites, qu'une seule expérience ait été suffisante pour me persuader que le rouge consiste, je ne dirai pas dans une plus violente agitation (car ce n'est pas là ma pensée), mais bien dans une plus grande propension de ces petits globes au mouvement circulaire qu'au mouvement direct; car, bien que je n'en sache point de plus propre que celle que j'ai apportée pour en faire connoître la vérité, il y en a néanmoins plusieurs autres qui confirment toutes la même chose; et je pourrois ici les rapporter, si j'avois entrepris d'expliquer tous les points de physique dont elles dépendent. Par exemple, je dirois d'où vient que le sang est rouge, si je traitois des animaux; ou pourquoi le vif-argent, le fer, et plusieurs autres métaux, rougissent par la seule action du feu, si je traitois de choses semblables. Bien davantage, si je trouvois une seule expérience dans la nature qui ne s'accordât pas bien avec mon opinion, je suspendrois mon jugement jusqu'à ce que je me fusse en cela pleinement satisfait. Mais n'avez-vous pas même remarqué dans mes Météores plusieurs autres expériences que celles d'un verre triangulaire, qui confirment la pensée que j'ai là-dessus; si V. R. y a bien pris garde, tout le discours neuvième des Météores, où j'ai traité de la couleur des nues, en est une confirmation manifeste.

Il me reste donc à ajouter certaines circonstances qui pourront servir à vous faire connoître ce que l'ombre et la réfraction peuvent contribuer à la production des couleurs; car, bien que j'aie déjà tâché d'expliquer cela dans les Météores, j'aurois peut-être pu l'expliquer plus clairement que je n'ai fait, si j'eusse voulu m'étendre davantage.

Premièrement donc, encore que dans la page 258

des Météores je n'aie fait peindre que cinq ou six boules, pour être plus clair, il faut pourtant s'imaginer que tous les espaces au travers desquels se transmet proprement l'action de la lumière sont remplis de ces petites parties de la matière céleste, appuyées les unes sur les autres, ainsi que j'ai déjà dit auparavant, et comme l'on peut voir en cette figure[1], où je suppose que le point V va jusqu'au soleil, et que le point X aboutit à l'œil, et que tous les petits globes qui sont en la ligne VX sont des particules de la matière céleste, qui font effort pour s'éloigner du centre du soleil, en même façon que les petits grains de poussière qui sont renfermés dans une horloge de sable font effort pour s'approcher du centre de la terre. Or, pour parler en termes de philosophe, nous pouvons appeler chacun de ces rangs qui s'étendent ainsi depuis les objets jusques à nos yeux des rayons matériels, à la différence des *formels*, qui sont conçus aller suivant des lignes toutes droites et indivisibles, quoique les matériels ne composent que fort rarement des lignes droites, et qu'ils ne soient jamais entièrement indivisibles.

Secondement, il ne faut pas s'imaginer, lorsque quelqu'un de ces petits globes est poussé vers quelque côté, que celui sur lequel il est appuyé soit disposé par lui à tourner de l'autre, ainsi qu'il

[1] Figure 38.

arrive aux roues des horloges; mais comme si, au lieu de ces petits globes, il y avoit de petits cadres qui fussent posés les uns sur les autres, il faut penser que, lorsque quelqu'un d'eux penche vers quelque côté, il pousse vers le même côté tous ceux qui sont au-dessous de lui jusques à l'œil. Et cela est si vrai, que les principes de la mécanique, et la nature même de cette matière céleste, dont je suis persuadé par une infinité de raisons, le font voir très clairement. Or, si nous supposons qu'il y ait un si grand nombre de ces petits cadres les uns sur les autres, que le plus haut, marqué 12, aille jusqu'à l'épaule gauche du signe d'Orion, et que le plus bas, marqué 43, parvienne jusques à l'œil, et que celui d'en haut soit poussé directement de 12 vers 43, mais qu'avec cela il soit plus pressé en sa partie marquée 2 qu'en celle marquée 1, vous comprendrez aisément que cette double impulsion ou pression se peut tellement communiquer à tous ces cadres, qu'elle fasse que le dernier, marqué 43, soit contraint de tourner suivant l'ordre des chiffres 1234 [1].

En troisième lieu, il faut remarquer que tous ces petits globes contenus dans les pores du verre, de l'air, et des autres corps, ont toujours, ou du moins le plus souvent, inclination ou propension à tourner vers quelque côté, et même à tourner

[1] Figure 39.

d'une vitesse égale à celle dont ils sont mus en ligne droite, tandis qu'il ne se rencontre point de cause particulière qui augmente ou qui diminue cette vitesse, ainsi que j'ai dit en la page 272 des Météores; et de plus, qu'ils ont la plupart des inclinations différentes, selon qu'ils rencontrent diversement les parois des pores où ils sont, si bien que si quelques uns d'entre eux inclinent à tourner d'un côté, d'autres en même temps inclinent à tourner d'un autre. Or la force qu'a tout un rayon pour presser l'œil est tellement composée de toutes ces diverses inclinations ou propensions prises ensemble, que toutes celles qui s'opposent les unes aux autres ne doivent être comptées pour rien. Ainsi, par exemple, parceque le globe B est poussé de V vers X, et qu'il touche la particule de l'air D, laquelle n'est pas poussée avec lui, cela fait que le petit globe B tend à tourner selon l'ordre des chiffres 1234; et tout au contraire le globe C tend autant qu'il peut à tourner à contresens, à cause qu'il touche à la particule de l'air G. Mais ces deux diverses propensions ne se font point sentir par l'œil au point X, à cause que l'une détruit entièrement l'autre. Et ce que je dis ici de ces deux petits globes se doit entendre de même de plusieurs réfractions quand elles sont opposées, et de tous les différents efforts que font en même temps plusieurs rayons matériels sur un autre petit globe qui se trouve au milieu d'eux, et qui reçoit leur action.

En quatrième lieu, il faut remarquer que la nature observe si exactement en tout ce qu'elle fait les lois de l'équilibre, que toutes les parties d'un rayon matériel prises ensemble sont presque autant poussées d'un côté que d'un autre, tant par la résistance des particules de l'air ou des autres corps au travers desquels elles passent que par l'effort des rayons voisins, et par toutes les autres diverses causes qui agissent en même temps sur plusieurs de ces petits globes, ce qui fait que tout le rayon n'incline jamais pour de semblables causes à tourner beaucoup plus d'un côté que d'un autre; mais néanmoins, comme il est difficile qu'il n'incline toujours un peu vers quelque côté, tous les autres rayons voisins ont aussi des inclinations différentes, si bien que ce qui manque à chaque rayon en particulier pour observer les lois de l'équilibre est récompensé par tous ensemble. Et l'on ne sauroit assigner aucune partie sensible dans un corps diaphane, pour petite qu'elle soit, où il n'y ait de semblables rayons, c'est-à-dire qui sont composés de globes d'une petitesse qui ne se peut concevoir.

Enfin, il faut remarquer que la superficie du verre ou de tel autre corps que ce soit, où les rayons de la lumière ont coutume de souffrir réfraction, est cause qu'au lieu que pour l'ordinaire les uns inclinent d'un côté et les autres d'un autre, elle les fait unanimement incliner tous vers un même côté, pourvu seulement qu'ils tombent avec assez d'obliquité sur cette superficie pour faire qu'elle ait plus de force pour faire tourner de ce côté-là le petit globe de chaque rayon qui la touche, que toutes les autres diverses causes prises ensemble qui poussent tout le rayon n'en ont pour le faire tourner d'un autre. Car, comme toutes ces autres choses n'ont presque point de force, à cause des lois de l'équilibre que la nature observe, ainsi que j'ai remarqué, il arrive que celle-là seule les peut toutes aisément vaincre. Et l'expérience nous fait voir que la moindre réfraction n'est pas suffisante pour produire des couleurs, mais qu'il en est besoin d'une qui soit assez considérable.

Et même la réfraction seule ne suffit pas pour les produire ; car, soit que les petits globes dont les rayons sont composés inclinent tous vers un même côté, soit qu'ils inclinent vers plusieurs, ils se voient tous d'une même façon ; et s'il n'y a point d'autre cause qui les fasse ainsi incliner d'un même côté que la réfraction, elle ne peut pas toute seule leur imprimer de mouvement circulaire qui soit plus fort ou plus foible que celui dont ils sont mus en ligne droite. Mais si l'ombre s'y joint, c'est-à-dire, par exemple, si le rayon VX de qui les petits globes tendent à tourner suivant l'ordre des chiffres 1234, à cause de la disposition qu'ils reçoivent par la réfraction que cause le verre par où il passe); si, dis-je, le rayon VX est tellement situé dans cette fausse lumière que les opticiens appellent *presque ombre*, qu'il soit plus fortement poussé de V vers X, que ne l'est le rayon LM qui est le plus proche de lui du côté de l'ombre, et qu'il le soit moins fort que le rayon NP, que je suppose être plus éclairé que lui; il n'y a point de difficulté que la force qui fait que tous les petits globes dont il est composé tendent à tourner, comme j'ai dit, suivant l'ordre des chiffres 1234 doit être augmentée par ces deux rayons LM, NP, et qu'au contraire elle seroit diminuée par eux, si NP étoit du côté de l'ombre, ainsi qu'il est plus au long expliqué dans les Météores, page 257 et 258.

D'où l'on voit clairement ce que l'ombre contribue à la production des couleurs; car sans cela le rayon LM ne feroit pas plus incliner vers un côté les petits globes du rayon VX, que NP les feroit incliner au contraire, et ainsi la force de l'un seroit entièrement détruite par celle de l'autre. On voit aussi par là ce que la réfraction y contribue, car sans elle les petits globes du rayon VX ne seroient pas plus disposés à tourner suivant l'ordre des chiffres 1234 que d'un autre sens, et partant cette inclination qu'ils ont à tourner en ce sens-là ne seroit ni augmentée ni diminuée par les rayons voisins LM, NP, ou même, si nous supposons qu'elle fût par eux augmentée, alors il faut croire qu'à cause des lois de l'équilibre une autre semblable seroit autant diminuée dans les rayons voisins ; et pourceque le sens de la vue ne peut pas être mû par chaque rayon séparément, mais seulement par plusieurs ensemble, cela est cause que ni l'une ni l'autre ne pourroit être sentie.

Que si, mon révérend père, j'ai été si heureux que d'avoir apporté quelque sorte d'éclaircissement à vos doutes, j'espère que vous me ferez la grâce de me dire quels sont ces autres points où vous auriez désiré que j'eusse parlé avec un peu plus de vérité; et je vous promets que, tâchant de les expliquer et de vous répondre, je n'oublierai rien pour témoigner à votre révérence combien je l'honore, et combien est grand le désir que j'ai de lui plaire. Je suis, etc.

M. MORIN A M. DESCARTES.

(Lettre 58 du tome I.)

22 février 1638.

Monsieur,

Dès l'heure que j'eus l'honneur de vous voir et de vous connoitre à Paris, je jugeai que vous aviez un esprit capable de laisser quelque chose de rare et d'excellent à la postérité, et me suis grandement réjoui d'avoir vu réussir mon jugement par le beau livre que vous avez mis en lumière sur des sujets de mathématique et de physique, qui sont aussi les deux principaux objets de mes spéculations naturelles. Mais comme, en ce qui est de la mathématique, vous n'aurez que des gens à admirer la sublimité de votre esprit, aussi, en ce qui est de la physique, j'estime que vous ne serez pas étonné s'il se trouve des personnes à vous contredire, car vous étant réservé la connoissance des principes et notions universelles de votre physique nouvelle (dont la publication est passionnément désirée de tous les doctes), et ne fondant vos raisonnements que sur des comparaisons ou suppositions, de la vérité desquelles on est pour le moins en doute, ce seroit pécher contre le premier précepte de votre Méthode, qui est très bon, et qui m'est familier, que d'acquiescer à vos raisonnements. Et bien que, par la page 76 de votre Méthode, l'expérience rende très certains la plupart des effets que vous traitez, néanmoins vous savez très bien que l'apparence des mouvements célestes se tire aussi certainement de la supposition de la stabilité de la terre que de la supposition de sa mobilité : et partant, que l'expérience d'icelle apparence n'est pas suffisante pour prouver laquelle des deux causes ci-dessus est la vraie. Et s'il est vrai que prouver des effets par une cause posée, puis prouver cette même cause par les mêmes effets, ne soit pas un cercle logique, Aristote l'a mal entendu, et on peut dire qu'il ne s'en peut faire aucun. Et pour les astronomes que vous vous proposez à imiter en la page 3 de votre Dioptrique, je ne vous cacherai point mon sentiment, qui est que qui ne fera de meilleures suppositions que celles qu'ont faites jusques ici les astronomes, ne fera pas mieux qu'eux dans les conséquences ou conclusions, voire pourra bien faire pis : car eux, supposant mal la *parallaxe du soleil*, ou *l'obliquité de l'écliptique*, ou *l'excentricité de l'apogée*, le *moyen mouvement* ou *période d'une planète*, etc., tant s'en faut qu'ils en tirent des conséquences très vraies et très assurées, comme vous le dites en ladite page 3, qu'au contraire ils faillent ensuite dans les mouvements ou lieux des planètes, à proportion de l'erreur de leurs fausses suppositions, comme le témoigne le rapport de leurs tables avec le ciel. Et je crois avoir été le premier au monde qui, dans mon livre des longitudes, ai donné aux astronomes les vrais moyens d'éviter dorénavant toutes ces fausses suppositions, et tous les cercles logiques qui se peuvent commettre en cela. Mais les astronomes, par leurs fausses suppositions, ne faillent pour l'ordinaire que dans le plus ou dans le moins touchant le mouvement des planètes, au lieu qu'un physicien peut errer en la nature même de la chose qu'il traite. Il n'y a rien de si aisé que d'ajuster quelque cause à un effet; et vous savez que cela est familier aux astronomes, qui, par le moyen de diverses hypothèses de cercles ou ellipses, concourent au même but; et le même vous est très connu en votre Géométrie. Mais pour prouver que la cause d'un effet posé est sa vraie et unique cause, il faut pour le moins prouver qu'un tel effet ne peut être produit par aucune autre cause.

Or je crois qu'étant ce que vous êtes, vous n'aurez pas manqué, selon la page 69 de votre Méthode, à bien prévoir tout ce qu'on vous pourroit objecter; mais que, vous réservant encore la connoissance particulière de vos principes de physique, dont tout le reste est déduit, vous vous êtes voulu égayer non seulement à faire souhaiter aux bons esprits la publication de votre physique, mais encore à les exercer dans les difficultés que vous avez laissées en votre nouvelle doctrine : voire même vous les y conviez en la page 75 de votre Méthode, jusques à les supplier de vous envoyer leurs objections, et c'est ce qui m'a donné le plus de sujet de vous écrire la présente.

Mais, sachant combien le temps vous est cher aussi bien qu'à moi, je n'ai point voulu vous proposer diverses difficultés sur diverses matières ; je me suis contenté d'en choisir une des principales et des plus ingénieuses, qui est celle de la lumière, la nature de laquelle est à présent si recherchée de tous ceux qui pensent voir plus clair dans la physique. Nous avons ici deux personnages qui ont travaillé depuis peu sur le même sujet, et qui en ont publié leur sentiment. Mais moi, qui y ai aussi travaillé de ma tête, sans toutefois rien publier encore, je trouve leur opinion bien plus aisée à détruire que la vôtre : car, avec votre esprit habitué aux plus subtiles et plus hautes spéculations des mathématiques, vous vous renfermez et barricadez en telle sorte dans vos termes et façons de parler ou énoncer, qu'il semble d'abord que vous soyez imprenable. Mais, n'y ayant que la seule vérité qui puisse résister à l'effort du raisonnement, et ne la pouvant reconnoître dans ce que vous nous avez donné de la lumière, j'ai cru être obligé par vous-même à vous y faire mes objections; non pour vous engager à un long discours, mais seulement afin qu'en peu de mots vous me donniez un peu plus de lumière de la nature de la lumière, comme je crois que vous le pouvez, et je vous assure que je ne la cacherai pas sous le boisseau, mais que je la ferai paroître à votre honneur.

Je ne sais pourtant ce que je dois attendre de vous; car on m'a voulu faire accroire que si je vous traitois tant soit peu en termes de l'école, vous me jugeriez à l'instant plus digne de mépris que de réponse. Mais, par la lecture de vos discours, je ne vous reconnois point si ennemi de l'école que l'on vous fait, et ai cette bonne opinion de votre esprit, qu'il accordera facilement que toute vérité bien démontrée est à l'épreuve de tous les termes de l'école; et que toute proposition qui n'est à cette épreuve, est pour le moins douteuse si elle n'est fausse tout-à-fait. Car qui nous voudroit faire passer une fiction pour une vérité, un accident pour une substance, un mouvement sans moteur, etc., je vous fais juge vous-même de ce qu'il mériteroit. L'école ne me semble avoir failli qu'en ce qu'elle s'est plus occupée par spéculation à la recherche des termes dont il faut se servir pour traiter des choses, qu'à la recherche de la vérité même des choses par de bonnes expériences; aussi est-elle pauvre en celles-ci et riche en ceux-là : c'est pourquoi je suis comme vous, je ne cherche la vérité des choses que dans la nature, et ne m'en fie plus à l'école, qui ne me sert que pour les termes.

Or je commencerai par les sentiments que vous avez de la nature de la lumière, afin qu'ils me servent de fondement, qu'on voie s'ils sont partout les mêmes, ou s'ils sont différents, et en quoi.

1. Donc, en la page 159 des Météores, vous dites: Je suppose premièrement que l'eau, la terre, l'air, et tous les autres tels corps qui nous environnent, sont composés de plusieurs petites parties de diverses figures et grosseurs, qui ne sont jamais si bien arrangées, ni si justement jointes ensemble, qu'il ne reste plusieurs intervalles autour d'elles, et que ces intervalles ne sont pas vides, mais remplis de cette matière fort subtile par l'entremise de laquelle se communique l'action de la lumière.

2. En la page 4 de la Dioptrique, vous dites que la lumière n'est autre chose dans les corps qu'on nomme lumineux qu'un certain mouvement ou une action fort prompte qui passe vers nos yeux par l'entremise de l'air et des autres corps

transparents, en même façon que le mouvement ou la résistance des corps que rencontre un aveugle avec son bâton passe vers sa main par l'entremise de son bâton. D'où s'ensuit que comme ce mouvement est reçu dans le bâton, aussi l'autre ci-dessus sera reçu dans l'air.

3. Mais en la page 23 vous dites autrement, à savoir que la lumière n'est autre chose qu'un certain mouvement ou action reçue dans une matière très subtile, qui remplit les pores des autres corps. Et vous distinguez cette matière d'avec l'air et les autres corps transparents, auxquels, page 122, vous donnez des pores.

4. Page 122, vous dites qu'elle n'est autre chose que l'action ou l'inclination à se mouvoir d'une matière très subtile ; mais ce qui n'est qu'inclination à se mouvoir n'est pas mouvement, et ces deux diffèrent comme la puissance et l'acte. Et si l'action est de la matière, donc elle n'est pas des corps lumineux qui meuvent cette matière, ainsi que vous dites en la page 38 de la Dioptrique, ce qui est rapporté ci-dessous au nombre 10.

5. Voire même, page 256, vous ne dites pas que la lumière soit l'action ou le mouvement, mais comme l'action ou le mouvement d'une certaine matière fort subtile, etc. Or toute comparaison est entre choses différentes, dont la lumière n'est pas selon vous l'action ou le mouvement. Et quand on

voudroit prendre le mot de *comme* pour *quasi*, toujours y auroit-il à redire, et vous vous trouveriez court d'un point.

6. Page 5o de la Dioptrique, parlant encore de la nature ou de l'essence de la lumière, vous dites que la lumière n'est autre chose qu'un mouvement, ou une action qui tend à causer quelque mouvement, etc.; d'où je conclus que si la lumière est l'action, et même l'action qui tend à causer le mouvement, donc la lumière sera première que le mouvement : car toute cause est première que son effet, et par conséquent la lumière ne sera pas le mouvement.

7. Finalement, page 5, vous dites qu'il n'est pas besoin de supposer qu'il passe quelque chose de matériel depuis les objets jusques à nos yeux pour nous faire voir les couleurs et la lumière, qui, selon vous, ne sont qu'une même nature. Mais puisque, par ce que vous dites en la page 4, la lumière n'est autre chose dans les corps qu'on nomme lumineux qu'un certain mouvement qui passe vers nos yeux, et que le mouvement n'est jamais sans le mobile, il faut donc aussi par nécessité que, comme la lumière des corps lumineux, c'est-à-dire le mouvement, passe des corps lumineux vers nos yeux, aussi le mobile y passe, qui n'est autre, selon vous, que la matière subtile où est reçu ce mouvement.

Après avoir ci-dessus exposé vos sentiments sur

la forme ou essence de la lumière, qui, selon vous, ne consiste qu'en une action, ou mouvement, ou inclination à se mouvoir, etc., de la matière subtile, etc., voyons maintenant ce que vous dites de sa matière, qui est cette matière subtile.

8. Donc, page 256 des Météores, parlant de cette matière subtile, vous dites qu'il en faut imaginer les parties ainsi que de petites boules qui roulent dans les pores des corps terrestres.

9. Mais, page 159 des mêmes Météores, parlant des parties de l'air, de l'eau, de la terre, et des autres corps, et disant que leurs parties n'étant pas bien unies, les intervalles qu'elles laissent entre elles sont remplis de cette matière subtile, vous dites ensuite que les parties dont l'eau est composée sont longues, unies et glissantes, ainsi que de petites anguilles, qui, quoiqu'elles se joignent et entrelacent, ne se nouent ni ne s'accrochent jamais de telle façon qu'elles ne puissent aisément être séparées; et au contraire que presque toutes celles tant de la terre que même de l'air, et de la plupart des autres corps, ont des figures fort irrégulières et inégales. Desquelles paroles il s'ensuit nettement que puisque les espaces ou intervalles compris entre ces parties, dont les figures sont ainsi inégales et irrégulières, ne sauroient être ronds, si ce n'est par hasard; il s'ensuit, dis-je, que la matière subtile qui remplit ces intervalles

ou pores ne sera pas ronde ainsi que de petites boules. Et quand vous voudriez dire que la matière subtile contenue en un de ces pores ou intervalles seroit composée de parties rondes ainsi que de petites boules, puisque deux boules ne se touchent qu'en un point mathématique, il s'ensuivroit qu'entre ces parties de la matière subtile contenue en un pore de l'air ou de la terre il y auroit encore d'autres pores qui seroient vides, comme il paroît même en votre figure des petites boules, page 258; et néanmoins il n'y a rien de vide dans la nature.

Venons maintenant au moteur de votre matière subtile.

10. En la page 38 de la Dioptrique, vous dites : La lumière, c'est-à-dire le mouvement ou l'action dont le soleil, ou quelque autre des corps qu'on nomme lumineux, pousse une certaine matière fort subtile qui se trouve en tous les corps transparents, etc., par lesquelles paroles, conformées en la page 160 et 272, vous donnez clairement à entendre que cette matière subtile n'a de soi aucun mouvement, mais seulement par les corps lumineux qui l'agitent et la poussent.

11. Mais en la même page 160 vous dites que cette matière subtile est de telle nature, qu'elle ne cesse jamais de se mouvoir çà et là grandement vite : par lesquelles paroles il s'ensuit qu'il n'est

aucunement besoin des corps lumineux pour mouvoir cette matière, puisqu'elle se meut d'elle-même, étant de telle nature qu'elle ne cesse jamais de se mouvoir.

Passons à la forme du mouvement de cette matière subtile.

12. En la page 272 des Météores, vous dites: Encore que l'action des corps lumineux ne soit que de pousser en ligne droite la matière subtile qui touche nos yeux, toutefois le mouvement ordinaire des petites parties de cette matière, au moins de celles qui sont en l'air autour de nous, est de rouler en même façon qu'une balle roule étant à terre, encore qu'on ne l'ait poussée qu'en ligne droite, etc. Sur quoi il faut noter, en passant, que si cette matière, outre le mouvement rectiligne qu'elle reçoit du corps lumineux, se meut de sa nature seulement en rond, par conséquent elle ne se meut pas çà et là comme vous dites en la page 160, ainsi que j'ai remarqué au nombre précédent, ou si elle se meut çà et là, par conséquent elle ne se meut pas en ligne droite, comme vous dites en la page 272, ainsi que j'ai ici remarqué.

13. Mais, en la page 258, vous dites et démontrez tout le contraire de ce que dessus, par votre figure des petites boules, qui, étant mues en l'air, viennent rencontrer en droite ligne la superficie de l'eau : car voici vos paroles et votre figure : Pour

mieux entendre ceci, pensez que la boule 1234 est poussée de V vers X[1], en telle sorte qu'elle ne va qu'en ligne droite, et que ses deux côtés 1 et 3 descendent également vite (et par conséquent sans rouler) jusqu'à la superficie de l'eau YY, où le mouvement du côté marqué 3, qui la rencontre le premier, est retardé, pendant que celui du côté marqué 1 continue encore, ce qui est cause que la boule commence infailliblement à tournoyer suivant l'ordre des chiffres 123 ; desquelles paroles il s'ensuit que les petites parties ou boules ne roulent pas en l'air, comme vous disiez ci-dessus, mais seulement à la rencontre de quelque superficie plus solide.

Or, monsieur, jugez maintenant vous-même, par le premier précepte de votre Méthode, si cette doctrine doit être reçue pour vraie, où il paroît tant de doutes et de contradictions. Et vous en ayant seulement représenté une partie, je devrois en attendre votre éclaircissement sans passer plus outre ; mais, croyant que vous serez même bien aise que je donne quelque attaque de raisonnement à votre doctrine, ainsi que feront plusieurs autres, vous qui présidez en la chaire de vos principes jugerez des coups, et, comme je crois, donnerez satisfaction à tout le monde.

1. J'attaquerois volontiers votre essence ou na-

[1] Figure 40.

ture de la lumière, que vous dites être l'action ou le mouvement, ou l'inclination à se mouvoir, ou comme l'action et le mouvement, etc., d'une matière subtile, etc.; mais, sur ce point, je vous vois si peu constant à vous-même, et, par cette inconstance, vous vous êtes apprêté tant d'échappatoires, que ce seroit perdre le temps de vouloir vous arrêter jusqu'à ce que vous vous soyez arrêté vous-même, comme bon logicien, à une stable définition de la lumière. Néanmoins il me semble, par le nombre 10 ci-dessus, que vous entendez principalement que la lumière soit l'action ou le mouvement dont le soleil ou autre corps lumineux pousse votre matière subtile. Ce qu'étant supposé, puisque le soleil est premier que ce mouvement, duquel il est la cause efficiente, il s'ensuivra que le soleil de sa nature n'aura point de lumière, ou que sa lumière n'étoit point comprise en votre définition, et qu'elle est première que celle que vous définissez. Mais l'école vous prouveroit que toute action est essentiellement un être relatif, et que tout mouvement dit en son essence un être potentiel; mais que l'essence de la lumière n'a ni l'un ni l'autre, vu que de sa nature elle est un acte ou une forme absolue.

2. De plus, il ne suffit pas que la matière subtile soit mue par quelque cause que ce soit, autrement durant les orages et les tempêtes d'une obs-

cure nuit, excitées principalement par les vents, l'air et la mer paroîtroient tout en feu, et l'on verroit alors clair comme de jour; mais il faut qu'elle soit mue par les corps lumineux, en tant que lumineux. D'où s'ensuit que leur lumière est première que celle que vous définissez, qui ne consiste qu'en l'action ou mouvement dont les corps lumineux par leur lumière poussent votre matière subtile : voire il s'ensuit que ce que vous définissez n'est point la lumière.

3. Le soleil et une étincelle de feu, ou un ver luisant, illuminent d'une même façon. Or une étincelle se peut voir la nuit de cinq cents pas sans lunettes, et avec des lunettes de votre invention, elle se verroit peut-être de plus de cinquante lieues en l'air : donc cette étincelle aura la force de faire mouvoir localement et selon vous en ligne droite toute la matière subtile contenue en un globe d'air de cinquante lieues de demi-diamètre; ce qu'aucun bon jugement n'admettra jamais, puisqu'on sait que toute matière a de soi résistance au mouvement local : donc le soleil n'illumine pas par le mouvement de la matière subtile. Et la comparaison de votre aveugle avec son bâton ne convient point avec le mouvement de la matière subtile, car un bâton est continu d'un bout à l'autre, et même dur et solide; c'est pourquoi au même instant qu'on pousse l'un de ses bouts, on pousse l'autre,

et la main qui est à l'un des bouts sent au même instant la rencontre que fait l'autre bout de quelque corps qui lui résiste. Mais la matière subtile n'est pas continue, autrement tous les pores des corps, depuis le soleil jusques à nous, seroient continus, quelque agitation d'air qu'il y eût par les vents, et de plus elle n'est pas dure et solide comme un bâton : c'est pourquoi il ne s'ensuit pas que la matière la plus prochaine du corps lumineux étant mue, la plus éloignée le soit aussi et au même instant. J'ajoute encore qu'une étincelle ne pouvant, selon vous, mouvoir la matière subtile qu'en tant qu'elle est illuminée, il faut de nécessité que sa lumière soit devant le mouvement, et indépendante de lui; voire même il faut qu'elle soit la principale cause du mouvement : donc le mouvement de la matière subtile n'est pas la lumière des corps lumineux, et je ne pense pas qu'il soit possible de renverser cette raison.

4. Supposant le mouvement de la matière subtile et la continuité de ses parties, tout ce que vous pourriez prétendre seroit que ce mouvement nous fait sentir et apercevoir la lumière des corps lumineux, comme l'aveugle qui tient un bout de son bâton sent le heurt de la pierre qui est fait à l'autre bout, et, en ce sens, en la page 259 des Météores, vous dites, *les parties de la matière subtile qui transmet l'action de la lumière*, *etc*. Mais il ne s'en-

suivroit pas pour cela que ce mouvement fût la lumière, non plus que le heurt du bâton de l'aveugle n'est pas la pierre, bien qu'il en transmette l'action, et si la pierre avoit du sentiment, elle sentiroit le mouvement du bâton de l'aveugle; mais ce mouvement n'est pas l'aveugle qui meut, donc le mouvement de la matière subtile n'est pas la lumière qui la meut.

5. Mais qu'est-ce que cette matière subtile; car elle n'est ni eau, ni air, ni éther, puisque tous sont transparents et par conséquent poreux et remplis de cette matière, comme même vous l'affirmez en la page 122 des Météores. Et, puisque vous l'appelez subtile au regard de tous les corps, il faut que ce soit un corps simple plus subtil même que l'éther; et, puisqu'en la nature nous voyons un si bel ordre des corps simples, et que les plus subtils se logent toujours au-dessus des plus crasses, comme il est même évident par la chimie, pourquoi cette matière qui, selon vous, doit occuper la moitié du lieu des corps simples, n'aura-t-elle point de sphère propre? Or, soit que vous lui en donniez ou que vous ne lui en donniez point, elle ne sera pas transparente; autrement, par la page 122 ci-dessus cotée, elle auroit aussi des pores qui seroient encore remplis d'une autre matière subtile, et ainsi à l'infini; et, si elle n'est point transparente, elle ne pourra donc point transmettre la

lumière comme vous disiez ci-dessus page 259, car il n'y a que les corps transparents qui la puissent transmettre.

6. De plus, quel mouvement attribuez-vous à cette matière; car c'est encore ici où je vois de la difficulté et contrariété. Vu qu'aux nombres 12 et 13 ci-dessus, et par votre figure des petites boules, qui de l'air viennent dans l'eau, il appert que ces petites boules descendent d'en haut en ligne droite; et bien que par le nombre 12 avec le mouvement rectiligne causé par les corps lumineux vous leur donniez le circulaire comme propre, en sorte que, même par l'air, elles descendent en ligne droite, mais mues circulairement à l'entour de leurs centres, néanmoins au nombre 13 vous dites tout au contraire que la boule commence seulement à tournoyer rencontrant la superficie de l'eau ou de quelque autre corps plus dense que l'air. Mais, en premier lieu, donnant à votre matière subtile ce mouvement rectiligne de l'air en l'eau, il faudra aussi que vous le donniez en l'air de plus haut, et ainsi à l'infini, si vous ne concédez que cette matière sort même des corps lumineux : ce qui non seulement est contre votre page 5 de la Dioptrique, où vous dites qu'il n'est pas besoin de supposer qu'il passe quelque chose de matériel depuis les objets jusques à nos yeux pour nous faire voir les couleurs et la lumière,

mais même répugne au sens et à la raison. Car qui est l'homme de bon sens qui dira que d'un ver luisant ou d'une étincelle de feu il puisse sortir de la matière pour remplir toute la sphère, dont l'un ou l'autre se peut voir avec d'excellentes lunettes de votre invention, sans la totale dissipation du ver luisant, quand même il seroit mille fois plus gros qu'il n'est, quelque subtile qu'en fût l'évaporation? Et néanmoins il ne se dissipe point, bien que de minute en minute d'heure on le changeât en diverses sphères, lesquelles il rempliroit en même façon. En second lieu, si cette matière subtile, ou ces petites boules qui en sont les parties, avoient ce mouvement rectiligne, elles ne pourroient, par leur mouvement, transmettre l'action de la lumière du soleil et des étoiles en un instant, contre ce que vous-même assurez en la page 44 de votre Méthode; car aucun corps naturel ne peut traverser un espace que successivement une partie après l'autre. Voire la même chose se déduit nécessairement de votre page 259, où vous dites que la nature des couleurs apparentes, et causées par la lumière, ne consiste qu'en ce que les parties de la matière subtile qui transmet l'action de la lumière tendent à tournoyer avec plus de force qu'à se mouvoir en ligne droite, en sorte que celles qui tendent à tournoyer beaucoup plus fort causent la couleur rouge, et celles qui ne tendent qu'un peu plus fort, causent la jaune : car, bien que le tournoiement d'une boule se fît en un instant (ce qui est faux, et contre votre page 257, où vous voulez que le point 2 de la boule marquée 1234, arrive plus tôt à la superficie de l'eau YY, que le point 1), néanmoins, puisque, selon vous, le mouvement rectiligne de la boule est plus lent que son tournoiement, le mouvement rectiligne, qui est celui qui transmet l'action de la lumière, ne se fera pas en un instant.

Je serois trop long si je vous mettois ici toutes les autres difficultés que je vois en l'hypothèse de votre matière subtile, et de ses mouvements en toute la nature : c'est pourquoi je veux finir par votre autre hypothèse des pores en l'air, en l'eau, et dans les autres corps transparents.

7. Page 122 de la Dioptrique, vous dites que les pores de chacun des corps transparents sont si unis et si droits, que la matière subtile qui peut y entrer coule facilement tout du long sans rien trouver qui l'arrête; mais que ceux de deux corps transparents de diverse nature, comme ceux de l'air et ceux du verre ou du cristal, ne se rapportant jamais si justement les uns aux autres, qu'il n'y ait toujours plusieurs des parties de la matière subtile qui, par exemple, venant de l'air vers le verre, s'y réfléchissent, à cause qu'elles rencontrent les parties solides de sa superficie, etc. Sur

quoi je vous dirai que si l'air et l'eau étoient durs et solides comme le cristal, et immobiles, vous pourriez peut-être avoir quelque apparence de raison; mais étant de nature fluide et facile à mouvoir et agiter, lorsqu'ils sont agités par les vents, cette rectitude de pores ne peut pas subsister, mais il se fait confusion du solide de l'air, ou de celui de l'eau avec ses pores; et partant, la matière subtile qui transmet la lumière trouvant de l'obstacle en tous les pores où elle entre, il s'ensuit qu'en plein midi, l'air étant fort serein, mais agité de vents, on ne verra goutte, ou au moins on verra plus obscurément et confusément (qui sont deux conséquences contraires à l'expérience), ou enfin que votre hypothèse des pores droits pour le passage de la matière subtile et trajet de la lumière est superflue. Ceci peut-être paroîtra plus clairement par cette question que je vous fais. Supposons que de nuit vous soyez en rase campagne, et qu'avec vos lunettes vous voyiez à une lieue de vous un ver luisant, ou une étincelle, et que de votre côté vers l'étincelle il souffle un vent fort véhément, je vous demande qui pousse le plus la matière subtile contenue dans les pores de l'air qui est entre vous et l'étincelle? ou le vent, ou la lumière de l'étincelle? et je crois que vous répondrez qu'il ne se fait aucun poussement de matière depuis l'étincelle vers vous; mais qu'au contraire tout l'air désigné ci-dessus, ensemble ses pores et toute la matière y contenue, sont poussés depuis vous vers l'étincelle, voire avec telle violence, que tant s'en faut qu'elle puisse surmonter le vent à pousser, qu'au contraire elle-même sera emportée par le poussement du vent : donc j'estime que ce soit erreur de penser que les corps lumineux poussent contre nos yeux une matière subtile contenue dans les pores de l'air, par laquelle leur lumière nous est transmise.

8. Finalement, si, selon la page 122 de la Dioptrique, les pores de chacun des corps transparents sont si unis et si droits, que la matière subtile qui peut y entrer coule facilement tout du long, sans rien trouver qui l'arrête, il est certain que cela seroit principalement vrai du verre et du cristal, qui sont des corps durs et solides. Or, cela étant supposé, il s'ensuivroit que le soleil éclaireroit autant à travers un verre de dix pieds d'épaisseur, qu'à travers le même verre réduit à une seule ligne d'épaisseur : car la matière subtile venant de l'air, et étant poussée en ligne droite par le soleil, rencontreroit les mêmes pores en l'une et en l'autre épaisseur, qui étant droits et unis, cette matière y entreroit et couleroit sans obstacle avec même facilité. Or qu'une différente épaisseur de même verre cause même lumière, c'est contre l'expérience. Joint qu'en un même verre se pouvant

prendre deux superficies opposées et parallèles en cent mille différentes manières, il s'ensuivroit que si, selon une manière, la lumière passoit par les pores de la superficie qui lui est opposée sans rencontrer aucun obstacle solide, elle ne le pourroit selon toutes les autres manières, et par conséquent la lumière ne pourroit pénétrer le verre par quelques deux superficies parallèles que ce fût; ce qui répugne à l'expérience : et cela vous est bien aisé à concevoir, supposant au verre des pores ouverts en ligne droite d'une de ses superficies à l'autre; car ils ne pourroient être ouverts en ligne droite de chaque superficie à son opposée, autrement il n'y auroit rien de solide dans le verre.

9. Si les corps lumineux poussent en ligne droite la matière subtile qui transmet l'action de la lumière, supposons le globe diaphane d'air ou d'eau ABCD[1], dont le centre soit E, et en A, et B, mettons deux corps lumineux d'égale vertu, il arrivera l'une de ces deux absurdités, à savoir, ou que ces corps lumineux ne seront point vus des lieux diamétralement opposés C et D, ce qui seroit contre l'expérience; ou que la matière subtile contenue au centre E sera au même instant en divers lieux, ce qui répugne à la nature des corps : et cela se prouve clairement, en ce que A ne peut être vu de C, que la matière subtile et centrale E ne soit

[1] Figure 41.

poussée vers C en ligne droite ; et de même B ne peut être vu de D, que la même matière E ne soit poussée vers D, et ainsi d'une infinité de corps lumineux posés à la superficie d'icelui globe.

Je pourrois vous proposer plusieurs autres difficultés sur divers points de votre physique ; mais pour le présent je me contenterai d'être par vous éclairci sur le sujet de la lumière, si vous me jugez digne de cette faveur. Le R. P. Mersenne vous peut assurer que j'ai toujours été l'un de vos partisans ; et de mon naturel je hais et je déteste cette racaille d'esprits malins, qui, voyant paroitre quelque esprit relevé, comme un astre nouveau, au lieu de lui savoir bon gré de ses labeurs et nouvelles inventions, s'enflent d'envie contre lui, et n'ont autre but que d'offusquer ou éteindre son nom, sa gloire et ses mérites, bien qu'ils soient par lui tirés de l'ignorance des choses dont libéralement il leur donne la connaissance. J'ai passé par ces piques, et sais ce qu'en vaut l'aune ; la postérité plaindra mon malheur, et, parlant de ce siècle de fer, dira avec vérité que la fortune n'étoit pas pour les hommes savants. Je souhaite néanmoins qu'elle vous soit plus favorable qu'à moi, afin que nous puissions voir votre nouvelle physique, par les principes de laquelle je ne doute point que vous ne puissiez résoudre nettement toutes mes difficultés : c'est pourquoi, attendant l'honneur de votre réponse, selon que le permettra votre loisir, je vous prie de croire qu'entre tous les hommes de lettres de ma connoissance, vous êtes celui que j'honore le plus, pour votre vertu et vos généreux desseins; et que je m'estimerai heureux toute ma vie, si vous m'accordez la qualité de, etc.

RÉPONSE DE M. DESCARTES

A M. MORIN[1].

(Lettre 59 du tome I.)

Monsieur,

Les objections que vous avez pris la peine de m'envoyer sont telles, que je les aurois reçues en bonne part de qui que ce fût; mais le rang que vous tenez entre les doctes, et la réputation que vos écrits vous ont acquise, me les rend beaucoup plus agréables de vous que d'un autre, ce que je crois ne pouvoir mieux vous témoigner que par le soin que j'aurai ici d'y répondre exactement.

Vous commencez par mes suppositions, et vous dites que l'apparence des mouvements célestes se

[1] « Cette lettre est fixement datée du 13 juillet 1638. Voyez le billet « qui la suit. »

tire aussi certainement de la supposition de la stabilité de la terre que de celle de sa mobilité, ce que j'accorde très volontiers; et j'ai désiré qu'on reçût de même façon ce que j'ai écrit en la Dioptrique de la nature de la lumière, afin que la force des démonstrations mathématiques que j'ai tâché d'y mettre ne dépendit d'aucune opinion physique, comme j'ai assez déclaré en la page 3, et si l'on peut imaginer la lumière de quelque autre façon par laquelle on explique toutes celles de ses propriétés que l'expérience fait connoître, on verra que tout ce que j'ai démontré des réfractions, de la vision et du reste, en pourra être tiré tout de même que de celle que j'ai proposée.

Vous dites aussi que prouver des effets par une cause, puis prouver cette cause par les mêmes effets, est un cercle logique; ce que j'avoue : mais je n'avoue pas pour cela que c'en soit un d'expliquer des effets par une cause, puis de la prouver par eux; car il y a grande différence entre *prouver* et *expliquer*. A quoi j'ajoute qu'on peut user du mot *démontrer* pour signifier l'un et l'autre, au moins si on le prend selon l'usage commun, et non en la signification particulière que les philosophes lui donnent. J'ajoute aussi que ce n'est pas un cercle de prouver une cause par plusieurs effets qui sont connus d'ailleurs, puis réciproquement de prouver quelques autres effets par cette cause;

et j'ai compris ces deux sens ensemble en la page 76 par ces mots : Comme les dernières raisons sont démontrées par les premières qui sont leurs causes, ces premières le sont réciproquement par les dernières qui sont leurs effets. Où je ne dois pas pour cela être accusé d'avoir parlé ambigument, à cause que je me suis expliqué incontinent après, en disant que l'expérience rendant la plupart de ces effets très certains, les causes dont je les déduis ne servent pas tant à les prouver qu'à les expliquer, mais que ce sont elles qui sont prouvées par eux; et je mets qu'elles ne servent pas tant à les prouver, au lieu de mettre qu'elles n'y servent point du tout, afin qu'on sache que chacun de ces effets peut aussi être prouvé par cette cause, en cas qu'il soit mis en doute, et qu'elle ait déjà été prouvée par d'autres effets; en quoi je ne vois pas que j'eusse pu user d'autres termes que je n'ai fait pour m'expliquer mieux.

Vous dites aussi que les astronomes font souvent des suppositions qui sont cause qu'ils tombent dans de grandes fautes, comme lorsqu'ils supposent mal *la parallaxe, l'obliquité de l'écliptique,* etc. A quoi je réponds que ces choses-là ne se comprennent jamais entre cette sorte de suppositions ou hypothèses dont j'ai parlé, et que je les ai clairement désignées, en disant qu'on en peut tirer des conséquences très vraies et très assurées, encore qu'elles soient fausses ou incertaines : car la parallaxe ou l'obliquité de l'écliptique, etc., ne peuvent être supposées comme fausses ou incertaines, mais seulement comme vraies; au lieu que l'équateur, le zodiaque, les épicycles, et autres tels cercles, sont ordinairement supposés comme faux, et la mobilité de la terre comme incertaine, et on ne laisse pas pour cela d'en déduire des choses très vraies.

Enfin, vous dites qu'il n'y a rien de si aisé que d'ajuster quelque cause à un effet : mais encore qu'il y ait véritablement plusieurs effets auxquels il est aisé d'ajuster diverses causes, une à chacun, il n'est pas toutefois si aisé d'en ajuster une même à plusieurs différents, si elle n'est la vraie dont ils procèdent; même il y en a souvent qui sont tels, que c'est assez prouver quelle est leur vraie cause, que d'en donner une dont ils puissent clairement être déduits, et je prétends que tous ceux dont j'ai parlé sont de ce nombre. Car si l'on considère qu'en tout ce qu'on a fait jusqu'à présent en la physique, on a seulement tâché d'imaginer quelques causes par lesquelles on pût expliquer les phénomènes de la nature, sans toutefois qu'on ait guère pu y réussir; puis, si on compare les suppositions des autres avec les miennes, c'est-à-dire toutes leurs *qualités réelles*, leurs *formes substantielles*, leurs *éléments*, et choses semblables dont le nombre est presque infini, avec cela seul que tous les corps sont composés de quelques parties, qui est une chose qu'on voit à l'œil en plusieurs, et qu'on peut prouver par une infinité de raisons dans les autres (car pour ce que je mets de plus, à savoir que les parties de tel ou tel corps sont de telle figure plutôt que d'une autre, il est aisé de le démontrer à ceux qui avouent qu'ils sont composés de parties); et enfin si on compare ce que j'ai déduit de mes suppositions touchant la vision, le sel, les vents, les nues, la neige, le tonnerre, l'arc-en-ciel et choses semblables, avec ce que les autres ont tiré des leurs touchant les mêmes matières, j'espère que cela suffira pour persuader à ceux qui ne sont point trop préoccupés, que les effets que j'explique n'ont point d'autres causes que celles dont je les déduis, bien que je me réserve à le démontrer en un autre endroit.

Au reste, je suis marri de ce que vous n'avez choisi pour former des objections que le sujet de la lumière, car je me suis expressément abstenu d'en dire mon opinion; et pourceque je ne veux point ici contrevenir à la résolution que j'ai prise de ne mêler parmi mes réponses aucune explication des matières dont je n'ai pas eu dessein de traiter, je ne pourrai si parfaitement vous satisfaire que j'eusse désiré. Toutefois je vous prie de croire que je n'ai point tâché de me renfermer et barricader dans des termes obscurs, de crainte d'être surpris, comme il semble que vous avez cru, et que si j'ai quelque habitude aux démonstrations des mathématiques, comme vous me faites l'honneur de m'écrire, il est plus probable qu'elles doivent m'avoir appris à découvrir la vérité qu'à la déguiser. Mais ce qui m'a empêché de parler de la lumière aussi ouvertement que du reste, c'est que je me suis étudié à ne pas mettre dans ces essais ce que j'avois déjà mis en un autre traité, où j'ai tâché très particulièrement de l'expliquer, comme j'ai écrit en la page 42 du discours de la Méthode. Il est vrai qu'on n'est pas obligé de rien croire de ce que j'ai écrit en cet endroit-là; mais, comme lorsqu'on voit des fruits en un pays où ils n'ont point été envoyés d'ailleurs, on juge plutôt qu'il y a des plantes qui les y produisent que non pas qu'ils y croissent d'eux-mêmes, je crois que les vérités particulières que j'ai traitées en mes essais (au moins si ce sont des vérités) donnent plus d'occasion de juger que je dois avoir quelque connoissance des causes générales dont elles dépendent, que non pas que j'aie pu sans cela les découvrir; et pourcequ'il n'y a que les causes générales qui soient le sujet de cet autre traité, je ne pense pas avoir rien avancé de fort incroyable, lorsque j'ai écrit que je l'avois fait.

Quant au mépris qu'on vous a dit que je faisois

de l'école, il ne peut avoir été imaginé que par des personnes qui ne connoissent ni mes mœurs ni mon humeur : et bien que je ne me sois guère servi en mes essais des termes qui ne sont connus que par les doctes, ce n'est pas à dire que je les désapprouve, mais seulement que j'ai désiré de me faire entendre aussi par les autres. Puis, au bout du compte, ce n'est point à moi à choisir les armes avec lesquelles on doit m'attaquer, mais seulement à tâcher de me défendre : et, pour ce faire, je répondrai ici à chacun de vos articles séparément.

OBJECTION I. « Donc, en la page 159, etc. »

Réponse I. Le même que j'ai mis touchant la lumière en cette page 159, est encore plus clairement en la page 6, ligne 27, et ne me semble rien contenir qui soit obscur ou ambigu.

II. « En la page 4, etc. »

Réponse. En ce que j'ai dit ici que la lumière passe vers nos yeux par l'entremise de l'air ou des autres corps transparents, on doit entendre par ces corps ce que je nomme bientôt après la matière subtile qui est dans leurs pores.

Ainsi que lorsqu'on dit que quelqu'un se mouille les cheveux d'une éponge, ou qu'il se lave avec une serviette, on entend parler de la liqueur dont a été mouillée cette serviette ou cette éponge, et non de leur propre matière, ou forme, ou substance; en quoi toutefois on ne peut pas m'accuser d'avoir parlé improprement. Car, outre que j'ai dit, en la page 19, que tout corps invisible et impalpable se nomme *air* (à savoir en sa plus ample signification), il faut remarquer que le passage que vous citez est tout au commencement du livre, page 4, en un lieu où je n'avois encore eu aucune occasion de nommer la matière subtile, ni aucun besoin de la distinguer de l'air et des autres corps transparents qui la contiennent, et qui, en effet, ne sont transparents qu'à cause qu'ils la contiennent. Et, dans le même discours, avant de parler d'aucune autre chose, j'ai expressément averti, page 6, qu'il y avoit grande différence entre le bâton d'un aveugle et l'air, ou les autres corps transparents, par l'entremise desquels nous voyons, et qu'ensuite, en la même page 6, ligne 16, j'ai expliqué ce que j'entendois par la matière subtile.

III. « Mais en la page 23, vous dites, etc. »

Réponse. Ce troisième article ne contient rien qui ne s'accorde parfaitement avec le premier, et que je n'aie aussi expliqué dès la page 6, et répété en plusieurs autres endroits; ce qui me donne sujet de remarquer que vous avez mis le passage de la page 4 entre deux autres qui en sont éloignés, bien qu'ils ne contiennent rien qui ne soit aussi tout proche en la page 6: comme pour faire croire que je ne me suis pas souvenu en un lieu de ce que j'avois écrit en l'autre, ce qui ne seroit pas de bonne guerre.

IV. « Page 122, vous dites, etc. »

Réponse. Ici vous m'objectez deux choses : la première, que si la lumière n'est qu'une action ou inclination à se mouvoir, elle n'est donc pas un mouvement ; mais je voudrois vous prier de m'apprendre en quel endroit j'ai dit qu'elle fût un *mouvement*, sans y ajouter au même lieu *ou une action*. Car je ne crois pas qu'il s'en trouve aucun en mes écrits, principalement quand j'ai parlé de la lumière qui est dans les corps transparents, à laquelle les philosophes attribuent le nom de *lumen* en latin, pour la distinguer de celle qui est dans les corps lumineux, laquelle ils nomment *lucem*. Or, d'avoir dit généralement en plusieurs endroits qu'elle est un mouvement ou une action, et en un autre d'avoir dit qu'elle n'est qu'une action, ce ne sont point deux choses qui se contredisent. Outre qu'il faut remarquer que la signification du mot *action* est générale, et comprend non seulement la puissance ou l'inclination à se mouvoir, mais aussi le mouvement même. Comme lorsqu'on dit de quelqu'un qu'il est toujours en action, cela veut dire qu'il se remue toujours ; et c'est ainsi que je le prends en cet endroit-là, où il n'a point pour cela d'ambiguïté, car j'y avertis qu'il se faut souvenir de la façon dont j'ai auparavant expliqué la lumière : ce qui montre assez que, par les mots dont je me sers, je veux entendre le même que par ceux que j'ai mis aux autres lieux. La seconde chose que vous m'objectez ici, à savoir que si l'action est de la matière subtile, elle n'est donc pas des corps lumineux, n'est fondée que sur une équivoque touchant le mot de lumière: car j'avoue bien que de l'action de la matière subtile, qui est *lumen*, n'est pas celle des corps lumineux, qui est *lux;* mais je n'avoue pas pour cela que j'aie parlé ambigument, car j'ai partout très soigneusement distingué l'une de l'autre.

« V. Voire même, page 256, etc. »

Réponse. Ici vous rétrécissez merveilleusement la signification du mot *comme*, afin de me faire trouver court d'un point, et vous voulez qu'il ne serve qu'à joindre les termes d'une comparaison qui est entre des choses différentes. Mais si cela étoit vrai, lorsqu'on dit qu'un tel a fait cela comme savant, ce seroit à dire qu'il n'est pas savant, et quand on dit qu'il tient tel rang dans les États, non comme comte d'un tel lieu, mais comme baron d'un tel, ce seroit à dire qu'il n'est ni comte ni baron. Et je ne sache en notre langue aucun mot que celui de *comme*, dont j'eusse pu user en l'endroit que vous citez, page 256, pour signifier l'identité, ou pour joindre *prædicatum cum subjecto* (j'use ici librement des termes de l'école, afin que vous ne jugiez pas que je les méprise); mais vous n'avez pas cité tout le passage, qui est tel : *et concevant la nature de la lumière telle que je l'ai décrite en la Dioptrique, à savoir comme l'action ou le mouvement*, etc., ce qui signifie en bon français, ce me semble, qu'il faut concevoir que la lumière est l'action ou le mouvement et non *quasi l'action*, etc.

« VI. Page 5o de la Dioptrique, parlant, etc. »

RÉPONSE. La lumière, c'est-à-dire *lux*, est un mouvement ou une action dans les corps lumineux, et elle tend à causer quelque mouvement dans les corps transparents, à savoir *lumen*; donc *lux* est première que *lumen : concedo totum*. Mais quand vous ajoutez, et par conséquent la lumière ne sera pas le mouvement, encore que je ne dise point absolument qu'elle est le mouvement, toutefois *nego consequentiam* ; car un mouvement peut bien être causé par un autre, et il n'y a rien de plus ordinaire en la nature.

« VII. Finalement, page 5, etc. »

RÉPONSE. J'admire que vous alléguiez les pages 4 et 5 afin de prouver que le mouvement des corps lumineux ne peut passer jusques à nos yeux, qu'il n'y passe quelque chose de matériel qui sorte de ces corps, car je ne fais en ces deux pages qu'expliquer la comparaison d'un aveugle, laquelle j'ai principalement apportée pour faire voir en quelle sorte le mouvement peut passer sans le mobile; et je ne crois pas que vous pensiez, lorsque cet aveugle touche son chien de son bâton, qu'il faille que ce chien passe tout le long de son bâton jusqu'à sa main afin qu'il en sente les mouvements. Mais, afin que je vous réponde *in forma*, quand vous dites que le mouvement n'est jamais sans le mobile, *distinguo;* car il ne peut véritablement être sans quelque corps : mais il peut bien être transmis d'un corps en un autre, et ainsi passer des corps lumineux vers nos yeux, par l'entremise d'un tiers, à savoir, comme je dis en la page 4, par l'entremise de l'air et des autres corps transparents, ou, comme j'explique plus distinctement en la page 6, par l'entremise d'une matière fort subtile, qui remplit les pores de ces corps et s'étend sans interruption depuis les astres jusques à nous. Au reste, j'ai ici à vous avertir que vous m'attribuez souvent des opinions auxquelles je n'ai jamais pensé, comme lorsque vous dites que les couleurs et la lumière ne sont selon moi qu'une même nature, et que le mobile qui est dans les corps lumineux n'est autre selon moi que la matière subtile, et par-ci et par-là en d'autres endroits, que je laisse couler sans rien dire, afin de ne vous pas interrompre.

VIII. « Après avoir ci-dessus, etc. »

Réponse. On peut ici remarquer que je n'ai commencé à parler des parties rondes de la matière subtile que sur la fin des Météores, à l'occasion des couleurs de l'arc-en-ciel; car, n'ayant pas eu dessein en ces essais d'expliquer la nature de cette matière subtile, je n'en ai rien dit de particulier qu'à mesure que j'y ai été contraint, pour faire entendre ce qui étoit de mon sujet.

IX. «Mais page 159, etc.»

RÉPONSE. Ici vous prouvez fort bien que les parties rondes de la matière subtile ne peuvent remplir exactement tous les pores des corps terrestres, ce que j'avoue; mais si vous inférez de là que ce qu'elles ne remplissent pas soit donc vide, vous me permettrez, s'il vous plaît, de dire en termes d'école, *nego consequentiam*, car ils peuvent bien être remplis de quelque autre chose que je n'ai pas ici pour cela besoin d'expliquer.

X. « En la page 38 de la Dioptrique, etc. »

RÉPONSE. Ici, tout de même de ce que je dis en divers lieux que les corps lumineux meuvent ou poussent la matière subtile, vous inférez que je donne clairement à entendre qu'elle n'a de soi aucun mouvement; à quoi je réponds en un mot, *nego consequentiam :* car chaque corps peut avoir divers mouvements et être poussé par une infinité de diverses forces en même temps, en prenant toutefois le mot d'infinité *syncategorematice*, afin qu'on n'ait rien en l'école à y reprendre.

XI. « Mais en la même page 160, etc. »

Réponse. J'avoue bien que cette matière subtile se peut mouvoir çà et là sans les corps lumineux ; mais il ne suit pas de là qu'elle ait sans eux le mouvement ou l'action qui est requise pour nous donner le sentiment de la lumière, car de cela seul que quelque corps lui donne ce mouvement ou cette action, il est lumineux.

XII. « En la page 272, etc. »

Réponse. Vous dites que si cette matière, outre le mouvement rectiligne, se meut de sa nature seulement en rond, etc. : où le mot *seulement* est de trop, aussi n'est-il que de vous seul, car je ne le mets en aucun lieu, et lorsqu'il est ôté, tout le reste est clair; car, encore que les parties de la matière subtile se meuvent en rond et en ligne droite, cela n'empêche pas qu'elles ne puissent aussi le mouvoir en d'autres façons.

XIII. « Mais en la page 257 vous dites, etc. »

Réponse. En l'endroit que vous citez ici, je ne parle nullement des parties de la matière subtile, mais de quelques boules de bois ou autre matière visible qui sont poussées vers de l'eau : comme il paroît évidemment de ce que je les fais tournoyer tout au rebours des parties de la matière subtile, et compare le tournoiement qu'elles acquièrent en sortant de l'air et entrant dans l'eau, à celui que ces parties de la matière subtile acquièrent en sortant de l'eau ou du verre et entrant dans l'air; et je n'ai point dû attribuer à ces boules d'autres mouvements que ceux qui servoient à mon sujet, ni n'ai pour cela donné à entendre que la matière subtile n'en eût point d'autres.

« Or, monsieur, jugez, etc. »

Réponse. Or je vous assure, monsieur, que j'admire que vous ayez pu imaginer quelque apparence de contradiction dans les passages que vous avez allégués, et, bien que je n'aie pas eu fort grande peine à y répondre, je ne laisse pas d'accepter la chaire que vous m'offrez en cet endroit, *quia forte plus sapio sedens*, et afin que je puisse écouter vos autres objections plus à mon aise.

I. « J'attaquerois volontiers, etc. »

Réponse. Je crois m'être déjà ci-devant assez purgé de l'inconstance dont vous m'accusez; et pour votre argument, je n'en comprends ni la matière ni la forme: car, pour la matière, vous le fondez sur une définition de la lumière que vous supposez que j'ai donnée, bien qu'il soit très vrai que je n'ai eu intention d'en donner aucune, comme j'ai assez témoigné dès la page 3, et vous l'avez aussi assez reconnu. Puis, pour la forme, vous le commencez par une conséquence, en disant, « Puisque le soleil est premier que ce mouvement, duquel il est la cause efficiente; » où je ne vois point d'antécédent : car si la lumière, c'est-à-dire *lux*, est l'action ou le mouvement dont le soleil pousse la matière subtile qui l'environne, comme vous voulez avec moi supposer, il ne suit pas de là qu'il soit premier que cette action, ni qu'il en soit la cause efficiente, et l'on peut dire qu'elle est en lui de sa nature. Ou si vous voulez qu'il soit premier qu'elle, ce sera seulement en même façon que l'homme est premier que sa raison, en tant qu'il doit être ou exister avant qu'il puisse en user, et ainsi votre seconde conséquence, qui est que le soleil de sa nature n'aura donc point de lumière, ou que sa lumière n'est pas comprise en ma définition, et qu'elle est première que celle que je définis, me semble être de même nature que si de ce qu'on auroit dit que l'homme par sa raison découvre beaucoup de vérités, vous infériez qu'il n'a donc point de raison de sa nature, ou que sa raison n'est pas comprise en cette définition, etc. Mais pour nous accorder, je veux bien vous dire que je n'ai ni défini, ni même parlé en aucune façon de ce je ne sais quoi que vous nommez peut-être du nom de lumière, et que vous supposez être dans le soleil outre son mouvement ou son action; car, pouvant démontrer par cette action tous les phénomènes de la nature touchant la lumière, je n'ai pas besoin d'y rien considérer davantage : et je ne veux point aussi m'amuser à réfuter ce que les autres y supposent de plus, suivant ce que j'ai dit à la fin du premier discours des Météores. Quant à ce que vous ajoutez *d'un être relatif, d'un être potentiel et d'un acte ou forme absolue*, je sais bien qu'on me dira dans l'école que la lumière est un être plus réel que l'action ou le mouvement; mais je mériterois d'être envoyé à l'école comme ceux qui faillent en jouant au trictrac, si j'avouois qu'on pût le prouver.

II. « De plus il ne suffit pas, etc. »

RÉPONSE. Il faut, dites-vous, *que la matière subtile soit mue par les corps lumineux, en tant que lumineux*, c'est-à-dire, selon moi, en tant qu'ils ont en eux quelque action ou mouvement; *d'où s'ensuit*, etc. *Nego consequentiam*, tout de même qu'en l'article précédent.

III. « Le soleil et une étincelle, etc. »

RÉPONSE. Afin que je renverse mieux tout ce qui est en cet article, je commencerai à y répondre par la fin, où vous dites : Donc le mouvement de la matière subtile, c'est-à-dire *lumen quod est in aere*, n'est pas la lumière des corps lumineux, c'est-à-dire *non est lux quæ est in sole*, grande merveille ! et vous dites un peu plus haut : *Il faut de nécessité que la lumière soit devant le mouvement*, etc., à savoir, *lux ante lumen cujus est causa*. Eh qui en doute? Pour ce qui précède, à savoir que la matière subtile n'est pas dure, ni semblable à un bâton, c'est le même que ce que j'ai mis en la page 6 citée ci-dessus, ou ensuite, par la comparaison du vin qui est dans une cuve, montrant que les plus hautes parties de ce vin pressent, et par conséquent aident à mouvoir celles qui sortent par le trou qui est au bas au même instant qu'il est ouvert, j'ai expliqué comment la matière la plus prochaine du corps lumineux étant mue peut faire mouvoir la plus éloignée au même instant ; et, en ajoutant que les grappes qui sont en cette cuve peuvent cependant être agitées en plusieurs diverses façons par ceux qui les foulent, j'ai satisfait à ce que vous dites des vents un peu devant. Et enfin, pour ce que vous dites au commencement, qu'aucun bon jugement n'admettra jamais qu'une étincelle ait la force de faire mouvoir localement, et, selon moi, en ligne droite (ce qui n'est pas pourtant du tout selon moi, page 8, ligne 2), toute la matière subtile contenue en un globe d'air de cinquante lieues de demi-diamètre, je prétends de vous le faire admettre à vous-même, si vous prenez, comme moi, cette matière subtile pour une liqueur très fluide.

Car, sans aller plus loin, encore que la cuve dont nous venons de parler auroit cent lieues de hauteur, chaque goutte de vin qui seroit au haut n'augmenteroit-elle pas la vitesse de celui qui s'écouleroit par les trous qui sont au bas? Et, afin que vous ne disiez pas qu'il est plus aisé d'augmenter le mouvement d'un corps qui se meut que d'en remuer un qui se repose, imaginez un tuyau replié, comme ABC[1], qui s'étende, si vous voulez, depuis ici jusques au centre de la terre, et de là remonte jusques ici, et qui soit presque plein d'eau des deux côtés, et que pendant que cette eau est aussi calme et aussi peu agitée qu'elle peut être, on verse une goutte d'autre eau dans celui de ses côtés qui est marqué A, car je ne crois pas que vous fassiez difficulté d'accorder que la pesanteur de cette goutte sera suffisante pour faire hausser toute l'eau qui est vers C, et par conséquent aussi pour mouvoir toute celle qui est dans le tuyau ABC, et ensuite vous ne pourrez nier qu'une étincelle de feu ne soit capable de mouvoir la matière subtile qui est contenue en un très grand espace, pourvu que vous remarquiez que l'action du feu est incomparablement plus forte que celle de la pesanteur, et que la matière subtile étant contenue dans les pores de l'eau, et même aussi en ceux de l'air, doit être incomparablement plus fluide que lui ni elle. Car vous ne voudrez pas rejeter les règles des mécaniques et de la vraie physique, pour alléguer ici que toute la matière a de soi résistance au mouvement local, qui n'est qu'une maxime fondée sur la préoccupation de nos sens, et qui vient de ce que n'ayant essayé dès notre enfance à remuer que des corps qui étoient durs et pesants, et y ayant

[1] Figure 42.

toujours rencontré de la difficulté, nous nous sommes dès lors persuadés que cette difficulté procédoit de la matière, et par conséquent étoit commune à tous les corps, cela nous ayant été plus aisé à supposer qu'à prendre garde que ce n'étoit rien que la pesanteur des corps que nous tâchions de remuer qui nous empêchoit de les lever, et leur dureté avec l'inégalité de leurs parties qui nous empêchoit de les traîner; et ainsi qu'il ne suit pas de là que le même doive arriver touchant les corps qui n'ont ni dureté ni pesanteur. Or la plupart des opinions, tant du peuple que de la mauvaise philosophie, sont nées de cette sorte; mais quelque apparence qu'elles aient, et quoique plusieurs y applaudissent, les personnes de bon jugement ne doivent jamais s'y arrêter.

IV. « Supposant le mouvement, etc. »

RÉPONSE. Je ne vois en tout cet article sinon que *lumen non est lux*, ou bien que l'action qui nous fait avoir le sentiment de la lumière n'est pas cette qualité réelle que vous appelez du nom de lumière, et que vous supposez être dans les corps lumineux autre que le mouvement qui cause cette action. Et je l'accorde.

V. « Mais qu'est-ce que cette matière sub-
» tile, etc. »

RÉPONSE. Je ne trouve rien ici qu'une équivoque du mot *transparent*, qui s'attribue en un sens à l'air.

au verre, et aux autres tels corps, en tant qu'ils ont des pores, etc., et à la matière, en tant qu'elle est dans ces pores. Car, pour ce que vous dites que, vu le bel ordre qui est dans la nature, cette matière doit avoir quelque sphère au-dessus des autres corps, et ainsi n'être point dans leurs pores, il est aisé de répondre que ce bel ordre montre qu'y ayant des pores dans les corps terrestres, ils doivent être remplis de quelque matière plus subtile, comme on voit qu'encore que l'eau se place naturellement au-dessus de la terre, elle ne laisse pas pour cela de se placer aussi au-dessous en tous ses pores ; et je ne dis en aucun lieu que la matière subtile n'occupe point de sphère plus haute que celle de l'air, car au contraire je la fais étendre depuis les astres jusques à nous.

VI. « De plus quel mouvement, etc. »

Réponse. Vous imaginez toujours des contrariétés où il n'y en a point, et j'ai assez fait entendre, en plusieurs endroits, que la matière subtile peut être agitée en toutes façons, mais qu'il n'y a que la seule façon de se mouvoir, ou de tendre à se mouvoir, qu'elle reçoit des corps lumineux, et qu'elle transmet de tous côtés en ligne droite depuis ces corps jusques aux objets qui en sont illuminés, qui nous donne le sentiment de la lumière, et que, pour l'action ou l'inclination au mouvement circulaire qui est en ses parties, elle cause le sentiment des couleurs. Quant a ce que vous citez du nombre 13, que la boule commence seulement à tournoyer rencontrant la superficie de l'eau, je réponds que ce mot *seulement* ne se peut rapporter à aucun endroit de mes écrits, sinon à celui de la page 257, où je n'ai point entendu parler des parties de la matière subtile. Puis, à ce que vous dites, que donnant à cette matière le mouvement rectiligne de l'air en l'eau, il faudroit aussi lui donner en l'air de plus haut, et ainsi à l'infini, ou bien concéder qu'elle sort des corps lumineux, je réponds que son action ne doit point venir de plus haut à l'infini, et qu'elle commence aux corps lumineux, desquels toutefois cette matière ne sort non plus que le bâton d'un aveugle sort des objets dont il lui fait avoir le sentiment. Et tout ce que vous disputez ensuite fait pour moi, excepté seulement ce que vous semblez vouloir dire à la fin, que si la lumière est un mouvement elle ne se peut donc transmettre en un instant; à quoi je réponds que bien qu'il soit certain qu'aucun mouvement ne se peut faire en un instant, on peut dire toutefois qu'il se transmet en un instant, lorsque chacune de ses parties est aussitôt en un lieu qu'en l'autre, comme lorsque les deux bouts d'un bâton se meuvent ensemble.

« Je serois trop long si, etc. »

VII. « Page 122 de la Dioptrique, etc. »

Réponse. Ce que vous objectez ici a grande apparence de vérité pour ceux qui ne regardent qu'autour d'eux, et qui n'étendent jamais leur pensée par l'univers; car il semble à de tels esprits que les vents, la foudre et les canons causent les plus impétueux mouvements qui puissent être. Mais pour vous, qui, étant très savant en astronomie, êtes accoutumé à considérer l'extrême rapidité des corps célestes, et qui, l'étant aussi aux mécaniques, comprendrez aisément les raisons qui en dépendent, vous ne pouvez, ce me semble, trouver étrange qu'après avoir dit que la matière subtile s'étend sans interruption depuis les astres jusqu'à nous (comme il faut de nécessité qu'elle fasse pour transférer l'action de la lumière), et avec cela qu'elle est très fluide, et composée de parties très petites, j'ajoute que la vitesse dont elle se meut est en quelque façon proportionnée à celle des cieux, et, par conséquent, beaucoup plus grande que celle des vents. Outre que vous pouvez avoir assez reconnu par mes Météores que, selon moi, c'est principalement l'agitation de cette matière subtile qui cause et entretient l'agitation que j'ai attribuée aux parties tant de l'air que de l'eau, et de toutes les autres liqueurs. Car il suit de là très clairement que tant s'en faut que les pores des corps liquides doivent être moins droits et unis que les autres, au contraire, ces corps ne peuvent être entièrement liquides si leurs pores ne donnent libre passage de tous côtés à la matière subtile : comme nous voyons aussi par expérience que toutes, ou du moins presque toutes les liqueurs qui sont pures sont transparentes, et même qu'il n'y a guère de corps durs qui soient transparents, sinon à cause qu'ayant été liquides auparavant, leurs parties retiennent encore la situation que la matière subtile leur a donnée. Puis, pour ce qui est des vents, outre que leur mouvement est beaucoup plus lent que celui par lequel la matière subtile rend droits et unis tous les pores des corps liquides, ils n'agitent quasi point chacune des parties de l'air séparément de ses voisines, ainsi que fait la matière subtile, mais seulement tout son corps ensemble; d'où vient que nous pouvons beaucoup mieux le sentir que celui de cette matière, auquel néanmoins il ne peut préjudicier. Et pour ce que vous demandez à la fin, si la force dont une étincelle de feu ou un ver luisant doit, selon moi, pousser de nuit la matière subtile vers nos yeux, pour nous faire sentir la lumière, ne peut être empêchée par celle du vent lorsqu'il souffle fort impétueusement à l'encontre, c'est quasi le même que si en la cuve dont nous avons parlé ci-dessus on suppose que les grappes qui sont parmi le vin, étant attachées à des filets ou enveloppées dans un rets, soient tirées de bas en haut fort promptement, et qu'on demande si le mouvement de ces grappes étant tout contraire à celui dont le vin tend à descendre ne l'empêche point. A quoi je réponds que si le mouvement avec lequel on les tire en haut est plus lent que celui dont les parties du vin tendent à descendre, il n'empêchera point que ce vin ne coule par les trous qui sont au-dessous de la cuve, et qu'encore même qu'il fût beaucoup plus prompt et plus fort, si on suppose que ces trous soient bouchés en sorte qu'il ne puisse rien du tout succéder que du vin en la place que laissent ces grappes, ainsi qu'il ne peut rien succéder que de la matière subtile en la place des parties de l'air dont le vent est composé, on peut, par les règles des mécaniques, démontrer que ce vin ne pressera pas moins le fond de la cuve que si ces grappes étoient sans aucune agitation; et tout de même il est très certain, au moins selon moi, que l'agitation d'aucun vent ne peut empêcher l'action de la lumière, excepté seulement en tant que cette agitation peut devenir si violente qu'elle enflamme l'air, auquel cas la lumière qu'elle cause peut effacer celle d'une étincelle de feu, si tant est qu'elle soit beaucoup plus forte.

VIII. «Finalement, si, selon la page 122, etc.»

Réponse. La cause qui empêche que le verre étant fort épais ne soit aussi transparent que le même étant moins épais, n'est autre sinon qu'il contient toujours beaucoup d'impuretés, de nuages et de petites bulles ou bouillons, qui étant en plus grande quantité dans une grande épaisseur que dans une moindre, en empêche davantage la transparence. Et qu'ainsi ne soit, il y a des lacs et des endroits de la mer où l'eau est si claire étant calme, qu'on peut voir distinctement ce qui est au fond, encore qu'elle ait deux ou trois piques de profondeur, et en cette eau toutefois, si on l'examine, on trouvera toujours quelque chose d'impur.

Mais celle de vos objections qui est, à mon avis, la principale, et que vous aurez peut-être à ce sujet voulu réserver pour la fin, consiste en ce que si les pores des corps transparents doivent être droits, il ne semble pas qu'ils puissent donner passage à la matière subtile en tous sens, à cause qu'il est impossible qu'il se trouve en tous sens des pores droits dans un corps solide. Toutefois, pourvu qu'on ne prenne point le mot de *droit* plus à la rigueur que j'ai témoigné que je le prenois, comme on peut voir en la page 8, ligne 2, et même aussi en l'endroit que vous citez, page 122, où je ne dis pas que ces pores doivent être parfaitement droits, mais seulement autant qu'il est requis pour faire que la matière subtile coule tout du long sans rien trouver qui l'arrête, je crois le pouvoir assez éclaircir par une seule comparaison. Enfermez des pommes ou des balles dans un rets, et les y pressez en telle sorte que, se tenant jointes les unes aux autres, elles semblent composer un corps dur, puis versez sur ce corps du sable fort menu, tel que celui dont on fait des horloges, et vous verrez qu'en quelque façon qu'on le mette, ce sable passera toujours au travers, sans rien rencontrer qui l'en empêche. Il est vrai que les parties de tous les corps durs ne sont pas rondes comme des pommes, mais on les peut imaginer d'une infinité d'autres figures, sans que cela empêche qu'elles donnent aussi libre passage aux parties de la matière subtile, que ces pommes le donnent aux parties de ce sable.

IX. « Si les corps lumineux, etc. »

Réponse. La coutume qu'on a de remarquer que lorsqu'un corps dur se meut vers quelque côté, il ne peut pas au même temps se mouvoir aussi vers un autre, est cause qu'on a un peu de peine à concevoir en quelle façon les parties des corps liquides reçoivent plusieurs actions, et transmettent plusieurs mouvements contraires en même temps ; mais il est néanmoins certain qu'elles le font, et il n'est pas malaisé de l'éprouver par le moyen de trois ou plusieurs tuyaux, comme AC, BD, FG, que je suppose de même largeur, et qui se croisent en telle sorte, que l'espace du milieu E sert à tous trois, sans toutefois être plus grand que s'il ne servoit qu'à un seul : car si on souffle par leurs trois bouts A, B et F, l'air qui sera dans ce milieu E sera poussé en même temps vers C, vers D et vers G. Non pas qu'il soit besoin pour cela, ni aussi qu'il soit possible que chacune de ses parties se meuve en même temps vers ces trois côtés; mais il suffit que quelques unes se meuvent vers C et d'autres vers D, et d'autres vers F, et qu'elles se meuvent trois fois aussi vite que celles qui remplissent les autres endroits de ces tuyaux; ce qu'on peut bien croire qu'elles font, vu qu'elles sont poussées trois fois aussi fort. Et il est aisé, appliquant ceci à la matière subtile, d'entendre comment elle transmet en même temps les diverses actions de divers corps lumineux vers divers côtés.

« Je pourrois vous proposer, etc. »

RÉPONSE. Au reste, monsieur, il m'est plus difficile de répondre à votre conclusion qu'à tout le reste; car je ne prétends nullement mériter les honnêtes paroles dont vous y usez, et je n'aurois néanmoins pas de grâce à les réfuter. C'est pourquoi je puis seulement dire que je plains avec vous l'erreur de la fortune, en ce qu'elle ne reconnoît pas assez votre mérite. Mais pour mon particulier, grâces à Dieu, elle ne m'a encore jamais fait ni bien ni mal, et je ne sais pas même pour l'avenir si je dois plutôt désirer ses faveurs que les craindre; car ne me semblant pas être honnête de rien emprunter de personne qu'on ne puisse rendre avec usure, ce me seroit une grande charge que de me sentir redevable au public. Et enfin pour les esprits malins dont vous parlez, je crois qu'il y en a eu autant ou plus aux autres siècles qu'en celui-ci ; et les comparant aux mouches ou aux oiseaux qui ne choisissent que les meilleurs fruits pour les picoter, je suis d'autant plus satisfait de mes essais, que je les vois être plus attaqués par eux. Mais je ne laisse pas d'avoir beaucoup à vous remercier de l'heur que vous me souhaitez, comme aussi de la peine que vous avez prise de m'écrire, et je suis, etc.

A M. MORIN.

(Lettre 60.)

Monsieur,

J'aurois usé de la permission que vous m'avez fait la faveur de me donner de faire imprimer ma réponse à vos objections avant que vous l'eussiez vue, si j'en avois autant hâté l'impression que je m'étois proposé de faire quand je les reçus ; mais ayant eu depuis quelque autre considération qui m'empêche de rien publier sitôt, je croirois manquer à mon devoir si je différois plus long-temps à vous l'envoyer; c'est pourquoi je la mets ici entre vos mains, et vous supplie, s'il y a quelque chose qui ne soit pas à votre gré, ou bien qui requière plus ample explication, de me faire la faveur de m'en avertir, et je tâcherai en tout de vous témoigner que je suis, etc.

RÉPLIQUE DE M. MORIN

A LA RÉPONSE DE M. DESCARTES.

(Lettre 61 du tome I.)

Monsieur,

J'ai lu vos réponses à mes objections sur votre nouvelle doctrine de la lumière, avec toute l'attention qu'il m'a été possible, tant pour le mérite du sujet, que pour rendre l'honneur qui est dû à tout ce qui part de votre esprit, le plus subtil et le plus fécond qu'aucun autre de ce siècle. Mais je remarque d'abord que vous êtes marri que je n'aie pas pris un autre sujet que celui de la lumière pour former des objections, vu que vous n'avez point eu dessein de traiter encore cette matière et vous en ouvrir au public, et, ne voulant point contrevenir à cette résolution, vous dites que vous ne pourrez si parfaitement me satisfaire que vous eussiez désiré. Sur quoi je vous réponds que j'ai choisi ce sujet pour trois raisons : la première, parceque j'étois occupé sur la même spéculation à cause de mon *Astrologia gallica*, où ayant à traiter *de modis agendi corporum cœlestium in hæc inferiora*, je me vois obligé à bien déterminer ce que c'est que la lumière, comme elle agit, et quels effets elle produit ; la seconde, parceque votre opinion de la lumière étant grandement nouvelle, et ce que vous en avez dit en plusieurs endroits de vos livres étant suffisant pour émouvoir des difficultés et des objections, j'ai désiré d'être mieux éclairci de vous sur cette matière, sur laquelle je travaillois ; et la troisième, parceque j'ai reconnu que la lumière et sa matière subtile étoient deux des principaux fondements de votre physique : c'est pourquoi j'ai voulu, par mes objections, éprouver la fermeté de ses fondements. Or, si je ne suis pas entièrement satisfait par vos réponses, je vous prie de croire que je n'en estime de rien moins ni votre doctrine ni votre esprit, qui me sont d'ailleurs suffisamment connus pour les révérer. Vous parlerez plus ouvertement quand il vous plaira ; on auroit mauvaise grâce de vouloir vous y forcer ; c'est une obligation publique, laquelle il faut attendre avec vœux, prières et patience. Outre le désir que j'ai eu d'apprendre de vous, j'ai vu que les choses physiques souffrent bien plus de difficultés que les mathématiques; ce que vous-même reconnoissant avez invité les hommes savants à vous faire des objections, à dessein, comme je crois, de mieux reconnoître par l'épreuve la force de vos principes et de vos raisonnements, afin de les mieux établir contre toutes sortes d'attaques. Comme donc j'ai ci-devant contribué de mon petit pouvoir à vos louables intentions, aussi je continue encore à présent dans la même dévotion, par quelques répliques à vos réponses, ainsi que par votre lettre vous m'avez témoigné le désirer.

Et afin de couper court, laissant à part tout préambule et même vos réponses à mes trois premières objections du premier ordre, je commencerai par votre réponse à la quatrième.

Sur le IVe article. « Outre qu'il faut remar-
»quer, etc. »

Réplique. Que le mot *action* signifie proprement *inclination à se mouvoir*, difficilement trouverez-vous quelqu'un qui vous l'accorde; mais que l'inclination à se mouvoir soit un mouvement actuel (ce qui étoit le fort de mon argument), personne ne vous l'accordera, aussi diffèrent-ils comme la puissance et l'acte.

Sur le Ve. « Lorsqu'on dit qu'un tel a fait cela comme savant, etc. »

Réplique. Les difficultés physiques se peuvent rarement vider par des comparaisons; il y a presque toujours de la différence, ou de l'ambiguïté, ou de l'*obscurum per obscurius*. Quand on dit que quelqu'un tient un tel rang dans les états comme baron d'un tel lieu, le mot *comme* signifie *en tant que*, et partant suppose que tel est baron; mais quand on dit d'un gouverneur qu'il est comme roi dans son gouvernement, le mot *comme* ne signifie pas qu'il soit roi. Or, en votre page 256, le mot *comme* sera plutôt pris en cette seconde sorte qu'en la première.

Sur le VIe. « La lumière, c'est-à-dire *lux*, etc. »

Réplique. Que *lux* soit, selon votre réponse le mouvement dans les corps lumineux, et *lumen* le mouvement dans les corps transparents, et *lux* première que *lumen*, comme la cause est première que l'effet, néanmoins, pour ne point abuser du mot de *mouvement* et n'en pas faire une équivoque, il faut en tout mouvement admettre quatre choses; à savoir, le mobile, le moteur, le mouvement, et la force acquise par le mouvement, qui est la dernière des quatre, et qui ne peut être que *lux* dans les corps lumineux: d'où s'ensuit que formellement elle n'est aucune des trois autres; aussi confessez-vous ne point dire absolument qu'elle est le mouvement : ce qui satisfait à mon objection, que l'essence de la lumière ne consiste pas dans le mouvement.

Sur le VIIe. « Mais il peut bien être transmis, etc. »

Réplique. Je l'accorde, mais non pas sans le mouvement local de quelque mobile ; aussi ne le niez-vous pas dans votre réponse : et tant en la page 272 des Météores, qu'en votre réponse à mes objections, nombre 10 et 12, vous confessez que les corps lumineux poussent la matière subtile en ligne droite, ce qui ne se peut faire sans le mouvement local de cette matière en ligne droite vers nos yeux, qui étoit ce que je prétendois. Au reste, je ne vois pas sur ma copie que j'aie dit que le mobile qui est dans les corps lumineux n'est autre chose, selon vous, que la matière subtile ; j'attends que vous nous l'enseigniez.

Sur le VIIIe et IXe article.

Réplique. Nous aurons donc patience, attendant la solution de ces deux objections, jusques à ce que vous donniez au public ce que vous vous réservez encore.

Sur le Xe. « Car chaque corps, etc. »

Réplique. Donnez donc autant de mouvements à la matière subtile qu'il vous plaira, quand vous aurez prouvé qu'elle est, et ensuite donnez les causes et les effets de chaque mouvement.

Sur le XI°. « J'avoue bien que cette matière sub-
« tile, etc. »

Réplique. Vous nous dites ici une chose laquelle je ne sais comme vous prouverez quand il vous plaira de faire; car si un corps est dit lumineux de cela seul (*quod notandum*) qu'il donne à la matière subtile le mouvement ou l'action qui est requise pour causer en nous le sentiment de la lumière, il s'en ensuivra deux choses qui paroissent entièrement contraires à la raison: la première, que le sentiment de la lumière sera premier que les corps lumineux; la seconde, qu'il n'y auroit point de corps lumineux au monde s'il n'y avoit point d'animal pour voir la lumière ou pour la sentir.

Sur le XII°. « Où le mot *seulement* est de
« trop, etc. »

Réplique. J'ai eu raison d'ajouter le mot *seulement*, parceque vous ne faites mention que de deux mouvements de la matière subtile, l'un en rond et l'autre en ligne droite; si vous lui en donnez encore d'autres, ce sera à vous à les prouver, ensemble leurs causes et leurs effets. Mais donnez-lui tant de mouvement que vous voudrez, la question est de savoir si la matière subtile a ces deux mouvements ensemble, à savoir, çà et là de sa nature, et en ligne droite par les corps lumineux, qui étoit le but de mon objection, à quoi vous ne répondez point.

Sur le XIIIe. « En l'endroit que vous dites, je ne « parle nullement, etc. »

Réplique. Votre texte vous condamnera devant tous; car en la page 256 des Météores, parlant des petites boules de la matière subtile qui roulent, vous dites : J'ai connu que ces boules peuvent rouler en diverses façons, leur donnant le mouvement en rond et en ligne droite. Et, pour vous expliquer en la page 257, sans quitter les petites boules de la matière subtile, vous dites : Pour mieux entendre ceci, pensez que la boule 1234 est poussée, sans parler de boules de bois ou autre matière, ni là, ni ailleurs. Joint que ce seroit chose superflue de supposer que les boules de votre figure fussent de bois, pour expliquer les mouvements des boules de la matière subtile, vu qu'ils se peuvent pour le moins aussi bien expliquer, supposant les boules de la figure être les boules mêmes de la matière subtile.

Après avoir répliqué au premier ordre d'objections qui contenoit les difficultés qui me paroissent en votre doctrine, pour la contrariété qu'elle semble avoir, je viens maintenant au second ordre, qui est celui de mes propres objections.

Sur le premier article. « Car pour la matière, vous le fondez, etc. »

Réplique. Quand vous dites, en la page 4 de la Dioptrique, que la lumière n'est autre chose dans les corps qu'on nomme lumineux qu'un certain mouvement, etc.; et, en la page 122, que la lumière n'est autre chose dans les corps transparents que l'action, etc., vous devez avoir donné les définitions vraies de *lux* et de *lumen*, ou bien *lux* et *lumen* seroient quelque autre chose que ce que vous avez dit dans les susdites pages, et ainsi vous vous contrediriez. Or, si à présent vous dites que vous n'avez pas eu intention d'en donner aucune définition, donc vous n'avez pas vraiment dit ce que c'est, car il n'y a que la définition qui le puisse; et partant *lux* et *lumen* sont autre chose que ce que vous avez dit, ce qui est toujours une contradiction.

« Puis, pour la forme, etc. » L'antécédent que vous ne voyez point est bien évident en mon texte, par ces mots, *duquel il est la cause efficiente;* car, ne pouvant y avoir de mouvement sans moteur, qui en est la cause efficiente, et le moteur, selon vous-même, étant le soleil, de cet antécédent je conclus que le soleil est premier que le mouvement, car toute cause efficiente est première que son action ou motion : et enfin vous êtes contraint de l'accorder; mais seulement dites-vous comme l'homme est premier que sa raison. Sur quoi je vous réplique que, si vous prenez la raison pour une partie essentielle de l'homme et qui lui donne l'être d'homme, il est certain que l'homme n'est pas premier que sa raison ; mais si vous prenez la raison pour l'action ou l'usage que fait l'homme de sa raison, l'homme est premier que sa raison, et la raison en ce sens ne fait pas l'homme raisonnable, mais le suppose tel. Tout de même donc, pour ne pas changer votre comparaison, si *lux* n'est autre chose que l'action du soleil, ou le soleil de sa nature n'a point de lumière, ou sa lumière n'est pas formellement l'action du soleil.

« Mais pour nous accorder, etc. » Bien qu'il semble ici que vous leviez un peu le masque, si confessé-je que je ne vous puis encore bien reconnoître. Car vous et moi demeurons d'accord qu'il y a de la lumière dans le soleil, et nous ne pouvons différer qu'en sa définition, ou à dire au vrai ce que c'est que la lumière en son essence et en sa nature ; et néanmoins vous dites, je n'ai ni défini ni même parlé en aucune façon de ce je ne sais quoi que vous nommez peut-être du nom de lumière, et que vous supposez dans le soleil outre son mouvement et son action. Mais je vous réponds que je ne suppose point dans le soleil d'autre lumière que celle qui y est, et je crois que vous en faites de même : tellement qu'il faut toujours retomber sur le premier et principal différent, à savoir, ce que c'est que cette lumière ; et, puisque vous dites ne l'avoir défini, ni eu l'intention de la définir, donc, quand vous avez dit, la lumière dans les corps lumineux et transparents n'est autre chose que, etc., vous n'avez pas dit au vrai ce qu'elle est, et je ne pense pas que vous la puissiez définir par ces mots d'action ou de mouvement, tant pour les raisons ci-devant déduites, qu'à cause que la lumière, bien qu'elle ne soit pas un être plus réel que l'action ou le mouvement, si est-ce qu'elle est un être plus actuel et absolu, vu que l'action et le mouvement tiennent de la puissance et de la relation, mais non pas la lumière, comme j'ai déjà dit. Finalement le soleil n'agit pas par son essence, car cela ne convient qu'à Dieu seul : donc il agit par quelque qualité ou faculté, et partant puisque le soleil illumine, qui est une action, donc c'est par sa faculté d'illuminer, laquelle n'est autre que sa lumière ; donc la lumière n'est pas l'action, mais la puissance ou faculté d'agir, et par conséquent elle est première que l'action. Et, m'arrêtant là, je ne passe point plus outre à vous demander quelle est cette action ou mouvement du soleil que vous appelez *lucem*, si c'est un mouvement rectiligne ou circulaire, etc., et comment il est produit par le soleil, qui sont des cas à vous réservés : mais vous voyez bien les difficultés qu'il y aura à combattre.

Sur le II*. « *Nego consequentiam :* tout de même qu'en l'article précédent. »

Réplique. *Probatur consequentia :* tout de même qu'en l'article précédent.

Sur le III*. « Il faut de nécessité que la lumière, etc. »

Réplique. J'accepte votre division de la lumière, *in lucem* pour les corps lumineux, et *lumen* pour les corps transparents ; et aussi ce que vous accordez, que *lux sit causa luminis.* Mais en ce que, pour renverser ce que je vous objecte d'une étincelle de feu, vous me répondez seulement par des comparaisons, je vous ai déjà averti que rarement elles sont propres à bien terminer une difficulté. Et, en effet, comme tant les gouttes de vin qui sont au bas de la cuve que celles qui sont au haut tendent toutes à sortir par le trou et s'y meuvent d'elles-mêmes par leur propre pesanteur en même instant sans aucun moteur externe, de même aussi la goutte d'eau ajoutée de surcroît au tuyau ABC ne fait que rompre l'équilibre de la première eau : quoi fait, la pesanteur de l'agrégé de l'eau, favorisée de la fluidité, remue toute cette eau pour la remettre en équilibre, et partant le mouvement est toujours causé par un principe interne, avec inclination du mobile, et non par un moteur, ou cause efficiente externe. Mais toute la matière subtile contenue en une sphère de cinquante lieues de demi-diamètre n'a de soi aucun mouvement vers l'œil, et doit être mue par une cause externe, à savoir, par la lumière de l'étincelle. Voilà donc bien de la différence en ces comparaisons: d'où je conclurai toujours que la matière subtile n'étant pas dure comme un bâton ni encline à se mouvoir à droite plutôt qu'à gauche, il ne s'ensuit pas que la plus proche du corps lumineux étant mue localement en ligne droite, la plus éloignée le soit aussi et en même instant. Quant à ce que vous dites, que ce n'est qu'une maxime fondée sur la préoccupation de nos sens, d'assurer que toute matière a résistance au mouvement local, je vous réplique que, pour l'eau et l'air dont nous parlons, cela est aussi notoire que le nager des poissons et le vol des oiseaux, qui ne se pourroient faire sans cette résistance. Et pour votre matière subtile, laquelle vous faites plus fluide incomparablement que l'air, et sans résistance au mouvement local, lorsque vous aurez prouvé qu'elle est, et telle que vous dites, et même qu'elle peut être mue, l'air qui la contient demeurant immobile, j'avouerai, nonobstant tout ce qu'on pourroit m'objecter, que si le mobile n'a point de résistance au mouvement, il ne faut point de force pour le moteur.

Sur le IVe. «Je ne vois rien, etc. »

Réplique. Et je ne vois point aussi le différent

entre nous sur cet article, sinon que je veux que *lux* soit une qualité du soleil, et vous voulez que ce soit un mouvement, à quoi j'ai répondu ci-dessus.

Sur le Ve. « Je ne trouve ici qu'une équivoque, etc. »

Réplique. A la vérité vous faites la nature de la transparence grandement équivoque, l'établissant d'un côté à avoir des pores, et de l'autre à remplir les pores. Mais quand vous dites que l'air est transparent, en tant qu'il a des pores, puisque avoir des pores n'est qu'un accident à l'air, donc il ne sera transparent que par accident et non de soi ; donc de soi il sera opaque : car tout corps est de soi ou lumineux, ou transparent, ou opaque ; et l'air n'étant de soi ni lumineux ni transparent, il sera donc opaque. Et le même se prouve encore ainsi : chacune des parties substantielles de l'air qui bornent les pores n'ont pas d'autres pores, autrement tout l'air ne seroit que pores sans substance ; donc aucune de ses parties, c'est-à-dire toute la substance de l'air, ne sera point transparente de sa nature, donc opaque. Tout de même, si la matière subtile est transparente, selon vous, en tant qu'elle est dans les pores de l'air, puisque cela ne lui est qu'un accident local, donc elle ne sera point de soi transparente ; donc elle sera opaque comme dessus. Or, l'air étant opaque de sa nature, et ses pores remplis d'une matière aussi opaque, tout le composé ne peut être qu'opaque, et partant incapable de transmettre la lumière des corps lumineux.

« Et je ne dis en aucun lieu. »

J'ai dit que la matière subtile devroit en l'ordre de l'univers avoir sa propre sphère comme l'air et l'eau, qui, bien qu'ils s'insinuent dans les pores de la terre, ne laissent pas d'avoir leur propre sphère au-dessus de la terre. A quoi vous ne répondez point, et mettez seulement cette matière dans les pores des autres corps, peut-être pour éviter qu'elle ne nous empêchât la lumière, si vous lui donniez une propre sphère où elle fût pure, puisque, comme j'ai remarqué ci-dessus, selon vous, elle n'est transparente qu'en tant qu'elle est dans les pores de l'air, de l'eau, etc.

Sur le VI*. « Vous imaginez toujours des contrariétés, etc. »

RÉPLIQUE. J'ai répondu ci-dessus à ce que vous dites des boules de bois, et ne serai pas seul à reconnoître la contrariété que j'ai alléguée. Or je vois par votre réponse que la matière subtile s'étend depuis le soleil jusques à l'œil, et que son action ou mouvement commence au soleil, et que bien que ce mouvement ne se puisse faire en un instant, néanmoins il peut être transmis en un instant. A quoi je vous réponds que je l'accorderais, si la matière subtile contenue entre le soleil et l'œil étoit dure et continue comme un bâton ; mais elle n'est pas dure selon vous, ni même continue ou contiguë en toutes ses parties : car bien que les boules 1, 2, 3[1] soient contiguës, néanmoins les boules 4, 2, 5 ne le sont pas ; et partant si le rayon tend de 4 à 5, le mouvement sera interrompu ou ne sera pas rectiligne, mais se continuera par les boules contiguës. Or, si chaque boule meut sa contiguë, et que tel mouvement suffise pour le sentiment de la lumière, on pourra voir le soleil en pleine nuit, vu même que vous supposez la matière subtile sans résistance au mouvement.

Sur le VIIe. « Ce que vous objectez, etc. »

Réplique. Ici vous avancez tant de nouvelles difficultés, au moins pour mon esprit, qui ne voit pas vos fondements, que ce seroit tirer en l'air que de m'amuser à y répondre. Seulement, pour ce qui est du vin et des grappes de la cuve, je vous dirai toujours comme devant, que le vin a inclination naturelle à descendre vers les trous sans y être mû par une cause externe ; mais que la matière subtile n'a de soi aucun mouvement rectiligne à droite plutôt qu'à gauche, et qu'elle le doit prendre de la cause la plus forte. Vous tenez que la lumière d'une étincelle soit plus forte qu'un grand vent pour cet effet ; et moi je tiens le con-

[1] Figure 43.

traire, puisque vous voulez que le mouvement de la matière soit réel et local, lorsque vous dites que la matière subtile entre de l'air dans le verre et en sort.

Sur le VIIIe. « La cause qui empêche le verre, etc. »

RÉPLIQUE. Pardonnez-moi, s'il vous plaît; vous ne répondez pas à ma difficulté, laquelle n'a point égard à l'impureté du verre, mais seulement à ses pores. Car je dis que la matière subtile rencontre les mêmes pores en la superficie du verre épais d'une ligne, qu'elle rencontreroit en la même superficie si le verre étoit épais de dix pieds, et que, selon vous, les pores étant droits et unis, et la matière subtile y coulant sans obstacle, il doit passer autant de matière subtile à travers l'épaisseur de dix pieds de verre, qu'à travers l'épaisseur d'une ligne, et par conséquent autant de lumière, ce qui néanmoins est contre l'expérience.

« Mais celle de vos objections qui est à mon avis la principale, etc. »

RÉPLIQUE. Je ne vois point que votre réponse y satisfasse, pour deux raisons : la première, parceque, tenant des balles ou des pommes encloses dans un rets (qui est votre comparaison), les espaces vides qui se trouvent entre les pommes ou les balles sont fort grands, et de plus le sable que vous supposez être jeté sur ces pommes étant très délié et pesant, il passe librement à travers, coulant en bas par sa subtilité et pesanteur d'un espace en l'autre sans être arrêté. Mais si ce sable étoit jeté sur un boisseau de millet, il n'entreroit pas un demi-doigt d'épais dans ce millet, bien qu'un grain de ce sable ne soit pas la centième partie d'un grain de millet. La seconde, parceque, encore qu'on ne prenne point le mot *droit* plus à la rigueur que vous le prenez en la page 8, ligne 2, toujours n'y trouverez-vous pas votre compte ; car voici ce que vous dites un peu plus bas en cette page, ligne 17 : Au reste, ces rayons doivent être ainsi toujours imaginés exactement droits, lorsqu'ils ne passent que par un seul corps transparent qui est partout égal à soi-même ; mais lorsqu'ils rencontrent quelques autres corps, ils sont sujets d'être détournés par eux. Sur quoi je dis que nous pouvons supposer un verre ou cristal si pur, qu'il soit partout égal à lui-même, ou bien quelque partie de l'éther ou de l'air très pur. Et sur cette hypothèse, laquelle ne se peut refuser, les pores, selon vous, seront exactement droits, et par conséquent ma conclusion tiendra, à savoir qu'ils ne pourront être droits en tous sens, ou qu'il n'y aura rien de solide dans le verre, dans l'air ou dans l'éther. C'est pourquoi il me semble que cette seule objection détruit entièrement l'hypothèse de la matière subtile et de ses pores, bien que la suivante ne lui soit guère plus favorable.

Sur le IX°. « La coutume qu'on a de remar-
« quer, etc. »

Réplique. Bien qu'il semble que par les trous
de divers tuyaux en la boule AGB on se peut sauver de mon objection, parceque la matière qui est
au centre E est liquide et divisible en parties, néanmoins il y a une certaine partie d'icelle laquelle
est en telle égalité au respect des trois tuyaux AC,
BD, FG, et des trois souffleurs que je suppose souf-
fler également par les trous A, B, F, qu'il n'y aura
aucune raison qu'elle soit plus divisée étant poussée également par chaque tuyau, ni qu'elle soit mue
plutôt vers D que vers G ou vers C. Mais pour vider la difficulté plus clairement, ne supposons
qu'un seul tuyau AC et deux souffleurs égaux, l'un
en A et l'autre en C, il est certain que la matière
centrale E ne bougera de sa place, ou qu'en même
temps elle sera en divers lieux; et néanmoins si
A et C étoient deux corps lucides, C devroit pousser
E vers A, et A le devroit aussi en même instant
pousser vers C, selon votre doctrine : car si en A
et C étoient appliqués deux yeux de deux chats
qui sont lucides, l'œil C verroit l'œil A, et l'œil
A verroit l'œil C en même instant; et par conséquent la même matière subtile seroit mue en même
instant vers deux côtés opposés, ce que toutefois
vous confessez impossible par votre réponse.

Je pourrois encore vous proposer plusieurs autres belles difficultés sur ce sujet, lesquelles répugnent grandement, ce me semble, à l'hypothèse de la matière subtile : mais en voilà assez pour moi, jusques à ce que votre lumière me paroisse plus claire; peut-être que d'autres vous les proposeront; et tout cela ne peut que servir à la perfection de votre dessein, et à bien établir les principes de votre nouvelle physique. Au reste, je plains grandement le temps que vous avez employé à répondre à toutes mes objections; ni elles ni leur auteur ne méritoient pas cet honneur d'une personne de si grand mérite que vous, c'est pourquoi je serois bien marri d'en plus abuser, et vous importuner d'une seconde réponse à mes répliques, mon dessein n'ayant été que de servir, par ma déroute, à un plus grand éclaircissement de votre doctrine de la lumière. Si donc vous êtes en dessein de faire imprimer votre réponse à mes objections, usez-en tout ainsi qu'il vous plaira. Vous ne manquez ni d'esprit ni de courage pour reconnoître celles qui sont les plus fortes, et pour les attaquer même jusques dans les retranchements qu'elles se sont faits dans mes répliques; d'où, si vous les pouvez débusquer, je serai le premier à m'en réjouir, vous désirant une victoire qui me rende vainqueur de mon ignorance, et qui m'oblige ainsi à confirmer les vœux que je fais, d'être toute ma vie, etc.

J'ai oublié à vous dire que je pense avoir découvert, par hasard, votre matière subtile, et son mouvement par le trou et la fente d'une fenêtre exposée au soleil, à l'entour desquels se fait un certain bouillonnement lumineux d'air, où vous voyez voltiger une matière subtile : mais je crois pouvoir rendre bonne raison de cet effet par mes hypothèses de la lumière, et que cela n'arriveroit pas en un air pur. Je suis, etc.

RÉPONSE DE M. DESCARTES

A LA RÉPLIQUE DE M. MORIN[1].

(Lettre 62 du tome I.)

Monsieur,

Vos intentions paroissent si justes, et votre courtoisie si grande, que je pense être obligé de faire mon mieux pour satisfaire à tout ce qu'il vous a plu derechef me proposer.

VI. Vous commencez par le quatrième article de mes réponses, où je ne nie pas que le mot *d'action* ne se prenne pour le mouvement; mais je dis que sa signification est plus générale, et qu'il se prend

[1] 15 septembre 1638. Voyez le gros cahier.

aussi pour l'inclination à se mouvoir : car, par exemple, si deux aveugles, tenant un même bâton, le poussent également, si également l'un à l'encontre de l'autre, que ce bâton ne se meuve point du tout, et aussitôt après qu'ils le tirent si également qu'ils ne le remuent non plus qu'auparavant; et ainsi que l'un faisant divers efforts, l'autre en fasse en même temps de contraires qui leur soient si justement égaux que le bâton demeure toujours immobile; il est certain que chacun de ces aveugles, par cela seul que ce bâton est sans mouvement, peut sentir que l'autre aveugle le pousse ou le tire avec pareille force que lui; et ce qu'il sent ainsi en ce bâton, à savoir, sa privation de mouvement en tels et tels divers cas, se peut nommer les diverses actions qui sont imprimées en lui, par les divers efforts de l'autre aveugle; car lorsque ce dernier le tire, il ne fait pas sentir au premier la même action que lorsqu'il le pousse, etc.

V. Encore que le mot de *comme* pût être pris en quelque autre sens, on ne doit pas, ce me semble, me refuser de l'entendre au sens que j'ai expliqué, car il est entièrement selon l'usage.

VI. Le mobile dans les corps lumineux est leur propre matière; le moteur est le même qui meut tous les cieux; le mouvement est l'action par laquelle les parties de cette matière changent de place : mais pour la forme acquise par lui, si ce n'est que vous nommiez ainsi ce changement de place, elle est un être philosophique qui m'est inconnu.

VII. Un corps en peut bien pousser un autre en ligne droite, sans se mouvoir pour cela en ligne droite, comme on voit qu'une pierre qui tourne en rond dans une fronde pousse le milieu de cette fronde, et par même moyen tire la corde suivant des lignes droites qui tendent de tous côtés du centre de son mouvement vers sa circonférence. Or, afin que je me déclare un peu davantage que je n'ai ci-devant voulu faire, je vous dirai que pour la lumière du soleil je ne conçois autre chose sinon qu'il est composé d'une matière très fluide, laquelle tourne continuellement en rond autour de son centre avec une très grande vitesse, au moyen de quoi elle presse de tous côtés la matière dont le ciel est composé, laquelle n'est autre chose que cette matière subtile qui s'étend sans interruption depuis les astres jusques à nos yeux; et ainsi par son entremise nous fait sentir cette pression du soleil, qui s'appelle lumière : ce qui doit, ce me semble, faire cesser la plupart des difficultés que vous proposez. Je sais bien que vous en pouvez tirer derechef plusieurs autres de ceci, mais j'aurois aussi plusieurs réponses à y faire, qui sont déjà toutes prêtes, et nous n'aurions jamais achevé si je n'expliquois toute ma physique.

VIII, IX et X. Je n'ai besoin, pour prouver l'existence de cette matière, que de faire considérer qu'il y a des pores en tous les corps sensibles, ou du moins en plusieurs, comme on voit à l'œil dans le bois, dans le cuir, dans le papier, etc.; et que ces pores étant si étroits que l'air ne les peut pénétrer, ils ne doivent pas pour cela être vides, d'où il suit qu'ils doivent être remplis d'une matière plus subtile que n'est celle dont ces corps sont composés; à savoir de celle dont je parle. Et pour les divers mouvements de cette matière subtile, ils se démontrent assez par ceux des corps dans les pores desquels elle passe; car étant très fluide comme elle est, il faudroit des miracles pour empêcher qu'elle ne se mût en toutes les diverses façons qu'elle peut être poussée par eux.

XI. Vous pourriez ainsi objecter à ceux qui disent que le son n'est autre chose hors de nous qu'un certain tremblement d'air qui frappe nos oreilles, que ce sentiment du son est donc premier que les corps sonnants, et qu'il n'y auroit point de tels corps au monde s'il n'y avoit point d'animal pour ouïr les sons, etc. Et il me suffit de répondre que les corps lumineux ont en eux tout ce pourquoi on les nomme lumineux, c'est-à-dire tout ce qu'ils doivent avoir pour nous faire sentir la lumière, avant qu'ils nous la fassent sentir; et qu'ils ne laisseroient pas d'avoir en eux la même chose, encore qu'il n'y eût point d'animal au monde qui eût des yeux.

XII. Le mouvement, ou plutôt l'inclination à se mouvoir en ligne droite, que j'attribue à la matière subtile, se prouve assez par cela seul que les rayons de la lumière s'étendent en ligne droite; et je démontre son mouvement circulaire en la page 257 avec les suivantes; et enfin les autres suivent tous de cela seul qu'elle est très fluide.

XIII. Il me semble que mon texte montre bien clairement qu'en la page 258, par les boules que j'y fais entrer dans l'eau, et être détournées par la résistance de cette eau suivant l'ordre des chiffres 1, 2, 3, 4, j'entends parler de boules qui sont de quelque matière sensible, et non point des petites parties de la matière subtile; car en ce même lieu, page 258, je les fais tourner tout au rebours, en disant que lorsque les boules q et R vont plus vite que les autres, cela explique l'action du rayon DF, etc. Et j'ai dû me servir de ces boules sensibles, pour expliquer leur tournoiement, plutôt que des parties de la matière subtile qui sont insensibles, afin de soumettre mes raisons à l'examen des sens, ainsi que je tâche toujours de faire.

Je passe ici aux articles de second ordre.

I et II. Je puis bien avoir donné diverses descriptions ou explications de la lumière qui soient vraies, sans en avoir donné pour cela aucune exacte définition au sens de l'école, *per genus et differentiam*, qui est ce que je dis n'avoir point eu dessein de faire, afin d'éviter par ce moyen les difficultés superflues qui en pouvoient naître, auxquelles sont fort semblables celles qui suivent; car de dire que si *lux* n'est autre chose que l'action du soleil, il n'a donc point de lumière de sa nature; et que la lumière est un être plus actuel et plus absolu que le mouvement; et qu'il n'y a que Dieu seul qui agisse par son essence, etc., c'est former des difficultés en paroles où il n'y en a point du tout en effet : non plus que si je disois qu'une horloge à roues ne montre les heures que par le mouvement de son aiguille, et que sa qualité de montrer les heures n'est point un être plus actuel et plus absolu que son mouvement, et que ce mouvement est en elle de sa nature et de son essence, à cause qu'elle cesseroit d'être horloge si elle ne l'avoit point, etc. Je sais bien que vous direz que la forme de cette horloge n'est qu'artificielle, au lieu que celle du soleil est naturelle et substantielle; mais je réponds que cette distinction ne regarde que la cause de ces formes, et non point du tout leur nature, ou du moins que cette forme substantielle du soleil, en tant qu'elle diffère des qualités qui se trouvent en sa matière, est derechef un être philosophique qui m'est inconnu.

III. Il est vrai que les comparaisons dont on a

coutume d'user dans l'école, expliquant les choses intellectuelles par les corporelles, les substances par les accidents, ou du moins une qualité par une autre d'une autre espèce, n'instruisent que fort peu ; mais pourceque en celles dont je me sers, je ne compare que des mouvements à d'autres mouvements, ou des figures à d'autres figures, etc., c'est-à-dire que des choses qui, à cause de leur petitesse, ne peuvent tomber sous nos sens à d'autres qui y tombent, et qui d'ailleurs ne diffèrent pas davantage d'elles qu'un grand cercle diffère d'un petit cercle, je prétends qu'elles sont le moyen le plus propre pour expliquer la vérité des questions physiques que l'esprit humain puisse avoir; jusques là que lorsqu'on assure quelque chose touchant la nature, qui ne peut être expliquée par aucune telle comparaison, je pense savoir, par démonstration, qu'elle est fausse. Et pour la comparaison d'un tuyau recourbé que j'ai mise ici, je prétends qu'elle montre très clairement qu'une puissance fort petite est suffisante pour mouvoir une fort grande quantité d'une matière qui est très fluide; car la pesanteur de l'eau contenue en ce tuyau ne sert point du tout pour la mouvoir, vu qu'elle ne pèse point davantage d'un côté que d'autre. Et afin qu'on n'en puisse douter, faisons que ce tuyau ABC[1] soit courbé

[1] Figure 44.

en rond tout autour de la terre D), en sorte qu'aucune de ses parties ne soit plus haute que l'autre, excepté seulement un peu aux deux bouts, en autant d'espace qu'il en faut pour contenir tant soit peu d'eau; car lors, en versant une seule goutte en l'un de ces bouts, cela suffira pour mouvoir toute celle qui est dans ce tuyau, nonobstant qu'elle ne soit d'ailleurs pas plus enclinée à se remuer d'un côté que d'autre, et qu'elle soit en aussi grande quantité qu'est la matière subtile que meut une étincelle. Au reste, le nager des poissons et le vol des oiseaux ne prouve point qu'aucune matière ait de soi résistance au mouvement local, mais seulement que les parties de l'eau et de l'air se tiennent en quelque façon les unes aux autres, et ne peuvent être séparées fort promptement sans une force assez notable.

IV et V. Il importe fort peu de penser que l'air soit transparent par sa nature ou par accident; et, à ce propos, je vous dirai qu'une personne digne de foi m'a dit avoir vu de l'air tellement pressé et condensé dans un tuyau de verre, qu'il y étoit devenu opaque. Pour la matière subtile, quand je dis que le mot de transparent s'attribue à elle, en tant qu'elle est dans les pores de l'air et des autres tels corps, je ne dis pas pour cela qu'il ne se peut attribuer aussi à elle lorsqu'elle est toute pure, car, au contraire, il est très évident qu'elle doit être d'autant plus transparente qu'elle est plus pure, et il me semble que vous argumentez ici tout de même que si de ce que j'aurois dit que le roi a de grands revenus en tant qu'il est duc de Bretagne, vous en tiriez cette conséquence, que s'il n'étoit point duc de Bretagne il n'auroit donc aucun revenu. Puis, à cause que vous dites que je n'ai peut-être point attribué de sphère particulière à cette matière subtile, de peur qu'elle ne nous empêchât la lumière, je vous demande si, après avoir dit qu'elle s'étend sans interruption depuis les astres jusques à nous, il est possible de lui attribuer quelque autre lieu où cela fût à craindre, encore même qu'elle fût un corps opaque.

VI. J'ai assez expliqué, dès le commencement de la Dioptrique, page 6, comment un corps fluide peut transmettre une action en un instant, aussi bien qu'un corps dur comme un bâton. Et pour votre instance des boules qui ne sont pas contiguës, je vous dirai qu'il suffit qu'elles se touchent par l'entremise de quelques autres, comme en votre figure celles qui sont marquées 4 et 2 s'entre-touchent par l'entremise de celle qui est marquée 1 et de sa compagne ; et, afin que vous ne doutiez pas que cela ne suffise pour transmettre une action, et même pour la transmettre en ligne droite, voyez ces boules enfermées dans un tuyau[1], ou pressant

[1] Figure 45.

la première marque 1, on presse par même moyen les suivantes 2 et 3, par l'entremise des collatérales 4, 5, 6, et 7, et même l'action dont on les presse s'étend en ligne droite du point 1 vers le point 8, nonobstant que ces boules ne soient pas arrangées en ligne droite. Or, lorsqu'elles ne sont point ainsi contiguës en quelque corps, il ne peut être transparent, et par cela seul vous pouvez entendre pourquoi il y en a plusieurs qui sont opaques. Au reste, ces boules ainsi contiguës ne transmettent la lumière qu'en lignes droites ou équivalentes aux droites, ce qui cause qu'on ne peut voir le soleil en pleine nuit.

VII. Ici vous dites que j'avance beaucoup de nouvelles difficultés; mais pourceque vous n'en désignez aucune en particulier, vous ne donnez point occasion d'y satisfaire.

VIII. Si je n'ai pas ici assez répondu à votre difficulté, en disant que ce sont les seules impuretés du verre qui empêchent qu'il ne soit aussi transparent en une grande épaisseur qu'en une moindre, il n'y a qu'un mot de plus à y ajouter, qui est que je nie qu'il fût moins transparent, s'il n'avoit point du tout d'impuretés, encore même que son épaisseur s'étendît depuis le soleil jusques à nous; et je m'étonne de ce que vous dites que cela est encore contre l'expérience, car il ne se trouva jamais aucun verre sans impuretés. Je m'étonne aussi de ce que vous dites que je n'ai pas satisfait au reste de cet article, à cause, dites-vous, que les espaces qui sont entre des balles ou des pommes sont fort grands en comparaison des grains de sable, etc. : car pourquoi ne voulez-vous pas qu'il puisse y avoir autant d'inégalité entre les parties des corps terrestres et celles de la matière subtile? Pour moi je crois qu'il y en a beaucoup davantage; et puisque vous ne donnez aucune raison pour rendre le contraire plus vraisemblable, je ne vois point pourquoi vous l'alléguez. Je ne vois point aussi que j'aie rien omis, lorsque j'ai cité la page 8, ligne 2, où, disant que les parties du vin ne se peuvent mouvoir exactement en ligne droite, j'ai fait entendre le même des parties de la matière subtile, et j'ai distingué le rayon *materialiter sumptum*, qui ne peut presque jamais être exactement droit, du rayon *formaliter sumptum*, qui ne peut jamais manquer de l'être; mais au lieu de la ligne 2, vous avez pris la ligne 17, et cité des mots où je ne parle que des rayons formels, lesquels je dis devoir être imaginés exactement droits. Au reste, pour faire qu'un corps transparent soit partout aussi égal à soi-même qu'il le sauroit être, on ne doit point supposer que ses parties soient arrangées d'autre façon que comme les pommes ou les balles dont j'avois parlé; et ainsi j'avois, ce me semble, entièrement satisfait à votre objection.

IX. Votre instance de deux hommes qui soufflent à l'encontre l'un de l'autre dans un même tuyau, ou de deux yeux qui se regardent, est, ce me semble, assez expliquée, par ce que j'ai dit au commencement de cet écrit, touchant un bâton qui est poussé par deux aveugles; car il faut, s'il vous plaît, vous souvenir que j'ai fait entendre en divers endroits que l'action ou l'inclination à se mouvoir est suffisante, sans le mouvement, pour nous faire sentir la lumière.

Mais ce que je vois tout au bas de votre lettre, à savoir que vous pensez avoir découvert ce que je prends pour la matière subtile, en voyant voltiger la poussière qui paroît en l'air vis-à-vis de la fente d'une fenêtre exposée au soleil, me fait remarquer que vos pensées et les miennes sont en ceci fort différentes, car les moindres parties de cette poussière sont beaucoup plus grosses que celles de l'air pur, et les moindres de l'air pur sont beaucoup plus grosses que celles que j'attribue à la matière subtile, laquelle je conçois comme une liqueur continue qui remplit tous les espaces que les corps plus grossiers n'occupent point, et non pas comme étant composée de parties déjointes, ainsi que sont celles de cette poussière. Voilà ce que j'ai cru devoir répondre à vos dernières, afin de vous témoigner le désir que j'ai de vous satisfaire, et que je suis, etc.

RÉPLIQUE DE M. MORIN

AUX DEUX RÉPONSES DE M. DESCARTES [1].

(Lettre 63 du tome I.)

Monsieur,

Je ne m'attendois pas à l'honneur que vous m'avez fait d'une seconde réponse, tant parceque je m'étois efforcé de vous divertir de cette peine, que parceque je vois bien que je ne saurois bien voir votre lumière que vous ne l'exposiez bien assise sur tous ses fondements. Et encore que vous vous déclariez un peu davantage que vous n'avez fait ci-devant, par la déclaration que vous m'avez faite de votre conception de la lumière du soleil, toutefois, comme vous dites vous-même, on en peut tirer plusieurs autres difficultés que celles que j'ai touchées jusques ici, dont vous m'écrivez avoir les réponses toutes prêtes, qui ne se peuvent donner qu'en expliquant toute votre physique. C'est donc jusqu'à ce temps-là que je veux réserver mon esprit, sans le plus travailler, ni le vôtre aussi, par des objections tirées en l'air ; néanmoins je ne laisserai pas encore pour ce coup de faire, comme en passant,

[1] « Octobre 1638. »

quelques remarques sur votre réponse à ma dernière, pour votre plus grande précaution.

IV. Bien que le mouvement actuel et l'inclination à se mouvoir diffèrent comme l'acte et la puissance, vous voulez néanmoins que le mot d'*action* soit pris, non seulement pour le mouvement actuel, mais qu'en une signification plus générale et plus étendue il signifie aussi l'inclination à se mouvoir. Or il est certain que, comme la puissance ne se peut étendre jusqu'à être acte (car alors elle ne seroit plus puissance), aussi l'acte ne se peut étendre, ou pour mieux dire rétrécir, jusques à être puissance à soi-même, et l'un est incompatible avec l'autre. Et pour la comparaison que vous apportez de deux aveugles qui tirent et poussent un bâton d'égale force, il est bien vrai que la privation de son mouvement en tels et tels divers cas se peut nommer, comme vous dites, les diverses actions qui sont imprimées en lui par les divers efforts de ces aveugles; mais de là vous ne concluez pas que le mouvement soit l'inclination à se mouvoir qui est le nœud de l'affaire, et je ne vois pas que vous le puissiez conclure par là.

VI. Si le mouvement dans les corps lumineux est l'action par laquelle les parties de leur matière subtile changent de place ainsi que vous dites, donc la lumière dans les corps lumineux, qui est ce mouvement, sera l'action par laquelle les parties de leur matière subtile changent de place, et non autre chose ; sur quoi il y aura bien à contester, si vous n'y pourvoyez en votre Physique.

VIII, IX et X. Si, pour prouver l'existence de votre matière subtile, vous n'avez point d'autre fondement que celui que vous alléguez, à savoir que les pores du bois, du cuir, du papier, etc., étant si étroits que l'air ne les peut pénétrer, ils ne doivent pas pour cela être vides ; d'où il suit qu'ils doivent être remplis d'une matière plus subtile que n'est celle dont ces corps sont composés, à savoir d'une matière subtile, il me semble voir bien clairement qu'elle est très mal fondée : car si l'eau même pénètre toutes ces choses, comme l'on peut aisément reconnoître par le bois flotté, qui est tout mouillé intérieurement au sortir de l'eau, et dont même le sel est entièrement dissous par l'eau qui le pénètre, d'où vient que ses cendres ne valent rien à faire lessive faute de sel, combien plus facilement seront-elles pénétrées par l'air, qui est incomparablement plus subtil et plus fluide que l'eau, et combien clairement se voit-il par là que votre matière subtile est superflue à remplir les pores des corps.

Articles du second ordre.

I et II. Quand, dans votre première réponse, vous disiez n'avoir eu intention de donner aucune définition de la lumière, vous étant contenté d'en donner quelques vraies descriptions ou explications, je croyois que vous ne vouliez point encore publier votre définition de la lumière et que vous la réserviez pour votre Physique; mais disant à présent que vous n'avez point eu dessein d'en donner l'exacte définition par *genre* et *différence*, afin d'éviter les difficultés superflues qui en pourroient naître, on prendra cela à mauvais augure, et vous ne deviez donc point non plus donner vos descriptions ou explications, puisqu'elles ne peuvent manquer à fournir plus de difficultés que ne feroit une exacte définition, qui dit clairement ce que c'est que la chose définie, ainsi que vous pouvez juger par mes objections, sur lesquelles d'autres meilleurs esprits pourront beaucoup enchérir, et au fond votre présente réponse ne touche en rien la contradiction que je vous ai objectée, mais la confirme plutôt.

5. Je m'étonne que vous fassiez tant d'état des comparaisons pour prouver les choses physiques, jusques à dire que lorsqu'on assure quelque chose touchant la nature, qui ne peut être expliqué par aucune comparaison, vous pensez savoir par démonstration que telle chose est fausse, vu qu'en la nature il se peut trouver tant d'effets qui n'ont point de semblables, comme, entre autres, ceux de l'aimant; et si je vous disois ce que je sais des

influences célestes, c'est bien encore toute autre chose, vu qu'elles ne reçoivent en leur manière d'agir autre comparaison que Dieu même. Je ne nie pas qu'on ne puisse presque toujours trouver des comparaisons pour les expliquer tellement quellement, mais il est question de les si bien expliquer, qu'on engendre une science claire de la chose qu'on traite. Et pour celles dont jusques ici vous vous êtes servi avec moi, je ne vois pas qu'elles fassent cet effet ni en moi ni en autrui; même celle que vous prenez ici d'un tuyau plein d'eau et courbé circulairement autour de la terre ne résout du tout point ma difficulté de l'étincelle du feu, non plus que votre précédent tuyau: car au lieu que vous faites les deux bouts A et C fort petits, faites-en un fort grand, pour rendre la chose plus sensible; il est certain que si vous l'emplissez d'eau fermant l'autre bout de peur que l'eau n'en sorte, les deux eaux ne font plus qu'un corps et une pesanteur, et que si vous venez à ouvrir le bout qui étoit fermé, ce corps ne peut plus demeurer en cet état, à savoir partie dans le tuyau, partie dans le grand bout, n'étant pas en son assiette et équilibre à l'entour du centre de la terre. C'est pourquoi tout ce corps, par son interne pesanteur et fluidité, se mouvra pour se remettre en l'équilibre auquel il tend par inclination, et le mouvement commencera aussitôt à un bout de l'eau qu'à l'autre : or tout le même arrive n'y ayant que les deux petits bouts du tuyau A et C. Vous voyez donc que ce tuyau ne résout non plus ma difficulté que le précédent. A quoi j'ajoute que l'étincelle qui meut la matière subtile qui est autour d'elle ne se fait pas un même corps avec elle, et demeure immobile, tandis qu'elle meut effectivement et extrinséquement cette matière subtile ; mais en la comparaison du tuyau l'on voit tout le contraire.

IV et V. Je ne sais pas à qui vous persuaderez qu'il importe fort peu de penser que l'air soit transparent de sa nature ou par accident ; mais je suis fort assuré que cela n'est pas bien connoître la nature de l'air. Et sur ce que, ayant été dit par vous en votre première réponse, que la matière subtile est transparente en tant qu'elle est dans les pores de l'air, je concluois que cela ne lui étant qu'un accident local, elle n'étoit donc pas transparente de soi : vous dites à présent que je conclus tout de même que si de ce que vous auriez dit que le roi a de grands revenus, en tant qu'il est duc de Bretagne, je tirois cette conséquence, que s'il n'étoit point duc de Bretagne, il n'auroit donc point de revenu. Je vous réponds que le revenu du roi lui est un accident divisible et externe, qu'il tire de plusieurs lieux de son état ; mais la transparence est naturelle à la matière subtile, comme vous accordez ici, et par conséquent elle ne la tire d'aucun lieu ou chose externe, comme vous aviez dit en votre première réponse : c'est pourquoi la comparaison cloche fort et contient même le sophisme de la partie au tout, d'où vient que la conséquence est fausse. Mais si j'avois dit Louis XIII est souverain de Bretagne en tant que roi de France, il s'ensuivroit que s'il n'étoit roi de France, il ne seroit point aussi souverain de Bretagne : car ici le mot *en tant que* est accompagné de la dépendance essentielle ou nécessaire qui lui est propre quand il est bien appliqué. Mais pour revenir à notre matière subtile, puisque vous accordez maintenant qu'elle est transparente de sa nature ou en sa pureté, et qu'elle est du nombre des corps qui nous environnent, vu que, selon vous, elle s'étend sans interruption depuis les astres jusques à nos yeux, je conclus qu'elle a donc des pores ou intervalles qui doivent être remplis d'une autre matière plus subtile, et ainsi à l'infini. Et ma conclusion est fondée sur ce que vous dites dans les pages 23, 38 et 122 de votre Dioptrique, et dans la page 159 des Météores, lesquelles vous verrez, s'il vous plaît, et vous trouverez que j'ai raison.

VI. Ici vous mettez, pour votre démonstration, vos petites boules de matière subtile dans un tuyau ABCD; mais en l'air elles ne sont pas resserrées et contraintes comme dans des tuyaux : néanmoins votre tuyau servira à mon dessein. Supposons que BA soit l'horizon, et le soleil en E sous l'horizon, poussant la boule 1, et par le centre des boules 1 et 4, et aussi par ceux des boules 5, 2, 6, tirons des lignes droites qui passent sur l'horizon, il est certain que la boule marquée 1 ne peut être mue vers 8 en ligne droite qu'elle ne meuve celle qui est marquée 4, et celle-ci ne peut être mue qu'elle ne meuve sa contiguë et suivante en la ligne qui passe sur l'horizon; et le même se dira des boules 5, 2, 6. Donc, par ces lignes droites qui passent sur l'horizon, on pourra, selon votre doctrine, voir le soleil qui est sous l'horizon, même en pleine nuit, vu que toutes les boules de chacune de ces lignes sont mues par le soleil jusques à l'œil, et que cela suffit pour le sentiment de la lumière; ou vous serez contraint de réformer les descriptions que vous en avez données.

VIII. Puisque l'opacité vient de la matière, quelque pure qu'elle soit imaginée, il est certain que là où il y aura plus de matière, *cœteris paribus*, là aussi il y aura plus de densité et d'opacité. C'est pourquoi prenez de l'eau et de l'air purifiés en perfection, l'eau sera toujours plus opaque que l'air en égale épaisseur, et doublant l'épaisseur de l'eau, elle sera encore plus opaque en apparence au respect du même air: donc le double de l'épaisseur de l'eau est plus opaque que le simple. Et ainsi en est-il du verre, car le double de l'épaisseur de l'eau ou du verre fera le même effet que le même double réduit au simple par condensation ; mais la densité seroit double, et par conséquent l'opacité double : et l'expérience de ceci se voit dans les essences, huiles et esprits purifiés par la chimie jusqu'à telle perfection, qu'ils ne laissent plus aucunes fèces ou impuretés. Au reste, je ne vois pas que les lignes 2 et 17 de la huitième page de votre Dioptrique parlent de divers rayons, mais seulement du rayon *materialiter sumptum* ; et le formel n'étant qu'imaginaire ne seroit pas propre à vider notre difficulté, car il n'est pas sujet à être détourné par aucune rencontre, étant toujours imaginé droit à travers tous les obstacles.

IX. Vous ayant proposé deux yeux luisants, comme ceux des chats, se regardant par les deux bouts d'un même tuyau, et vous ayant objecté que la matière subtile contenue dans l'air du tuyau ne pouvant être mue plutôt par l'un des yeux lumineux que par l'autre, elle demeuroit immobile, et par conséquent un œil ne pourroit voir l'autre, puisque la vision ne se fait que par le mouvement de la matière subtile vers l'œil qui voit ; vous me répondez ici que l'inclination de la matière subtile à se mouvoir est suffisante, sans le mouvement, pour nous faire sentir la lumière. Et par l'inclination vous n'entendez pas, comme je crois, la simple aptitude à être mue, car cette aptitude est perpétuelle en la matière et indéterminée, mais vous entendez l'impression faite par le moteur lumineux, et reçue dans la matière subtile, laquelle impression incline la matière, et la détermine plutôt d'un côté que d'autre; et voilà qui est fort subtil, puisque chaque œil incline la matière subtile vers son opposé. Mais je vous réponds en premier lieu que, ou la seule inclination de la matière subtile est nécessaire pour nous faire sentir la lumière, et ainsi le mouvement sera superflu, ou que le mouvement est encore nécessaire, et ainsi l'inclination seule ne suffira point ; secondement, que, selon vous, la lumière ne pourroit être vue dans le vide, où il n'y a ni matière subtile ni aucune autre chose, lequel vide, s'il ne se donne en la nature, au moins on le peut imaginer, même au-dessus du premier ciel : or, quand je l'entreprendrai, il me sera fort aisé de prouver que, *dato oculo et corpore luminoso in congrua distantia, non potest non videri lux etiam in vacuo.* Finalement, je vous supplie de croire que je n'ai point fait si pauvre jugement de votre esprit, que de penser que vous ayez pris la poussière ou les atomes qui paroissent aux rayons du soleil dans une chambre close pour la matière subtile dont vous traitez, et que moi-même je ne la prends pas pour telle, comme vous pensez : ma conception est d'un ton plus haut. Vous savez que l'atmosphère ou inférieure région de l'air, qui finit à la hauteur du crépuscule, est plus dense que la supérieure, tant à cause des esprits et vapeurs qui s'élèvent du globe terrestre et se condensent en cette région, qu'à cause que le plus crasse de chaque élément s'efface et subside toujours en bas ; d'où vient que cette région cause les réfractions des astres, et réfléchit la lumière du soleil au crépuscule ; et même que les chimistes, avec le seul tartre calciné, et par d'autres voies, corporifient ou rendent sensible cet air, et en tirent une liqueur visible, qu'ils nomment esprit universel. Et peut-être est-il arrivé quelque chose de semblable à celui que vous dites avoir vu de l'air opaque dans un tuyau. Et vous savez aussi que c'est le propre de la chaleur de raréfier et faire bouillir l'eau : or l'air est encore bien plus susceptible de raréfaction et d'ébullition que n'est l'eau ; c'est pourquoi le soleil par sa chaleur raréfie et fait bouillir l'air, et cette ébullition ou mouvement paroît en la basse région de l'air, principalement en été, à cause qu'elle est plus dense, ainsi même que l'on peut observer sur les charbons qui ne jetteront ni flamme ni fumée. Mais cela ne paroissant qu'en présence de la lumière, j'ai pensé, et peut-être avec raison, que ce mouvement de l'air en présence de la lumière avoit donné lieu à vos conceptions de la matière subtile. Quoi qu'il en soit, je finis mes objections, jusques à ce que votre Physique soit en lumière, et cependant je veux demeurer à perpétuité.

Relisant la présente réponse, j'ai vu qu'il étoit besoin d'y ajouter encore ce qui suit, afin que vous y preniez garde.

XIII. Du premier ordre.

Vous voulez que vos boules de la page 258 des Météores soient des boules de bois ou autre matière, et non des boules de votre matière subtile, comme tout le monde le croira, si vous n'y pourvoyez; et pour votre raison, vous dites que vous avez voulu donner à entendre votre conception par quelque chose de plus sensible que ne sont les boules de la matière subtile, et ainsi soumettre vos raisons au jugement de l'expérience. Mais, en premier lieu, il n'y a homme au monde qui puisse faire l'expérience que vous dites sur des boules de bois; secondement, pourquoi faites-vous la boule 5 mobile en l'air seulement en ligne droite, et les autres encore en rond, vu que toutes les boules de la matière subtile se meuvent en l'air circulairement et en ligne droite tout ensemble, selon ce que vous dites en la page 272? en troisième lieu, pourquoi n'avez-vous pas expliqué les propres mouvements des boules de votre matière subtile, et les effets qu'elles font quand elles viennent à rencontrer quelque superficie plus solide, sans emprunter des boules, lesquelles même vous supposez ne se pas mouvoir comme la matière subtile? Vous eussiez mieux contenté les esprits, puisque ni les unes ni les autres de ces boules ne se peuvent expérimenter. De plus, quand, en la page 258, vous dites *ce qui explique l'action du rayon DF et EH*, je ne sais pas qui verra clair dans votre explication ; mais pour moi je confesse franchement en cela mon ignorance.

Du second ordre.

Vous voulez qu'il puisse y avoir même proportion entre la matière subtile et les pores à travers lesquels elle passe, comme entre les grains de sable et les trous qui se trouvent dans un tas de balles ou de pommes ; voilà qui va bien. Mais je vous ai objecté que le sable couloit à travers ces trous par sa pesanteur ou inclination qui le porte en bas, et que la matière subtile n'a de soi ni pesanteur ni aucune inclination plutôt d'un côté que d'autre, et partant que la comparaison est nulle, qui est le principal point de mon objection, auquel vous ne répondez point[1]. Je suis, etc.

[1] « M. Descartes n'a point fait de réponse à ces instances de M. Morin, à cause que M. Morin n'en désiroit point. Voyez la page 416 du 2ᵉ volume. »

AU R. P. MERSENNE,

TOUCHANT LA QUESTION, SAVOIR SI UN CORPS PÈSE PLUS OU MOINS ÉTANT PROCHE DU CENTRE DE LA TERRE QU'EN ÉTANT ÉLOIGNÉ [1].

(Lettre 75 du tome I.)

Mon révérend père,

Pour satisfaire à la promesse que je vous ai faite par mes précédentes, de vous envoyer la première fois mon sentiment touchant la question proposée, je remarque qu'il faut ici distinguer deux sortes de pesanteurs, l'une qu'on peut nommer vraie ou absolue, et l'autre qu'on peut nommer apparente ou relative. Comme lorsqu'on dit qu'en prenant une pique par l'un de ses bouts elle pèse beaucoup davantage qu'en la prenant par le milieu, cela s'en-

---

[1] « La 75ᵉ lettre du 1ᵉʳ volume est l'écrit de statique de M. Descartes, appelé tantôt sa Mécanique, tantôt l'Examen de la question géostatique, tantôt Statique simplement. Cette lettre fait la 15ᵉ des manuscrits de la Hire. Elle n'est point datée par M. Descartes, mais elle fut envoyée, suivant la 89ᵉ lettre du second volume, au P. Mersenne, avec le reste de l'introduction à la Géométrie, et la réponse aux objections de M. Morin. Or, comme cette réponse à M. Morin est fixement datée du 13 juillet 1638, cette fixation en fixe plusieurs autres, par exemple, cet écrit de statique, qui est donc fait le 13 juillet 1638. »

tend de la pesanteur apparente ou relative, car c'est-à-dire qu'elle nous semble plus pesante en cette façon, ou bien qu'elle est plus pesante à notre égard, mais non pas qu'elle l'est en soi davantage. Or, avant que de parler de cette pesanteur relative, il faut déterminer ce qu'on entend par la pesanteur absolue. La plupart la prennent pour une vertu, ou qualité interne en chacun des corps qu'on nomme pesants, qui le fait tendre vers le centre de la terre; et les uns pensent que cette qualité dépend de la forme de chaque corps, en sorte que la même matière qui est pesante ayant la forme de l'eau, perd cette qualité de pesante, et devient légère, lorsqu'il arrive qu'elle prend la forme de l'air. Au lieu que les autres se persuadent qu'elle ne dépend que de la matière, en sorte qu'il n'y a aucun corps qui ne soit pesant, à cause qu'il n'y en a aucun qui ne soit composé de matière, et qu'absolument parlant chacun l'est plus ou moins, à raison seulement de ce qu'il entre plus ou moins de matière en sa composition, bien que, selon que cette matière est plus ou moins pressée, et s'étend en un moindre ou plus grand espace, les corps qui en sont composés paroissent plus ou moins pesants en comparaison des autres, ce qu'ils attribuent à la pesanteur relative, et ils imaginent que si on pouvoit peser dans le vide, par exemple, une masse d'air contre une de plomb, et qu'il y eût justement autant de matière en l'une qu'en l'autre, elles demeureroient en équilibre.

Or, suivant ces deux opinions, dont la première est la plus commune de toutes dans les écoles, et la seconde est la plus reçue entre ceux qui pensent savoir quelque chose de plus que le commun; il est évident que la pesanteur absolue des corps est toujours en eux la même, et qu'elle ne change point du tout, à raison de leur diverse distance du centre de la terre.

Il y a encore une troisième opinion, à savoir de ceux qui pensent qu'il n'y a aucune pesanteur qui ne soit relative, et que la force ou vertu qui fait descendre les corps qu'on nomme pesants n'est point en eux, mais dans le centre de la terre, ou bien en toute sa masse, laquelle les attire vers soi, comme l'aimant attire le fer, ou en quelque autre façon. Et selon ceux-ci, comme l'aimant et tous les autres agents naturels qui ont quelque sphère d'activité agissent toujours davantage de près que de loin, il faut avouer qu'un même corps pèse d'autant plus qu'il est plus proche du centre de la terre.

Pour mon particulier, je conçois véritablement la nature de la pesanteur d'une façon qui est fort différente de ces trois; mais pourceque je ne la saurois expliquer qu'en déduisant plusieurs autres choses dont je n'ai pas ici dessein de parler, tout ce que j'en puis est que par elle je n'apprends rien qui appartienne à la question proposée, sinon qu'elle est purement de fait, c'est-à-dire qu'elle ne sauroit être déterminée par les hommes qu'en tant qu'ils en peuvent faire quelque expérience, et même que des expériences qui se feront ici en notre air, on ne peut pas connoître ce qui en est beaucoup plus bas vers le centre de la terre, ou beaucoup plus haut au-delà des nues, à cause que, s'il y a de la diminution ou de l'augmentation de pesanteur, il n'est pas vraisemblable qu'elle suive partout une même portion [1].

Or l'expérience que l'on peut faire est qu'étant au haut d'une tour, au pied de laquelle il y ait un puits fort profond, on peut peser un plomb attaché à une longue corde, premièrement en le mettant avec toute sa corde dans l'un des plats de la balance, et après en y attachant seulement le bout de cette corde, et laissant pendre le poids jusques au fond du puits; car s'il pèse fort notablement plus ou moins étant proche du centre de la terre qu'en étant éloigné, on l'apercevra par ce moyen. Mais, parceque la hauteur d'un puits et d'une tour est fort petite en comparaison du diamètre de la terre, et pour d'autres considérations que j'omets, cette expérience ne pourra servir si

---

[1] « Proportion. »

la différence qui est entre un même poids, pesé[1] à diverses hauteurs, n'est fort notable.

Une autre expérience, qui est déjà faite, et qui me semble très forte pour persuader que les corps éloignés du centre de la terre ne pèsent pas tant que ceux qui en sont proches, est que les planètes qui n'ont point en soi de lumière, comme la lune, Vénus, Mercure, etc., étant, comme il est probable, des corps de même matière que la terre, et les cieux étant liquides, ainsi que jugent presque tous les astronomes de ce siècle, il semble que ces planètes devroient être pesantes, et tomber vers la terre, si ce n'étoit que leur grand éloignement leur en ôte entièrement l'inclination. De plus, nous voyons que les gros oiseaux, comme les grues, les cicognes, etc., ont beaucoup plus de facilité à voler au haut de l'air que plus bas, et cela ne pouvant être entièrement attribué à la force du vent, à cause que le même arrive aussi en temps calme, nous avons occasion de juger que leur éloignement de la terre les rend plus légers. Ce que nous confirment aussi ces dragons de papier que font voler les enfants, et toute la neige qui est dans les nues. Et enfin si l'expérience que vous m'avez mandé vous-même avoir faite, et que quelques autres ont aussi écrite, est véritable, à savoir, que

---

[1] « Posé. »

les balles des pièces d'artillerie tirées directement vers le zénith ne retombent point, on doit juger que la force du coup les portant fort haut, les éloigne si fort du centre de la terre que cela leur fait entièrement perdre leur pesanteur.

Voilà tout ce que je puis dire ici de physique sur ce sujet. Je passe maintenant aux raisons mathématiques, lesquelles ne se peuvent étendre qu'à la pesanteur relative, et il faut à cet effet déterminer l'autre par supposition, puisque nous l'avons su faire autrement. A savoir, nous prendrons, s'il vous plaît, pour la pesanteur absolue de chaque corps, la force dont il tend à descendre en ligne droite étant en notre air ordinaire à certaine distance du centre de la terre, et n'étant ni poussé ni soutenu d'aucun autre corps, et enfin n'ayant point encore commencé à se mouvoir. Je dis en notre air ordinaire, à cause que, s'il est en un air plus subtil ou plus grossier, il est certain qu'il sera quelque peu plus ou moins pesant; et je le mets à une certaine distance de la terre, afin qu'elle soit prise pour règle des autres; et enfin je dis qu'il ne doit point être poussé, ni soutenu, ni avoir commencé à se mouvoir, à cause que toutes ces choses peuvent changer la force dont il tend à descendre.

Outre cela nous supposerons que chaque partie d'un même corps pesant retient toujours en soi une même force ou inclination à descendre nonobstant qu'on l'éloigne ou qu'on l'approche du centre de la terre, ou qu'on le mette en telle situation que ce puisse être : car, encore que, comme j'ai déjà dit, cela ne soit peut-être pas vrai, nous devons toutefois le supposer, pour faire plus commodément notre calcul, ainsi que les astronomes supposent les moyens mouvements des astres, qui sont égaux, pour avoir plus de facilité à supputer les vrais, qui sont inégaux.

Or cette égalité en la pesanteur absolue étant posée, on peut démontrer que la pesanteur *relative* de tous les corps durs étant considérés en l'air libre, et sans être soutenus d'aucune chose, est quelque peu moindre lorsqu'ils sont proches du centre de la terre que lorsqu'ils en sont éloignés, bien que ce ne soit pas le même des corps liquides; et au contraire que deux corps parfaitement égaux étant opposés l'un à l'autre dans une balance parfaitement exacte, lorsque les bras de cette balance ne seront pas parallèles à l'horizon, celui de ces deux corps qui sera le plus proche du centre de la terre pèsera le plus, et ce d'autant justement qu'il en sera le plus proche. D'où il suit aussi que, hors de la balance, entre les parties égales d'un même corps les plus hautes pèsent d'autant moins que les plus basses qu'elles sont éloignées du centre de la terre. De façon que le centre de gravité ne peut être un centre immobile en aucun corps, non pas même lorsqu'il est sphérique.

Et la preuve de ceci ne dépend que d'un seul principe, qui est le fondement général de toute la statique, à savoir :

PRINCIPE GÉNÉRAL.

QU'IL NE FAUT NI PLUS NI MOINS DE FORCE POUR LEVER UN CORPS PESANT A CERTAINE HAUTEUR, QUE POUR EN LEVER UN AUTRE MOINS PESANT A UNE HAUTEUR D'AUTANT PLUS GRANDE QU'IL EST MOINS PESANT, OU POUR EN LEVER UN PLUS PESANT A UNE HAUTEUR D'AUTANT MOINDRE.

Comme, par exemple, que la force qui peut lever un poids de 100 livres à la hauteur de deux pieds, en peut aussi lever un de 200 livres à la hauteur d'un pied, ou un de 50 livres à la hauteur de quatre pieds, et ainsi des autres, si tant est qu'elle leur soit appliquée.

Ce qu'on accordera facilement, si on considère que l'effet doit toujours être proportionné à l'action qui est nécessaire pour le produire, et ainsi que s'il est nécessaire d'employer la force par laquelle on peut lever un poids de 100 livres à la hauteur de deux pieds pour en lever un à la hauteur d'un pied seulement, cela témoigne que celui-ci pèse 200 livres : car c'est le même de lever 100 livres à la hauteur d'un pied, et derechef encore 100 livres à la hauteur d'un pied, que d'enlever 200 livres à la hauteur d'un pied, et le même aussi que d'enlever 100 livres à la hauteur de deux pieds. Et il suit évidemment de ceci que la pesanteur relative de chaque corps, ou, ce qui est le même, la force qu'il faut employer pour le soutenir et empêcher qu'il ne descende lorsqu'il est en certaine position, se doit mesurer par le commencement du mouvement que devroit faire la puissance qui le soutient, tant pour le hausser que pour le suivre s'il s'abaissoit ; en sorte que la proportion qui est entre la ligne droite que décriroit ce mouvement, et celle qui marqueroit de combien ce corps s'approcheroit cependant du centre de la terre, est la même qui est entre sa pesanteur *absolue* et la *relative* ; mais ceci peut mieux être expliqué par le moyen de quelques exemples.

PREMIER EXEMPLE.

DE LA POULIE.

Le poids E[1] étant attaché à la poulie D, autour de laquelle est passée la corde ABC, si on suppose que deux hommes soutiennent ou haussent également chacun l'un des bouts de cette corde, il est évident que si ce poids pèse 200 livres, chacun de ces hommes n'emploiera pour le soutenir ou sou-

[1] Figure 46.

lever que la force qu'il lui faut pour soutenir ou soulever 100 livres : car chacun n'en portera que la moitié. Puis si l'on suppose que A, l'un des bouts de cette corde, soit attaché ferme à quelque clou, et que l'autre C soit derechef soutenu par un homme, il est évident que cet homme en C n'aura besoin non plus que devant, pour soutenir ce poids E, que de la force qu'il faut pour soutenir 100 liv., à cause que le clou qui sera vers A y fera le même office que l'homme que nous y supposions auparavant. Enfin, supposant que cet homme qui est vers C tire la corde pour faire hausser le poids E, il est évident que s'il y emploie la force qu'il faut pour lever 100 livres à la hauteur de deux pieds, il fera hausser ce poids E, qui en pèse 200, de la hauteur d'un pied : car la corde ABC étant doublée comme elle est, on la doit tirer de deux pieds par le bout C pour faire autant hausser ce poids E, que si deux hommes la tiroient, l'un par le bout A, et l'autre par le bout C, chacun de la longueur d'un pied seulement.

Et il faut remarquer que c'est cette seule raison et non point la figure ou la grandeur de la poulie qui cause cette force : car, soit que la poulie soit grande ou petite, elle aura toujours le même effet. Et si on en attache encore une autre vers A, par laquelle on passe la corde ABCH, il ne faudra pas moins de force pour tirer H vers K, et ainsi lever le poids E, qu'il en falloit auparavant pour tirer C vers G, à cause que, tirant deux pieds de cette corde, on fera hausser ce poids d'un pied comme devant. Mais si à ces deux poulies on y en ajoute encore une autre vers D à laquelle on attache le poids, et dans laquelle on repasse la corde en même façon qu'en la première, on n'aura pas besoin de plus de force pour lever ce poids de 200 livres que pour en lever un de 50 livres sans poulie, à cause qu'en tirant deux pieds de la corde, on ne le fera hausser que d'un demi-pied. Et ainsi, en multipliant les poulies, on peut lever les plus grands fardeaux avec les plus petites forces, sans qu'il y ait aucune chose à rabattre de ce calcul, sinon la pesanteur de la poulie et la difficulté qu'on peut avoir à faire couler la corde et à la porter ; et outre cela qu'il faut toujours tant soit peu plus de force pour lever un poids que pour le soutenir. Mais ces choses-là ne se comptent point lorsqu'il est question d'examiner le reste par des raisons mathématiques.

EXEMPLE II.

DU PLAN INCLINÉ.

Soit AC[1] un plan incliné sur l'horizon BC, et que AB tende à plomb vers le centre de la terre. Tous ceux qui écrivent des mécaniques assurent que la

[1] Figure 47.

pesanteur relative du poids F, en tant qu'il est appuyé sur ce plan AC, a même proportion à sa pesanteur absolue que la ligne AB à la ligne AC, en sorte que si AC est double de AB et que le poids F étant en l'air libre pèse 200 livres il n'en pèsera que 100 au regard de la puissance H, qui le traîne ou le soutient sur ce plan AC; et la raison en est évidente par le principe proposé : car cette puissance H fera la même action pour lever ce poids à la hauteur de BA qu'elle feroit en l'air libre pour le lever à une hauteur égale à la ligne CA. Ce qui n'est pas toutefois entièrement vrai, sinon lorsqu'on suppose que les corps pesants tendent en bas suivant des lignes parallèles, ainsi qu'on fait communément, lorsqu'on ne considère les mécaniques que pour les rapporter à l'usage; car le peu de différence que peut causer l'inclination de ces lignes, en tant qu'elles tendent vers le centre de la terre, n'est point sensible. Mais pour faire que ce calcul fût entièrement exact, il faudroit que la ligne CB fût une partie de cercle et CA une partie de spirale qui eussent pour centre le centre de la terre. Et lorsqu'on suppose que la superficie AC est toute plate, la pesanteur relative du poids F n'a pas même proportion à l'absolue que la ligne AB à la ligne AC, sinon pendant qu'il est tout au haut vers A, car lorsqu'il est tant soit peu plus bas, comme vers D, ou vers C, elle est un peu moindre.

ainsi qu'il paroîtra clairement, si on imagine que
ce plan soit prolongé jusqu'au point où il peut être
rencontré à angles droits par une ligne droite tirée
du centre de la terre, comme si M est le centre de la
terre, et que MK soit perpendiculaire sur AC; car
il est évident que le poids F, étant mis au point K,
ne pèsera rien du tout au regard de la puissance H.
Et pour savoir combien il pèse en chacun des
autres points de ce plan, au regard de cette puissance, par exemple, au point D, il faut tirer une
ligne droite, comme DN, vers le centre de la terre,
et du point N, pris à discrétion en cette ligne,
tirer NP perpendiculaire sur DN, qui rencontre
AC au point P; car comme DN est à DP, ainsi la
pesanteur relative du poids F en D est à sa pesanteur absolue. De quoi la raison est évidente, vu
que pendant qu'il est en ce point D, il tend en bas
suivant la ligne DN, et toutefois ne peut commencer à descendre que suivant la ligne DP. Notez
que je dis commencer à descendre, non pas simplement descendre, à cause que ce n'est qu'au
commencement de cette descente à laquelle il faut
prendre garde, en sorte que si, par exemple, ce
poids F n'étoit point appuyé au point D sur une
superficie plate, comme est supposée ADC, mais
sur une sphérique, ou courbée en quelque autre façon, comme EDG, pourvu que la superficie plate
qu'on imagineroit la toucher au point D fût la

même que ADC, il ne pèseroit ni plus ni moins au regard de la puissance H, qu'il fait étant appuyé sur ce plan AC; car bien que le mouvement que feroit ce poids en montant ou descendant du point D vers E, ou vers G, sur la superficie courbe EDG, fût tout autre que celui qu'il feroit sur la superficie plate ADC, toutefois étant au point D sur EDG, il seroit déterminé à se mouvoir vers le même côté que s'il étoit sur ADC, à savoir vers A ou vers C. Et il est évident que le changement qui arrive à ce mouvement, sitôt qu'il a cessé de toucher le point D, ne peut rien changer en la pesanteur qu'il a lorsqu'il le touche. Notez aussi que la proportion qui est entre les lignes DP, DN, est la même qu'entre les lignes DM et DK, pourceque les triangles rectangles DKM et DNP sont semblables, et par conséquent que la pesanteur relative du poids F en D est à sa pesanteur absolue comme la ligne DK est à la ligne DM, c'est-à-dire, en général, que tout corps qui est soutenu par un plan incliné pèse moins que s'il n'en étoit point soutenu, d'autant justement que la distance qui est entre le point où il touche ce plan et celui où la perpendiculaire du centre de la terre tombe sur ce même plan, est moindre que celle qui est entre ce poids et le centre de la terre.

EXEMPLE III.

DU LEVIER.

Que CH [1] soit un levier, tellement soutenu par le point O que, lorsqu'on le hausse ou qu'on le baisse, sa partie C décrive le demi-cercle ABCDE, et sa partie H le demi-cercle FGHIK, desquels demi-cercles le point O soit le centre, et du reste qu'on n'ait aucun égard à sa grosseur ou pesanteur, mais qu'on le considère comme une ligne droite mathématique en laquelle soit le point O. Puis remarquons que, pendant que la force ou la puissance qui le meut décrit tout le demi-cercle ABCDE, et agit suivant cette ligne ABCDE, bien que le poids, lequel je suppose être à l'autre bout, décrive aussi le demi-cercle FGHIK, il ne se hausse pas toutefois de la longueur de cette ligne courbe FGHIK, mais seulement de la longueur de la ligne droite Fk, de façon que la proportion qui est entre la force qui meut ce poids et sa pesanteur ne se mesure pas par celle qui est entre les deux diamètres de ces cercles, ou entre leurs deux circonférences, mais plutôt par celle qui est entre la circonférence du premier et le diamètre du second. Considérons outre cela qu'il s'en faut beaucoup que cette force ait besoin d'être si grande

[1] Figure 48.

pour mouvoir ce levier lorsqu'il est vers A ou vers E, que lorsqu'il est vers B ou vers D, ni si grande lorsqu'il est vers B ou vers D que lorsqu'il est vers C, dont la raison est que le poids y monte moins, ainsi qu'il est aisé à voir, si ayant supposé que la ligne COH est parallèle à l'horizon, et que AOF la coupe à angles droits, on prend le point G également distant des points F et H, et le point B également distant des points A et C, et qu'ayant tiré GS, parallèle à l'horizon, on regarde que la ligne FS, qui marque combien monte ce poids pendant que la force agit le long de la ligne AB, est beaucoup moindre que la ligne SO, qui marque combien il monte pendant que la force agit le long de la ligne BC.

Or, pour mesurer exactement quelle doit être cette force en chaque point de la ligne courbe ABCDE, il faut penser qu'elle y agit tout de même que si elle traînoit le poids sur un plan circulairement incliné, et l'inclination de chacun des points de ce plan circulaire ou sphérique se doit mesurer par celle de la ligne droite qui touche le cercle en ce point-là; comme, par exemple, quand la puissance est au point B, pour trouver la proportion qu'elle doit avoir avec la pesanteur du poids qui est alors au point G, il faut tirer la tangente GM, et une autre ligne du point G, comme GR, qui tende tout droit vers le centre de la terre, puis du point M, pris à discrétion en la ligne GM, tirer MR à angles droits sur GR, et penser que la pesanteur de ce poids au point G est à la force qui seroit requise en ce lieu-là pour le soutenir ou pour le mouvoir suivant le cercle FGH, comme la ligne GM est à GR, de façon que si la ligne BO est supposée double de la ligne OG, la force qui est au point B n'a besoin d'être à ce poids qui est au point G que comme la moitié de la ligne GR est à la toute GM; et si BO et OG sont égales, cette force doit être à ce poids comme la toute GR à la toute GM, etc.

Tout de même quand la force est au point D, pour savoir combien pèse le poids qui est alors au point I, il faut tirer la tangente IP, et la droite IN vers le centre de la terre, et du point P, pris à discrétion dans la tangente, tirer PN à angles droits sur IN, afin d'avoir la proportion qui est entre la ligne IP et la moitié de la ligne IN (en cas que DO soit posée double de OI) pour celle qui est entre la pesanteur du poids et la force qui doit être au point D pour le mouvoir, et ainsi des autres.

Or il me semble que ces trois exemples suffisent pour assurer la vérité du principe que j'ai proposé, et montrer que tout ce dont on a coutume de traiter en la statique en dépend; car le coin et la vis ne sont que des plans inclinés, et les roues dont on compose diverses machines ne sont que des leviers multipliés ; et enfin la balance n'est rien qu'un levier qui est soutenu par le milieu : si bien qu'il ne me reste plus ici qu'à expliquer comme les deux conclusions que j'ai proposées en peuvent être déduites.

DÉMONSTRATION QUI EXPLIQUE EN QUEL SENS ON PEUT DIRE QU'UN CORPS PÈSE MOINS ÉTANT PROCHE DU CENTRE DE LA TERRE QU'EN ÉTANT ÉLOIGNÉ.

Soit A[1] le centre de la terre et BCD un corps pesant, que je suppose être en l'air tellement posé que si rien ne le soutient il descendra de H vers A, suivant la ligne HFA, tenant toujours ses deux parties B et D également distantes de ce point A, et même aussi de cette ligne HF. Et considérons que pendant que ce corps descend de cette sorte, sa partie D ne se peut mouvoir que suivant la ligne DG, ni sa partie B que suivant la ligne BE, et ainsi que ces deux lignes DG et BE représentent les deux plans inclinés sur lesquels se meuvent les deux points B et D; car ce corps BCD étant dur, sa partie D est toujours soutenue, pendant qu'il se meut de BD jusqu'à EG, par toutes les autres parties qui sont entre D et C, aussi bien qu'elle pourroit l'être par un plan d'une matière très dure qui seroit où est la ligne DG (savoir, dans le second exemple

[1] Figure 49.

qui est du plan incliné[1]). Mais il a déjà été démontré que tout corps pesant soutenu par un plan incliné pèse moins étant proche du point où la perpendiculaire du centre de la terre rencontre ce plan qu'en étant éloigné, d'où il suit évidemment que lorsque le corps BCD est vers H, sa partie D pèse plus que lorsqu'il est vers F; et le même suit aussi de sa partie B et de toutes les autres, pourvu seulement qu'on excepte celles qui se trouvent en la ligne HF, et même cette ligne HF n'étant prise que pour une ligne mathématique, ses parties n'ont pas besoin d'être comptées, si bien que tout ce corps pèse moins étant proche du centre de la terre que lorsqu'il en est éloigné, qui est ce qu'il falloit démontrer.

Il est vrai que ceci ne se peut entendre que des corps durs, car pour ceux qui sont liquides il est évident que leurs parties ne se peuvent ainsi soutenir les unes les autres, ni même celles des corps qui sont mous et pliants. Comme, par exemple, si on suppose que BD[2] soit une corde, j'entends une corde mathématique dont toutes les parties se puissent plier également sans aucune difficulté, et qu'elle soit toute droite lorsqu'elle est vers H, la laissant descendre vers A, ses parties se courberont peu à peu à mesure qu'elles appro-

---

[1] « Cette parenthèse n'est pas dans l'original de M. de la Hire. »
[2] Figure 49 bis.

cheront de ce point A. En sorte que, lorsque son milieu sera au point F, ses deux bouts seront aux points I et K, que je suppose être tels que la différence qui est entre les lignes IA et BA, ou bien KA et DA, est égale à CF.

Mais, si on considère les corps liquides comme contenus en quelques vaisseaux, il y a derechef une autre raison qui montre qu'ils pèsent quelque peu moins étant proches du centre de la terre que lorsqu'ils en sont éloignés. Car il faut considérer que la superficie de la liqueur qui est contenue, par exemple, dans le vaisseau BC, laquelle chacun sait être sphérique, se trouve beaucoup plus voûtée lorsque ce vaisseau est fort proche du centre de la terre que lorsqu'il en est plus éloigné, et que selon qu'elle est plus voûtée, le centre de gravité de cette liqueur est plus éloigné du fond du vaisseau. En sorte que si, par exemple, A est le centre de la terre, N le fond du vaisseau, et M le centre de gravité de la masse d'eau qu'il contient, et que la ligne NM ait justement un pied de longueur lorsque le fond de ce vaisseau est tout joignant le centre de la terre, il peut être imaginé de telle grandeur et contenir telle quantité d'eau que, lorsqu'on l'en aura éloigné de la hauteur d'une toise, la ligne NM n'aura plus que justement un demi-pied de longueur. Mais cela étant, si on l'en éloigne derechef de la hauteur d'une toise, la ligne NM ne pourra pas s'accourcir derechef d'un demi-pied, car par ce moyen elle deviendroit nulle, puisqu'elle n'a déjà qu'un demi-pied ; et elle diminuera seulement, par exemple, d'un pouce, puis derechef le vaisseau étant haussé d'une toise, cette ligne NM diminuera de beaucoup moins que d'un pouce, etc.

Or, pour mesurer de combien on fait hausser la masse d'eau pendant qu'on hausse le vaisseau, il faut seulement considérer de combien on fait hausser son centre de gravité, car c'est toujours le point où se rencontre le centre de gravité des corps pesants qui détermine l'endroit où ils sont, en tant que pesants ; et pourceque la puissance qui élève ce vaisseau en la première toise ne fait hausser ce centre que de cinq pieds et demi, au lieu que l'élevant en la seconde toise elle le fait hausser de six pieds moins un pouce, il est évident que cette puissance doit être d'autant plus grande pour l'élever en la seconde toise qu'en la première, que la distance de six pieds moins un pouce est plus grande que celle de cinq pieds et demi. Et tout de même en élevant le vaisseau en la troisième toise, on élèvera le centre de gravité de l'eau un peu davantage qu'en la seconde, et ainsi de suite : de façon que cette eau pèse de cela moins étant proche du centre de la terre qu'en étant éloignée, ainsi qu'il falloit démontrer.

AUTRE DÉMONSTRATION, QUI EXPLIQUE EN QUEL SENS ON PEUT DIRE QU'UN CORPS PÈSE PLUS ÉTANT PROCHE DU CENTRE DE LA TERRE QU'EN ÉTANT ÉLOIGNÉ.

Soit A[1] le centre de la terre, et que BD soit une balance dont le centre soit C, en sorte que ses deux bras BC et CD soient égaux, et qu'il y ait deux poids, l'un au point B et l'autre au point D, qui soient parfaitement égaux entre eux ; lorsque la ligne BD n'est pas parallèle à l'horizon, le poids qui est le plus bas, comme en D, pèse plus que l'autre qui est en B, d'autant justement que la ligne BA est plus longue que la ligne DA : car si on tire la ligne DE qui touche au point D le cercle BSD[2], et du point E la ligne EF, perpendiculaire sur DA, la pesanteur du poids mis en D est à sa pesanteur absolue, comme la ligne DF est à la ligne DE[3], ainsi qu'il est prouvé ci-dessus (en l'exemple troisième du levier[4]). Puis si du centre de la balance on mène la ligne CG perpendiculaire sur ADG, les deux triangles rectangles DFE et DGC sont semblables ; c'est pourquoi comme DE est à DF, ainsi CD est à CG, c'est-à-dire que comme la perpendiculaire menée du centre de la balance sur la ligne qui passe

---

[1] Figure 49 *ter*.

[2] « Dans l'original de M. de la Hire il y avoit DF. »

[3] « Dans le même original il y avoit DC. »

[4] « Ces paroles entre parenthèses manquent dans l'original de M. de la Hire. »

par D, l'extrémité de l'un de ses bras, et par le centre de la terre, est à la longueur de ce bras, ainsi la pesanteur relative du corps en D est à sa pesanteur absolue. Tout de même ayant mené BH qui touche au point B le cercle BSD, et CIH qui coupe AB au point I à angles droits, il a été prouvé ci-dessus (en l'exemple troisième du levier) que la pesanteur relative du poids en B est à l'absolue comme la ligne BI est à BH, c'est-à-dire comme CI est à CB ; car les triangles BIH et CIB sont semblables. Et il suit de ceci que si les deux corps qui sont en B et en D sont parfaitement égaux, la pesanteur relative de celui qui est en B est à la pesanteur relative de celui qui est en D comme la ligne CI est à la ligne CG. De plus, des points B et D ayant mené BL et DK perpendiculaires sur AC, elles sont égales l'une à l'autre, et le rectangle CI, BA est aussi égal au rectangle BL, CA : car prenant CA pour la base du triangle ABC, c'est BL qui en est la hauteur ; puis prenant BA pour la base du même triangle, c'est CI qui est sa hauteur. Et pour pareille raison le rectangle GC, DA est égal au rectangle KDCA. Et pourceque BL et KD sont égales, le rectangle CI, BA est égal au rectangle CG, DA. D'où il suit que comme DA est à BA, ainsi CI est à CG. Or le poids en B est à celui qui est en D comme CI est à CG, donc il est aussi comme DA est à AB.

Ensuite de quoi il est évident que le centre de gravité des deux poids B et D joints ensemble par la ligne BD n'est pas au point C, mais entre C et D, par exemple, au point R, où je suppose que tombe la ligne qui divise l'angle BAD en deux parties égales : car on sait assez en géométrie que cela étant, la ligne BR est à RD comme AB est à DA, de façon que les poids B et D doivent être soutenus par le point R, pour demeurer en équilibre en l'endroit où ils sont. Mais si on suppose la ligne BD tant soit peu plus ou moins inclinée sur l'horizon, ou bien ces poids à une autre distance du centre de la terre, il faudra qu'ils soient soutenus par un autre point pour être en équilibre, et ainsi leur centre de gravité n'est pas toujours un même point.

Au reste, il est à remarquer que toutes les parties égales d'un même corps, prises deux à deux, ont même rapport l'une à l'autre en ce qui regarde leur pesanteur et leur commun centre de gravité, que si elles étoient opposées dans une balance; en sorte que, par exemple, en la sphère BEG [1], dont le centre est C, si on la divise par imagination en plusieurs parties égales, comme B E, G, etc., le centre de gravité des deux parties B et D, considérées ensemble, est au même lieu qu'il seroit si la ligne BCD étoit une balance dont C fût le centre, à savoir il est entre C et D, pourceque D est

[1] Figure 30.

posé plus proche du centre de la terre que n'est B. Et le centre de gravité des deux parties G et F'est aussi entre C et F, et celui des deux E et H entre C et H, et ainsi des autres : d'où il suit clairement que le centre de gravité de toute cette sphère n'est pas au point C, qui est le centre de sa figure, mais quelque peu plus bas, en la ligne droite qui tend de ce centre de sa figure vers celui de la terre. Ce qui semble véritablement fort paradoxe lorsqu'on n'en considère pas la raison, mais en la considérant on peut voir que c'est une vérité mathématique très assurée.

Et même on peut démontrer que ce centre de gravité, lequel change de place à mesure que cette sphère change de situation, est toujours en la superficie d'une autre petite sphère décrite du même centre qu'elle, et dont le rayon est aux trois quarts du sien, comme le sien entier est à la distance qui est entre le centre de leur figure et celui de la terre. Ce que je ne m'arrête pas ici à expliquer, à cause que ceux qui savent comment on trouve les centres de gravité des figures géométriques le pourront assez entendre d'eux-mêmes, et que les autres n'y prendroient peut-être pas de plaisir; et aussi que cet écrit est déjà plus long que je n'avois pensé qu'il dût être.

¹ « Il y avoit dans l'original de M. de la Hire : des deux parties E et F, « et aussi entre C et F. »

Monsieur Descartes a depuis prié le R. P. Mersenne d'effacer ces dernières lignes, comme s'étant lors trompé, écrivant à demi endormi.

LETTRE DE M. DESCARTES
AU R. P. MERSENNE,
DU 12 SEPTEMBRE 1638,

POUR DÉMONSTRATION AU PRINCIPE SUPPOSÉ CI-DESSUS.

(Lettre 74 du tome I.)

MON RÉVÉREND PÈRE,

Je pensois différer encore huit ou quinze jours à vous écrire, afin de ne vous importuner pas trop souvent de mes lettres. Mais je viens de recevoir votre dernière du 1ᵉʳ septembre, laquelle m'apprend qu'on fait difficulté d'admettre le principe que j'ai supposé en mon examen de la question géostatique; et pourceque, s'il n'étoit pas vrai, tout le reste que j'en ai déduit le seroit encore moins, je ne veux pas attendre un seul jour à vous en envoyer une plus particulière explication.

« Voyez la lettre 92 du 2ᵉ vol., dans l'alinéa qui commence : *La pensée de M. Desargues....* »

« La 74ᵉ du tome I est la 17ᵉ de M. de la Hire, et fixement datée par M. Descartes du 12 septembre 1638. »

Il faut surtout considérer que j'ai parlé de la force qui sert pour lever un poids à quelque hauteur, *laquelle force a toujours deux dimensions*, et non de celle qui sert en chaque point pour le soutenir, *laquelle n'a jamais qu'une dimension;* en sorte que ces deux forces diffèrent autant l'une de l'autre *qu'une superficie diffère d'une ligne*. Car la même force que doit avoir un clou pour soutenir un poids de 100 livres un moment de temps, lui suffit aussi pour le soutenir un an durant, pourvu qu'elle ne diminue point. Mais la même quantité de cette force qui sert à lever ce poids à la hauteur d'un pied ne suffit pas, *eodem numero*, pour le lever à la hauteur de deux pieds ; et il n'est pas plus clair que deux et deux font quatre, qu'il est clair qu'il en faut employer le double. Or, pourceque ce n'est rien que cela même que j'ai supposé pour un principe, je ne saurois deviner sur quoi est fondée la difficulté qu'on fait de le recevoir. Mais je parle ici de toutes celles que je soupçonne, lesquelles ne viennent, pour la plupart, que de ce qu'on est déjà trop savant aux mécaniques, c'est-à-dire de ce qu'on est préoccupé des principes que prennent les autres touchant ces matières, lesquels n'étant pas du tout vrais trompent d'autant plus qu'ils semblent plus l'être.

La première chose dont on peut en ceci être préoccupé, est que plusieurs ont coutume de confondre la considération de l'espace avec celle du temps ou de la vitesse. En sorte que, par exemple, au levier, ou, ce qui est le même, en la balance BCDA, ayant supposé que le bras AB [1] est double de BC, et que le poids en C est double du poids en A, et ainsi qu'ils sont en équilibre, au lieu de dire que ce qui est cause de cet équilibre est que, si le poids C soulevoit ou bien étoit soulevé par le poids A, il ne passeroit que par la moitié d'autant d'espace que lui, ils disent qu'il iroit de la moitié plus lentement ; ce qui est une faute d'autant plus nuisible qu'elle est plus malaisée à reconnoître, car ce n'est pas la différence de la vitesse qui fait que ces poids doivent être l'un double de l'autre, *mais la différence de l'espace :* comme il paroit de ce que pour lever, par exemple, le poids F avec la main jusques à G, il n'y faut point employer une force qui soit justement double de celle qu'on y aura employée le premier coup si on le veut lever deux fois plus vite, mais il y en faut employer une qui soit plus ou moins grande que la double, selon la diverse proportion que peut avoir cette vitesse avec les causes qui lui résistent, *au lieu qu'il faut une force qui soit justement double pour le lever avec même vitesse deux fois plus haut, à savoir jusques à H. Je dis qui soit justement double, en comptant qu'un et un sont justement deux :* car il faut employer

[1] Figure 50 *bis.*

certaine quantité de cette force pour lever ce poids de F jusques à G, et derechef encore autant de la même force pour le lever de G jusques à H. Que si j'avois voulu joindre la considération de la vitesse avec celle de l'espace, il m'eût été nécessaire d'attribuer trois dimensions à la force, au lieu que je lui en ai attribué seulement deux, afin de l'exclure. Et si j'ai témoigné tant soit peu d'adresse en quelque partie de ce petit écrit de statique, je veux bien qu'on sache que c'est plus en cela seul qu'en tout le reste, car il est impossible de rien dire de bon et de solide touchant la vitesse, sans avoir expliqué ce que c'est que la pesanteur, et ensemble tout le système du monde. Or, à cause que je ne le voulois pas entreprendre, j'ai trouvé moyen d'omettre cette considération, et d'en séparer tellement les autres que je les pusse expliquer sans elle; car encore qu'il n'y ait aucun mouvement qui n'ait quelque vitesse, toutefois il n'y a que les augmentations ou diminutions de cette vitesse qui sont considérables; et lorsque, parlant du mouvement d'un corps, on suppose qu'il se fait selon la vitesse qui lui est la plus naturelle, c'est le même que si on ne la considéroit point du tout.

L'autre raison qui peut avoir empêché qu'on n'ait bien entendu mon principe, est qu'on a cru pouvoir démontrer sans lui quelques unes des choses que je ne démontre que par lui; comme, par exemple, touchant la poulie ABC[1], on a pensé que c'étoit assez de savoir que le clou en A soutient la moitié du poids B, pour conclure de là que la main en C n'a besoin que de la moitié d'autant de force pour soutenir ou soulever ce poids ainsi appliqué à cette poulie, qu'il lui en faudroit pour le soutenir ou soulever sans elle. Mais encore que cela explique fort bien comment se fait l'application de la force en C à un poids double de celui qu'elle pourroit lever sans poulie, et que je m'en sois servi moi-même, je nie pourtant que ce soit simplement à cause que le clou A soutient une partie du poids B, que la force en C, qui le soulève, peut être moindre que s'il n'étoit point ainsi soutenu : car si cela étoit vrai, la corde CE étant passée autour de la poulie D, la force en E pourroit tout de même être moindre que la force en C, à cause que le clou A ne soutient pas moins ce poids qu'auparavant, et qu'il y a encore un autre clou qui le soutient, à savoir celui auquel la poulie D est attachée. Ainsi donc, pour ne point faillir, de ce que le clou A soutient la moitié du poids B, on ne doit conclure autre chose, sinon que par cette application l'une des dimensions de la force qui doit être en C, pour lever ce poids, diminue de moitié, et que l'autre ensuite devient double; de façon que si la ligne FG représente la force qu'il faudroit pour soutenir

[1] Figure 50 *ter*.

en un point le poids B, sans l'aide d'aucune machine, et le rectangle GH celle qu'il faudroit pour le lever à la hauteur d'un pied, le soutien du clou A diminue de moitié la dimension qui est représentée par la ligne FG, et le redoublement de la corde ABC fait doubler l'autre dimension, qui est représentée par la ligne FH; et ainsi la force qui doit être en C pour lever le poids B à la hauteur d'un pied est représentée par le rectangle IK; et comme on sait en géométrie qu'une ligne étant ajoutée ou ôtée d'une superficie ne l'augmente ni ne la diminue de rien du tout, ainsi doit-on ici remarquer que la force dont le clou A soutient le poids B, n'ayant qu'une seule dimension, ne peut faire que la force en C, considérée selon ses deux dimensions, doive être moindre pour lever ainsi le poids B que pour le lever sans poulie.

La troisième raison qui aura pu faire imaginer de l'obscurité en mon principe, est qu'on n'a peut-être pas pris garde à tous les mots par lesquels je l'explique; car je ne dis pas simplement que la force qui peut lever un poids de 50 livres à la hauteur de quatre pieds en peut lever un de 200 livres à la hauteur d'un pied, mais je dis qu'elle le peut, si tant est qu'elle lui soit appliquée : or est-il qu'il est impossible de l'y appliquer que par le moyen de quelque machine, ou autre invention, qui fasse que ce poids ne se hausse que d'un pied pendant que toute cette force agira en toute la longueur de quatre pieds, et ainsi qui transforme le rectangle par lequel est représentée la force qu'il faut pour lever ce poids de 400 livres à la hauteur d'un pied, en un autre qui soit égal et semblable à celui qui représente la force qu'il faut pour lever un poids de 50 livres à la hauteur de quatre pieds.

Enfin, peut-être qu'on a eu moins bonne opinion de ce principe à cause qu'on s'est imaginé que j'avois apporté les exemples de la poulie, du plan incliné, et du levier, afin d'en mieux persuader la vérité, comme si elle eût été douteuse; ou bien que j'eusse si mal raisonné que de vouloir prouver un principe qui doit de soi être si clair qu'il n'ait besoin d'aucune preuve, par des choses qui sont si difficiles qu'elles n'avoient peut-être jamais ci-devant été bien démontrées par personne. Mais aussi ne m'en suis-je servi que pour faire voir que ce principe s'étend à toutes les matières dont on traite la statique; ou plutôt j'ai usé de ce prétexte pour les insérer en mon écrit, à cause qu'il m'eût semblé être trop sec et trop stérile, si je n'y eusse parlé d'autre chose que de cette question de nul usage, que je m'étois proposé d'examiner.

Or on peut assez voir de ce qui a déjà ici été dit comment les forces du levier et de la poulie se démontrent par mon principe; si bien qu'il ne reste plus que le plan incliné, duquel on verra clairement la démonstration par cette figure[1], en laquelle FG représente la première dimension de la force qui décrit le rectangle FH, pendant qu'elle tire le poids D sur le plan BA par le moyen d'une corde parallèle à ce plan et passée autour de la poulie E, en sorte que GH, qui est la hauteur de ce rectangle, est égale à la ligne BA, le long de laquelle se doit mouvoir le poids D pendant qu'il monte à la hauteur de la ligne CA. Et NO représente la première dimension d'une autre semblable force, qui décrit le rectangle NP pendant qu'elle fait monter le poids L jusques à M. Et je suppose que la ligne ML est égale à BA, double de CA, et que NO est égale à FG, et OP à GH. Après cela je considère que lorsque le poids D se meut de B vers A, on peut imaginer que son mouvement est composé de deux autres, dont l'un le porte de BR vers CA, pour lequel il ne faut aucune force, ainsi que supposent tous ceux qui traitent des mécaniques, et l'autre le hausse de BC vers RA, pour lequel seul il faut de la force; en sorte qu'il n'en faut ne plus ne moins pour le mouvoir suivant le plan incliné BA, que pour le mouvoir suivant la perpendiculaire CA: car je suppose que les inégalités, etc., du plan n'empêchent point, ainsi qu'on a coutume de faire en traitant de telle matière. Ainsi donc toute la force

[1] Figure 54.

FH n'est employée qu'à lever le poids D à la hauteur de la ligne CA ; et pourcequ'elle est entièrement égale à la force NP, qui est requise pour lever le poids L à la hauteur de la ligne LM, qui est double de CA, je conclus par mon principe que le poids D est double du poids L : car puisqu'on doit employer autant de force pour l'un que pour l'autre, il y a autant à lever en l'un qu'en l'autre; et il ne faut que savoir compter jusques à deux pour connoître que c'est autant de lever 200 livres depuis C jusques à A, que d'enlever 100 livres depuis L jusques à M, puisque ML est double de CA, etc.

Vous me mandez aussi que je dois plus particulièrement expliquer la nature de la spirale qui représente le plan également incliné, et la façon dont se plie une corde lorsqu'ayant été toute droite et parallèle à l'horizon, elle descend librement vers le centre de la terre, et la grandeur de la petite sphère en laquelle se trouve le centre de gravité d'une autre plus grande sphère. Mais pour cette spirale elle a plusieurs propriétés qui la rendent assez reconnoissable : car si A est le centre de la terre[1], et que ANBCD soit la spirale, ayant tiré les lignes droites AB, AC, AD, et semblables, il y a même proportion entre la courbe ANB et la droite AB qu'entre la courbe ANBC et la droite AC ou ANBCD et AD, et ainsi des autres. Et si on tire les

[1] Figure 51 bis.

tangentes DE, CF, GB, etc., les angles ADE, ACF, ABG, etc., seront égaux. Pour la façon dont se plie une corde en tombant, je l'ai, ce me semble, assez déterminée par ce que j'en ai écrit, aussi bien que le centre de gravité d'une sphère ; il est vrai que j'en ai omis la preuve ; mais je vous dirai que ce n'est pas mon style de m'arrêter à de petites démonstrations de géométrie, qui peuvent aisément être trouvées par d'autres, et que ceux qui me connoîtront ne sauroient juger que j'ignore [1].

Il faut se ressouvenir ici de ce que M. Descartes a désiré qui fût rayé.

---

[1] *Je trouve plusieurs autres points dans vos lettres, auxquels je dois répondre ; mais il est fort tard, et je m'assure que vous voulez bien que j'aie un peu soin de moi-même. Je suis environné de fièvres de tous côtés ; tout le monde en est malade en ces quartiers, et il n'y a que moi seul en ce logis qui en aie été exempt jusqu'à présent. M. Bannius en a bien eu sa part à Harlem, mais j'apprends qu'il se porte mieux. Il y a long-temps qu'il m'avoit dit qu'il vous écriroit ; peut-être que son mal l'en a empêché. Je répondrai au reste de vos lettres lorsque j'aurai eu nouvelle de mes précédentes, où je vous envoyois la solution de toutes les questions qu'un de vos géomètres avoit confessé ne savoir pas ; mais n'attendez plus rien de moi, s'il vous plaît, en géométrie, car vous savez qu'il y a long-temps que je proteste de ne m'y vouloir plus exercer, et je pense pouvoir honnêtement y mettre fin. Je suis, mon révérend père, etc. Du 12 septembre 1638.*

LETTRE D'UN MÉDECIN DE LOUVAIN

A M. DESCARTES[1].

(Lettre 77 du tome I. Version.)

MONSIEUR,

Vous m'avez demandé tant de fois et avec tant d'instance mes objections contre votre opinion touchant le mouvement du cœur, que je suis obligé d'interrompre tant soit peu mes autres pe-

---

[1] « Cette lettre est de M. Plempius, docteur et professeur de médecine » à l'université de Louvain, à la date du 15 janvier 1638. Voyez-en les » raisons dans le nouveau cahier. »

Plus bas :

« Cette lettre et les trois autres sont du commencement de 1638. Les » preuves sont dans la remarque suivante :

» Ce médecin s'appelle M. Plempius, comme on le peut voir dans les 8ᵉ » et 10ᵉ lettres de celles que M. Leroy a écrites à M. Descartes, qui sont » insérées dans les fragments, et par les lettres 7 et 9 du tome II. L'on » voit aussi que cette lettre et les trois suivantes sont du commencement » de l'année 1638, puisque par la 10ᵉ lettre de M. Leroy à M. Descartes, » il est constant que M. Leroy avoit fait venir de Leyde le livre de M. Plem- » pius dès le commencement de l'année 1640, et que M. Descartes, dans » la 81ᵉ de ses lettres du 1ᵉʳ vol., qui est la 1ʳᵉ adressée à M. Leroy, » dit que des personnes avoient livré copie de ses réponses à M. Plempius, » deux ans avant que le livre de M. Plempius parût. Voyez la lettre 87 » du tome II, page 378. »

tits travaux, pour vous donner enfin cette satisfaction.

Je vous dirai donc tout d'abord, qu'à ce que je puis voir, l'opinion que vous avez n'est pas nouvelle, mais très ancienne et même d'Aristote, qui en fait mention au livre de la Respiration, chap. xx. Voici ses paroles : *Le battement du cœur est semblable à un bouillonnement ; car le bouillonnement se fait lorsqu'une humeur se gonfle par la chaleur, et qu'elle s'élève de telle sorte que sa masse en est augmentée; or dans le cœur, c'est le gonflement de cette humeur que le suc des viandes lui fournit continuellement, qui en soulevant sa dernière tunique fait son battement ; et cela se fait sans intermission, parceque l'humeur dont le sang se forme y coule sans cesse. Le battement donc n'est autre chose que le gonflement d'une humeur qui s'échauffe.* Voilà le sentiment d'Aristote, que vous expliquez d'une façon plus ingénieuse et plus belle. Galien, au contraire, nous apprend que le cœur est mû par une faculté, c'est ce que nous autres médecins avons tous enseigné jusqu'à présent, et voici les raisons bonnes ou mauvaises qui m'obligent encore à tenir ce parti.

1. Le cœur étant séparé du corps bat encore quelque temps, et même étant coupé par morceaux, chaque parcelle continue tant soit peu son battement, et cependant il n'y a point alors de sang qui entre ou qui sorte.

2. Si l'on met dans une artère ouverte quelque tuyau de plume ou d'airain par où le sang puisse passer, et qu'on lie ensuite l'artère par-dessus le tuyau, si justement qu'elle le serre de tous côtés, l'artère ne battra point passé la ligature; d'où il suit que le pouls ne se fait pas par l'effort du sang qui coule dans les artères, mais par quelque autre chose qui coule par les tuniques des mêmes artères. Cette expérience est de Galien, au livre intitulé, *An sanguis in arteriis contineatur*, cap. VIII. Et ne me dites pas qu'il est impossible de la faire, à cause que le sang artériel jaillit avec trop d'impétuosité ; car son effort peut aisément être arrêté par ce moyen. Faites à une artère deux ligatures éloignées l'une de l'autre d'un demi-pied ou environ, puis ouvrez avec la lancette cette même artère entre ces deux ligatures, il est certain qu'il ne sortira point d'autre sang par cet endroit que celui qui se trouvera enfermé entre ces deux liens. L'ouverture étant faite fourrez-y adroitement une canule sur laquelle vous lierez derechef l'artère : si après cela vous venez à défaire vos deux premiers liens, vous verrez le sang couler librement par cette canule jusqu'aux extrémités des artères, sans que pour cela celles qui seront au-dessous de la ligature qui reste aient aucun pouls ou battement ; que si vous défaites cette dernière ligature qui serre l'artère contre la

canule, tout aussitôt elles recommenceront à battre comme auparavant. Il est vrai qu'il sortira un peu de sang par la plaie ; mais n'importe, car cela n'empêchera pas que l'on ne voie l'effet prétendu.

3. Si la dilatation du cœur se faisoit par la raréfaction du sang, la diastole du cœur seroit beaucoup plus lente et dureroit bien davantage qu'elle ne fait dans les animaux : car il entre dans le cœur une assez notable quantité de sang, qui a besoin de temps pour être toute convertie en vapeur, et qui ne semble pas se pouvoir raréfier tout entière dans le peu de temps que dure la diastole. Que si nous voyons l'huile et la poix se raréfier tout-à-coup quand elles tombent dans le feu, cela n'ôte pas la difficulté ; car il n'y a pas tant de chaleur dans le cœur que dans le feu, et ainsi il ne peut pas faire ce que fait le feu. Outre que l'on voit le cœur des poissons, qui n'ont presque point de chaleur ou plutôt qui sont froids, battre aussi vite que les nôtres.

4. Si les artères sont enflées par le sang que le cœur répand en elles, il n'y aura que la partie voisine du cœur qui reçoit ce sang laquelle puisse battre d'abord, mais les autres ne pourront battre dans le même instant ; car ce qui sort du cœur ne se répand pas tout d'un coup dans toutes les artères, à cause que cela répugne au mouvement

d'un corps si grossier, et cependant toutes les artères du corps battent en même temps.

Voilà ce que je pense touchant la cause du mouvement du cœur, et voici ce que j'ai à dire contre la circulation, que vous soutenez avec Harvœus.

1. Le sang des artères et celui des veines seroient tout-à-fait semblables, ou, pour mieux dire, ne seroient qu'une même chose, ce qui répugne à l'autopsie ; le premier étant plus jaunâtre et plus vermeil, et l'autre plus noirâtre et plus sombre.

2. Cette matière de la fièvre qui réside dans les petites veines les plus éloignées du cœur, et qui pour cela ne cause qu'une fièvre intermittente, devroit exciter plusieurs accès en un jour, à savoir autant de fois que cette matière corrompue et le sang qui la porte retournent dans le cœur : or vous dites que ce retour se fait cent fois, voire deux cents fois par jour.

3. Si, dans un animal vivant, on lioit la plupart des veines qui vont à la jambe, sans lier les artères, la jambe devroit s'enfler étrangement en peu de temps, parceque le sang continueroit de couler par les artères dans les veines ; mais tant s'en faut que cela arrive, qu'au contraire, si vous laissez long-temps ces veines liées, la partie demeurera exténuée faute de nourriture. J'attendrai vos réponses à ces petits doutes avec un empressement

pareil à celui que vous m'avez témoigné en me les
demandant.

RÉPONSE DE M. DESCARTES[1].

(Lettre 68 du tome I. Version.)

Monsieur,

J'avois sujet de souhaiter avec empressement
vos objections contre l'opinion que j'ai du mouvement du cœur; car, considérant votre esprit, votre
doctrine, votre franchise, et la bienveillance que
vous avez pour moi, je savois bien qu'elles seroient
ingénieuses, pleines d'érudition, et tout-à-fait
exemptes de ces contentions importunes qui n'ont
point d'autre fondement que l'erreur de nos préjugés et la malignité où nous porte l'envie et la
jalousie. Je ne me suis point trompé dans mon
jugement, et j'ai à vous rendre grâces, non seulement de ce que vous me les avez envoyées, mais
encore de ce que vous m'avez ouvert un moyen
pour appuyer mon opinion de l'autorité d'Aristote.

[1] « Cette lettre de M. Descartes est du 20 janvier 1638. Voyez les raisons
dans le nouveau cahier. »

Comme cet homme a été si heureux que, quelques choses qu'il ait avancées dans ce grand nombre d'écrits qu'il a faits, même celles qu'il a dites sans y prendre garde, passent aujourd'hui chez la plupart pour des oracles, je ne souhaiterois rien tant que de pouvoir, sans m'écarter de la vérité, suivre ses vestiges en tout. Mais certes je ne dois pas me glorifier de l'avoir fait au sujet dont il est question ; car, quoique j'assure avec lui que le battement du cœur vient du gonflement d'une humeur qui s'échauffe dans ses cavités, toutefois je n'entends par cette humeur rien qui soit différent du sang, et je ne parle pas comme lui *du gonflement d'une humeur que le suc des viandes fournit continuellement, laquelle soulève la dernière tunique du cœur ;* car si j'avançois de pareilles choses, on me pourroit aisément convaincre d'erreur par quantité de preuves très évidentes, et l'on croiroit avec raison que je n'aurois jamais considéré avec attention la structure du cœur d'aucun animal, si, sans parler des ventricules et des valvules, j'assurois qu'il n'y a que la dernière tunique du cœur qui se hausse. Au reste, celui qui, sur de fausses prémisses (comme disent les logiciens), conclut par hasard quelque chose de vrai, ne raisonne pas mieux, ce me semble, que s'il en déduisoit quelque chose de faux; et si deux personnes étoient arrivées en un même lieu, l'une par des chemins détournés et l'autre par le droit chemin, il ne faudroit pas penser que l'une eût été sur les voies de l'autre.

A votre première objection, qui est que quand un cœur est hors du corps et coupé par morceaux, chaque parcelle bat durant quelque temps, quoique pour lors il n'y ait point de sang qui entre ou qui sorte,

Je réponds que j'ai fait autrefois cette expérience avec assez d'exactitude, particulièrement sur des poissons, dont le cœur bat bien plus long-temps après être coupé que celui des animaux terrestres, mais que j'ai toujours jugé, et même, comme cela se peut souvent faire, j'ai vu qu'il y avoit quelque reste de sang dans la partie où se faisoit le battement, qui y étoit tombé des autres parties plus hautes, et je me suis aisément persuadé que, pour peu qu'il tombe du sang d'une partie du cœur dans une autre plus chaude, cela suffit pour causer le battement : car il faut remarquer qu'une liqueur se raréfie d'autant plus aisément qu'elle est en moindre quantité; et comme nos mains, à force d'être exercées à certains mouvements y deviennent plus propres, de même parceque le cœur, dès le premier moment de sa formation, n'a cessé de s'enfler et de se désenfler, il ne faut que très peu de chose pour lui faire continuer ce mouvement; et enfin, comme nous voyons certaines liqueurs s'échauffer, et même s'enfler par le seul mélange de quelques autres, il peut y avoir aussi dans les replis du cœur quelque humeur qui ressemble au levain par le mélange de laquelle l'humeur qui survient vienne à s'enfler. Au reste, cette objection a, ce me semble, beaucoup plus de force contre l'opinion de ceux qui croient que le mouvement du cœur procède de quelque faculté de l'âme; car, de grâce, comment ce mouvement dépendroit-il de l'âme, et surtout celui qui se rencontre dans les parties d'un cœur, après qu'elles sont séparées, vu qu'il est de foi que l'âme raisonnable est indivisible, et qu'il n'y a aucune autre âme sensitive ou végétante qui lui soit jointe?

Vous m'objectez en second lieu ce que Galien rapporte à la fin du livre intitulé *An sanguis in arteriis contineatur*. C'est une expérience que véritablement je n'ai jamais faite, et pour la faire je n'ai pas maintenant assez de loisir; mais aussi je n'estime pas que cela soit fort nécessaire : car, posé une fois la cause du battement des artères, telle que je la pose, les lois de la mécanique, c'est-à-dire de ma physique, m'apprenant qu'ayant mis un tuyau dans une artère, si on lie cette artère par-dessus le tuyau, elle ne doit point battre plus bas que le lien, et qu'en ôtant la ligature elle doit battre au-delà du lien, comme Galien l'a expérimenté, pourvu toutefois que le tuyau soit un peu plus étroit que l'artère, ainsi que sans doute il l'a supposé, et que vous-même le supposez, comme je le puis conclure de ce que vous dites que si l'on ôtoit la ligature il sortiroit quelque peu de sang par la plaie ; car, si le tuyau remplissoit toute la capacité de l'artère, il boucheroit entièrement la place, de sorte qu'il n'en sortiroit pas la moindre goutte ; au lieu que, quand le tuyau nage dans l'artère avec le sang, ce n'est pas merveille s'il n'arrête pas son mouvement : car il faut remarquer que ce qui fait ce mouvement n'est pas que le sang au sortir du cœur se répande tout-à-coup dans toutes les artères, comme vous le supposez dans votre quatrième objection, mais c'est que venant à occuper toute cette partie de la grande artère, qui est la plus proche du cœur, il pousse et chasse tout l'autre sang qui est contenu dans cette artère et dans ses rameaux, ce qui se fait sans retardement aucun, et, pour parler avec les philosophes, *in instanti*. Posons, par exemple, que BCF est une artère pleine de sang, comme les artères le sont toujours, et dans laquelle il entre nouvellement un peu de sang qui sorte du cœur A [1] ; cela étant, nous concevrons facilement que ce nouveau sang ne peut remplir l'espace B qui est à l'orifice de cette artère, que l'autre sang qui remplissoit auparavant ce même espace B ne se recule vers C, d'où il chasse les autres parties du sang vers D, et

---

[1] Figure 52.

celle-ci les autres de suite jusques à E; en telle sorte qu'au même instant que le sang monte d'A vers B, l'artère doit battre en E, quand même nous supposerions qu'il y eût entre deux, comme vers D, un tuyau ou quelque autre corps, soit creux, soit solide, pourvu qu'il nageât librement dans le sang, parcequ'un tel corps seroit aussi facile à pousser vers E que le sang même, à cause que la superficie intérieure des artères étant fort unie, il ne trouveroit rien qui le pût arrêter, et que les artères ayant des tuniques assez dures ne se rétrécissent pas comme les intestins ou les veines, pour s'ajuster à la grosseur des corps qu'elles contiennent; d'où vient même qu'étant vides, et dans un animal mort, elles ont coutume de demeurer ouvertes et comme béantes. Que s'il y avoit un autre tuyau inséré dans l'artère, à l'endroit marqué E, sur lequel cette artère fût liée, comme le veut Galien, encore que le sang puisse passer par ce tuyau jusques à F, néanmoins il ne secouera point en cet endroit-là les côtés de l'artère, au moins sensiblement, parceque, passant d'un lieu étroit dans un autre plus large, il perdra une grande partie de ses forces, et emploiera plutôt ce qui lui en reste à agir suivant la longueur de l'artère en coulant que suivant sa largeur en la secouant, c'est-à-dire qu'il pourra bien, par un flux continuel, la remplir, et même la rendre plus enflée, mais non pas la faire sauter par des battemens distincts. Et il n'y a point d'autre raison pourquoi les veines, qui sont jointes aux artères par diverses anastomoses, ne battent pas comme elles, sinon parceque les extrémités par où le sang passe pour y entrer sont plus étroites que leurs petits canaux dans lesquels il s'écoule.

Nous pouvons encore éprouver l'expérience de Galien par deux autres moyens, savoir, en mettant dans l'artère un tuyau de plume ou d'autre matière qui soit assez gros pour remplir toute sa capacité et s'attacher à sa superficie intérieure, en sorte qu'il ne puisse nager dans le sang, comme celui qui est représenté vers D. En ce cas, pourvu qu'il ait le dedans assez étroit pour ne pas donner un plus libre passage au sang que celui qui est vers E, il est certain que, sans être lié, il arrêtera le mouvement de l'artère. Ou bien en mettant dans l'artère un tuyau qui soit assez large par le dedans pour donner au sang un passage aussi libre que l'artère lui donneroit, s'il n'y avoit point de tuyau; en ce cas, soit qu'il soit lié ou non, il n'empêchera point du tout le battement de l'artère : et il ne faut pas s'arrêter à l'autorité de Galien, qui assure, en divers endroits, *que les artères ne s'étendent pas comme des peaux de bouc, parcequ'elles s'emplissent ; mais qu'elles s'emplissent comme un soufflet, le gosier, les poumons et toute la poitrine, parcequ'elles s'étendent, et qu'étant étendues, elles attirent de tous les endroits voisins par leurs extrémités et par leurs pores tout ce qui est propre à les remplir :* car elle se peut réfuter par une expérience très certaine que j'ai vue assez de fois avant notre dispute, et que je n'ai pas été fâché de revoir encore en vous écrivant. Voici quelle elle est. Après avoir ouvert la poitrine d'un lapin vivant, et en avoir de part et d'autre rangé les côtes, en sorte que le cœur et le tronc de l'aorte se voyoient facilement, j'ai lié avec un fil l'aorte assez loin du cœur, et l'ai séparée de toutes les choses auxquelles elle touchoit, afin qu'on ne pût soupçonner qu'il n'y entrât des esprits ou du sang d'ailleurs que du cœur ; ensuite je l'ai ouverte avec une lancette entre le cœur et la ligature, et j'ai vu manifestement que dans le même temps que l'artère s'étendoit, le sang en jaillissoit par l'incision que l'on y avoit faite, et qu'il n'en sortoit pas une goutte dans le temps qu'elle venoit à se rétrécir : au lieu que si l'opinion de Galien étoit vraie, cette artère auroit dû attirer de l'air par l'incision pendant toute la durée de la diastole, et n'auroit pu jeter de sang que pendant celle de la systole, comme personne n'en peut douter ce me semble. Poursuivant la dissection de cet animal vivant, je lui ai coupé cette partie du cœur qu'on nomme sa pointe ; mais depuis le moment qu'elle a été séparée de sa base, je ne l'ai pas vue battre une seule fois, ce que je mets ici à l'occasion de l'objection précédente, afin que vous observiez que ce qui fait que les parties du cœur qui sont vers sa base battent encore quelque temps, est qu'il y coule quelque peu de sang des vaisseaux et des oreilles qui leur sont adhérentes, mais qu'il n'en est pas ainsi des parties qui sont vers la pointe. Enfin, après que la pointe du cœur a été retranchée, sa base, qui étoit demeurée pendue aux vaisseaux, a battu assez long-temps, et j'ai vu clairement que ces deux cavités qu'on nomme les ventricules du cœur devenoient plus larges dans la diastole (*c'est-à-dire dans le temps qu'elles rejetoient le sang*), et plus étroites dans la systole (*c'est-à-dire dans celui auquel elles le recevoient*); laquelle expérience ruine entièrement l'opinion d'Harvœus touchant le mouvement du cœur : car il assure tout le contraire, à savoir que les ventricules se dilatent dans la systole pour recevoir le sang, et qu'ils se resserrent dans la diastole pour le chasser dans les artères; ce que j'ai bien voulu mettre ici, pour vous montrer qu'on ne peut imaginer d'opinion contraire à la mienne qui ne soit renversée par quelques expériences très certaines. Remarquez que pour bien faire cette expérience il ne faut pas seulement couper l'extrémité de la pointe, mais la moitié de tout le cœur et même davantage, et qu'il faut faire cette épreuve sur un lapin, qui est un animal timide, et non pas sur un chien : car dans les chiens les ventricules du cœur ont plusieurs replis et petits détours, dont les cavités particulières s'enflent de telle sorte par la dilatation du sang, que la cavité qui les embrasse toutes en chaque ventricule semble en devenir plus étroite. C'est peut-être ce qui a trompé ceux qui ont cru que le cœur se resserroit dans la diastole ; mais l'on peut éprouver par le toucher même qu'il se dilate pour lors: car, en le prenant dans la main, on le sent beaucoup plus dur dans la diastole que dans la systole.

Vous m'objectez, en troisième lieu, que si la dilatation du cœur arrivoit par la raréfaction du sang, sa diastole dureroit bien plus long-temps qu'elle ne fait, ce que vous vous persuadez peut-être de la sorte, parceque vous imaginez que cette raréfaction est semblable à celle qui se fait dans les éolipyles quand l'eau qui y est se tourne en vapeur. Mais il y a différentes sortes de raréfaction qu'il faut distinguer ; car celle qui se fait quand une liqueur passant toute en fumée ou en air change de forme comme dans les éolipyles, est autre que celle qui arrive quand cette liqueur retenant sa forme ne fait qu'enfler sa masse: or il est manifeste que cette première sorte de raréfaction ne peut nullement convenir au sang dans le cœur. Premièrement, parcequ'elle ne se fait pas de toute la liqueur à la fois, mais seulement de celles de ses parties qui, s'élevant de sa superficie, s'étendent dans l'air prochain (comme j'ai amplement expliqué dans les Météores, aux chap. II et IV) : car il n'y a point de cet air dans le cœur, non plus que de superficie voisine de l'air, et ses deux cavités, quelque grandes qu'elles soient, sont toutes pleines de sang dans les animaux vivants. Secondement, parceque si cela étoit, ce ne seroit pas du sang que contiendroient les artères, mais seulement un certain air formé des vapeurs du sang. Mais maintenant personne ne doute qu'elles ne soient pleines de sang. Et je dirai ici en passant qu'il y a lieu de s'étonner du peu de vérités que savoient nos anciens, puisque, dans le doute qu'ils avoient de celles-ci en particulier, Galien a bien pris la peine d'écrire un livre tout entier pour prouver que c'est du sang qui est contenu dans les artères. Quant à l'autre sorte de raréfaction par laquelle une liqueur enfle sa masse, il la faut encore distinguer ; car ou elle se fait peu à peu, ou elle se fait en un instant ; elle se fait peu à peu quand les parties de la liqueur acquièrent par degrés quelque nouveau mouvement ou quelque nouvelle figure ou situation, qui fait qu'elles laissent autour d'elles des intervalles plus grands ou en plus grand nombre qu'auparavant ; et j'ai expliqué dans les Météores comment une telle raréfaction peut procéder non seulement de chaleur, mais même d'un grand froid et de quelques autres causes. Pour la raréfaction qui se fait en un moment, elle arrive, suivant les principes de ma philosophie, quand toutes les petites parties d'une liqueur, ou du moins plusieurs éparses dans sa masse, acquièrent en même temps quelque changement à l'occasion duquel elles demandent d'occuper un espace notablement plus grand que celui qu'elles occupoient. Or il est aisé à voir que c'est de cette dernière façon que le sang se raréfie dans le cœur, parceque sa diastole se fait en un instant; et si l'on prend bien garde à toutes les choses que j'ai écrites dans la cinquième partie du Traité de la méthode, l'on n'en doutera non plus que l'on ne doute point que c'est ainsi que se raréfie l'huile, et les autres liqueurs, quand on les voit enfler tout-à-coup et s'élever par bouillons dans un pot : car toute la structure du cœur, sa chaleur et la nature du sang sont si propres et conspirent tellement à la production de cet effet, que nous n'apercevons par les sens aucune chose qui me semble plus claire et plus certaine que celle-là. Car pour ce qui est de la chaleur, encore que dans les poissons on ne la sente pas fort grande, si est-ce pourtant qu'elle est beaucoup plus grande dans leur cœur que dans aucune autre partie.

Mais vous nierez peut-être que le sang soit de nature à se raréfier tout-à-coup; parce, direz-vous, qu'il n'est pas semblable à l'huile ou à la poix, mais que c'est plutôt une humeur aqueuse et terrestre; comme si cette propriété ne convenoit qu'aux liqueurs grasses. Hé, dites-moi de grâce, l'eau n'a-t-elle pas coutume de s'enfler de la sorte, quand on y met cuire du poisson ou quelque autre chose? Cependant vous ne sauriez pas dire que le sang soit plus aqueux que l'eau même. D'ailleurs la farine pétrie avec le levain ne s'élève-t-elle pas aussi en même façon, sans qu'il soit besoin de beaucoup de chaleur? Cependant vous ne direz pas que le sang soit plus terrestre qu'elle. Mais qu'y a-t-il qui approche plus du sang que le lait, soit pour être aqueux, soit pour être terrestre? Je ne pense pas qu'on puisse rien trouver de plus semblable; cependant il est certain qu'étant mis sur le feu, quand il est parvenu à un certain degré de chaleur, il s'enfle tout-à-coup. Mais qu'est-il besoin de se servir d'exemples étrangers dont la chimie nous pourroit fournir un grand nombre, puisque le sang même se dilate en un instant, quand, tout nouvellement tiré des veines, il vient à tomber dans un lieu où il trouve plus de chaleur qu'il n'en a, ainsi que je l'ai quelquefois expérimenté. Toutefois, parceque je sais qu'il est de telle nature que, dès qu'il est hors des vaisseaux, il se corrompt, et que la chaleur du feu diffère en quelques choses de la chaleur du cœur, je ne dirai pas que la raréfaction qui se fait du sang dans le cœur soit semblable en tout à celle qui s'en fait ainsi par artifice : mais, afin de ne vous rien celer ici de ce que je pense, voici comme j'estime qu'elle se fait.

Quand le sang se raréfie et se dilate dans le cœur, à la vérité la plus grande partie s'élance dehors de l'aorte et par la veine artérieuse; mais il en reste aussi dedans une autre partie, laquelle remplissant les recoins de chaque ventricule, y acquiert un nouveau degré de chaleur, et une certaine propriété, approchante de celle du levain, qui fait que sitôt que le cœur se désenfle, cette partie qui étoit restée venant à se mêler promptement avec le sang qui tombe de nouveau dans le cœur par la veine cave et par l'artère veineuse, ce nouveau sang s'enfle tout-à-coup, et passe dans les artères; en sorte néanmoins qu'il en reste toujours, comme j'ai dit, un peu dans le cœur, pour y servir comme de levain : c'est ainsi que le levain de pain se fait d'ordinaire d'un morceau de pâte déjà levée, celui de vin des restes de la vendange, et celui de bière d'une certaine lie qu'elle fait. Au reste, il n'est pas besoin d'un degré de chaleur fort intense (pour parler en termes de philosophes) pour faire que ce peu de sang qui reste dans le cœur acquière cette propriété de levain; il est besoin seulement qu'il soit différent, selon la différente nature du sang de chaque animal; non plus qu'il n'est pas besoin de beaucoup de chaleur pour faire que la bière, le vin, le pain, dont la plus grande partie de notre sang est composée, se convertissent en levain, vu même que ces choses ont cela de propre, qu'elles s'échauffent d'elles-mêmes.

Pour votre quatrième objection, je pense y avoir déjà suffisamment satisfait, ayant montré ci-devant de quelle façon toutes les artères battent en même temps; et ainsi je n'ai plus qu'à répondre aux choses que vous avez avancées contre la circulation du sang.

La première est la différence qui se remarque entre le sang des veines et celui des artères, laquelle j'ai moi-même fait remarquer en la 52ᵉ page de ma Méthode, comme une chose qui pouvoit être objectée à Harvœus, parceque, suivant sa doctrine, on ne conçoit point qu'il arrive aucun changement au sang dans le cœur. Mais pour moi je ne craignois pas qu'elle me pût être objectée, après avoir expliqué en ce lieu-là comment se fait la raréfaction subite du sang dans le cœur, et cette espèce de bouillonnement qu'il y souffre. Car, enfin, que peut-on imaginer qui puisse causer un plus grand et plus prompt changement dans un corps que le mélange d'un levain tel que celui que j'ai décrit, et ce bouillonnement dont j'ai parlé? Peut-être direz-vous que le sang qui sort des artères ne souffre aucun changement en passant dans les veines, et qu'ainsi celui des veines ne doit pas être différent de celui des artères. Pour répondre exactement à cette difficulté, je vous prie premièrement d'observer qu'il n'y a pas une goutte de sang dans les artères qui n'ait passé un peu auparavant dans le cœur, et qu'il y en a toujours quelques gouttes dans les veines qui n'y sont point entrées par les artères (car on sait qu'il tombe toujours quelque humeur des intestins dans les veines), et aussi que toutes les veines ne doivent être considérées avec le foie que comme un seul vaisseau.

Cela posé, on conçoit facilement que le sang doit retenir dans les artères les mêmes qualités qu'il acquiert dans le cœur; en sorte que si nous feignions qu'il devînt blanc en passant dans le cœur, comme il devient rouge en passant dans le foie, tout celui des artères seroit blanc, et tout celui des veines seroit rouge; car le sang qui couleroit sans cesse des artères dans les veines, pour blanc qu'il fût, venant à se mêler avec celui des veines qui est déjà rouge, prendroit aussitôt sa couleur, en même façon que l'eau étant versée dans du vin prend la couleur du vin. De plus, il faut remarquer qu'il y a quantité de choses qui, après avoir été fort échauffées, acquièrent des qualités tout-à-fait différentes, pour cela seul qu'on les fait refroidir ou lentement ou promptement: ainsi, si vous ne laissez refroidir le verre lentement, il devient si fragile, qu'il ne peut pas même résister à l'air; et nous voyons que la même matière se convertit tantôt en fer, et tantôt en acier, selon qu'elle est diversement trempée : or le sang qu'on tire d'une artère se peut comparer au verre que l'on tire tout rouge de la fournaise, et celui qu'on tire des veines se peut comparer au verre qui est recuit à petit feu : et même le feu le plus violent des fournaises ne semble pas avoir tant de force sur l'acier ou sur le verre, que la chaleur modérée du cœur en a sur le sang, qui est une liqueur si susceptible de changement, que l'air seul le corrompt incontinent qu'il est sorti des veines.

Quant à ce que vous ajoutez de la matière des fièvres intermittentes, je n'ai rien autre chose à dire, sinon que je ne vois pas la moindre apparence qu'elle puisse résider dans les veines, et j'admire comment une opinion qui n'est appuyée d'aucune raison probable a eu tant de sectateurs. Fernel, au livre quatrième de sa Pathologie, chap. IX, dispute fort au long contre eux (ce que je dis pour réfuter une autorité par une autre); mais enfin il l'emporte par ses raisons; et, entre les autres, il en donne une qui me semble suffire toute seule, qui est que si la matière des fièvres intermittentes procédoit des veines, ou il n'y auroit jamais de double tierce, ou toute fièvre tierce bien véhémente seroit double; il en faut dire autant de la fièvre quarte. Je ne rapporte ici aucune raison qui soit de moi, et ne dis pas même ce que je pense des fièvres, de peur de me laisser emporter en d'autres difficultés.

Reste maintenant cette expérience qui consiste à lier la plupart des veines qui tendent vers la jambe, en laissant les artères libres. Vous dites qu'une jambe en cet état ne s'enfleroit point, mais qu'au contraire elle diminueroit peu à peu, faute de nourriture. Sur quoi j'ai à répondre qu'il faut distinguer les temps ; car il est certain que sitôt que les veines seront ainsi liées, elles s'enfleront un peu, et même que si l'on vient à en ouvrir quelqu'une au-dessous de la ligature, tout le sang qui est dans le corps, ou la plus grande partie, en pourra sortir par l'ouverture que l'on aura faite, comme les chirurgiens l'expérimentent tous les jours. Et cela ne sert pas simplement à nous persuader comme une raison probable que le sang pourroit bien circuler, mais c'en est, si je ne me trompe, une demonstration tout évidente. Que si on laisse long-temps ces veines ainsi liées, je pense bien que ce que vous en avez écrit se trouvera vrai, quoique je ne l'aie jamais expérimenté, parceque le sang ne coulant plus, mais croupissant dans ces veines qui seroient liées, deviendroit en peu de temps fort épais, et peu propre à nourrir le corps ; et cela étant, il ne pourroit plus couler continuellement de nouveau sang des artères en cette partie, comme de coutume, parceque toutes les branches et les petits conduits tant des artères que des veines étant bouchés par ce sang épaissi, son cours seroit empêché; et même il se pourroit peut-être aussi faire que ces veines se désenfleroient quelque peu, parceque les sérosités du sang qu'elles contiennent en pourroient sortir par insensible transpiration. Mais tout cela ne fait rien contre la circulation.

INSTANCES

DU MÊME MÉDECIN DE LOUVAIN

A M. DESCARTES[1].

(Lettre 79 du tome I. Version.)

Monsieur,

Puisque vous désirez savoir de quelle sorte vos réponses m'ont satisfait, je vous dirai librement qu'elles ne m'ont pas pleinement contenté, et qu'il y a encore certaines choses qui demandent

[1] « Ces instances sont du 5 février 1638. Voyez les raisons dans le nouveau cahier. »

que vous vous expliquiez un peu davantage, si vous voulez me donner une entière satisfaction.

A ma première objection, vous dites que quand le cœur est séparé du corps, s'il y a quelque partie qui batte, il faut qu'un reste de sang y soit tombé des autres parties supérieures; mais je remarque que les parties mêmes qui, pour être les plus hautes de toutes, ne peuvent recevoir de sang d'ailleurs, battent aussi.

Vous ajoutez que cette objection fait moins contre vous que contre l'opinion vulgaire de ceux qui croient que le mouvement du cœur procède de quelque faculté de l'âme : mais cela ne vous excuse point ; car peut-être que ni eux ni vous ne connoissez point encore la vraie cause de ce mouvement; et même, quoi que vous disiez, il me semble pouvoir aisément sauver l'opinion vulgaire: car bien que l'âme ne soit plus dans un cœur humain quand il est séparé du corps, et qu'ainsi il n'y ait plus en lui de faculté, toutefois il reste dans le cœur un certain esprit qui, ayant été l'instrument de l'âme, agit encore par sa vertu après qu'elle est sortie ; et c'est ce qui me fait croire que l'attraction, la coction et l'assimilation des aliments se font aussi bien dans le corps d'un homme nouvellement décapité que s'il étoit vivant, tant qu'il y reste de la chaleur et de cet esprit vivifique.

A ma seconde objection, vous dites que le mouvement des artères vient de ce que le sang qui occupe cette partie de la grande artère qui est proche du cœur pousse tout l'autre sang. Je trouve néanmoins que cela est contraire aux expériences de la chirurgie. Car, par exemple, quand une artère est offensée et ouverte par quelque fissure, on sait que ce n'est pas un petit ouvrage, ni une petite peine pour les chirurgiens, que d'arrêter le sang : c'est ce qui fait que pour en venir à bout ils mettent dans la plaie des poudres astringentes, des linges, et je ne sais combien d'autres ingrédients; en sorte que, par le moyen de ces corps étrangers qu'ils y fourrent à force, ils font que le sang qui est au-dessous de la plaie ne touche plus à celui de dessus : et cependant le mouvement de l'artère ne s'arrête point au-dessous de la plaie, mais elle continue d'y battre, ce qui ne devroit point arriver si ce que vous dites étoit vrai; ni ces corps étrangers ne nagent pas librement avec le sang dans les artères, comme vous voulez qu'ils y nagent, pour ne point empêcher ce battement, mais ils y sont fixes et pressés, autrement ils n'auroient pu arrêter le sang qui sortoit par la plaie. Vous ajoutez à cela que si l'on fourre dans une artère un tuyau assez gros pour remplir toute sa capacité, et qui soit si étroit par le dedans que le sang n'y puisse passer librement, il ne laissera pas d'arrêter le mouvement de l'artère, encore qu'il n'y ait aucune ligature ; et c'est pour cette même raison que vous voulez que les veines ne battent point, etc. Mais quelle différence peut-il y avoir, que le passage libre du sang soit empêché, ou en mettant un tuyau dans une artère, ou bien en l'entourant par dehors de quelque corps qui la serre? je pense que cela doit avoir le même effet ; et néanmoins, que l'on étrécisse et que l'on serre tant que l'on voudra les artères par dehors, pourvu que leurs tuniques ne se touchent point, et qu'elles ne soient pas pressées l'une contre l'autre, leur battement ne sera point arrêté : ce qui étant hors de doute, je vous laisse à en tirer la conséquence. Ce que vous rapportez de la dissection d'un lapin vivant est vrai ; et Galien rapporte la même chose au livre *de adminis. anat.*, s'étonnant de ce que la base du cœur est la dernière partie qui batte.

A ma troisième objection, vous répondez qu'encore qu'on ne sente pas une grande chaleur dans le cœur des poissons, ils en ont toutefois plus en cette partie-là qu'en aucune autre ; je vous l'accorde : mais cette chaleur n'est pas si grande qu'elle puisse raréfier leur sang, et encore en si peu de temps. Nos mains sont beaucoup plus chaudes que le cœur des poissons ; cependant, quand elles sont pleines de sang de poisson, elles ne le font point raréfier de la sorte.

Enfin, vous avez recours à un certain levain que vous dites être dans le cœur, et servir à raréfier le sang : mais je crains fort que ce levain ne soit une chose vaine et imaginaire ; et quand il ne le seroit pas, comment pourroit-il raréfier le sang si promptement ? cela est entièrement contre l'ordinaire et le naturel du levain. Je souhaiterois donc, s'il vous plaît, que ces choses fussent encore expliquées : toutefois, si vous croyez qu'il n'en soit pas besoin, et que vos réponses vous semblent assez claires et assez exactes, demeurez-en là ; je tâcherai de les digérer tout seul. Le reste de ce que vous m'avez écrit pour la preuve de la circulation du sang se soutient assez, et c'est une opinion qui ne me déplaît pas.

RÉPONSE DE M. DESCARTES [1].

(Lettre 80 du tome I. Version.)

Monsieur,

Je vous suis très obligé de la diligence que vous apportez à répondre à mes lettres, et du soin que

---

[1] « Cette réponse est du 12 février 1638. Voyez les raisons dans le « nouveau cahier. »

vous prenez de m'envoyer celles des autres. Les nouvelles instances que vous me faites sont très considérables, et si jamais il m'en a été fait que j'aie jugées dignes de quelque réponse, ce sont celles-ci.

Quant à la première, vous m'avertissez fort à propos que les plus hautes parties du cœur sont celles qui battent le plus quand il est tiré du corps, d'où vous inférez que ce battement ne procède pas de la chute du sang ; mais il faut ici prendre garde à deux choses qui peuvent à mon avis lever toute la difficulté. La première est que ces parties du cœur qu'on nomme supérieures, c'est-à-dire qui sont à sa base, sont doubles : car 1° il y a celles où sont insérées la veine cave et l'artère veineuse ; et pour celles-là, il est vrai de dire qu'elles ne se meuvent pas par la raréfaction de quelque nouveau sang qui y découle, après que les oreilles et tous les autres vaisseaux qui leur étoient joints, et qui avoient coutume de leur en fournir, sont retranchés ; si ce n'est que par hasard il en coule un peu dans leurs cavités, de la coronaire, et des autres petits vaisseaux épars dans la substance du cœur, qui pour lors sont ouverts autour de sa base. De plus, il y a les parties auxquelles sont insérées la veine artérieuse et la grande artère ; pour celles-là, elles doivent battre les dernières de toutes, même après que la pointe du cœur est retranchée.

parceque, comme c'est par ces parties-là que le sang a accoutumé de sortir, il y trouve des routes si faciles, et tout est disposé de telle sorte dans un cœur, quoique coupé, que tout ce qui reste de sang est porté vers elles.

La seconde chose qu'il faut ici observer, est que le mouvement des oreilles du cœur, et des parties qui leur sont voisines, est fort différent de celui de tout le reste de sa masse : car si l'on voit qu'elles remuent quand le cœur est en pièces et déjà languissant, ce n'est pas que le sang qu'elles contiennent se raréfie, mais c'est qu'il en sort à grosses gouttes. Car quand le cœur est encore vigoureux et entier, il paroît un autre mouvement aux oreilles, qui vient de ce qu'elles s'emplissent de sang : or les parties supérieures du cœur, à les prendre jusques à cet endroit des ventricules où les extrémités des valvules tricuspides sont insérées, imitent tantôt le mouvement des oreilles, et tantôt celui de tout le reste du cœur.

Après ces observations, si vous prenez la peine de considérer avec attention les derniers mouvements d'un cœur mourant, je ne doute point que vous ne reconnoissiez à l'œil que ses plus hautes parties (j'entends celles d'où le sang doit tomber dans les autres) n'ont point alors d'autre mouvement que celui qu'elles ont ordinairement quand elles se vident. Et si vous coupez ses ventricules en long, vous verrez les oreilles battre jusques à trois et quatre fois, et à chaque fois dégoutter du sang dans les ventricules, avant que le cœur batte une seule fois; vous verrez aussi avec cela plusieurs autres choses qui confirment toutes mon opinion. Mais vous demanderez peut-être comment un si grand mouvement que celui qui vous paroîtra lors aux oreilles du cœur peut être causé par la seule chute du sang qui en dégoutte. En voici deux causes : la première est parceque, comme le sang n'entre pas dans le cœur d'un animal quand il est vivant, d'un flux égal et continuel, mais qu'il ne tombe des oreilles dans ses ventricules qu'à grosses gouttes et à moments interrompus, toutes les fibres des parties par où le sang a accoutumé de passer sont tellement disposées par la nature, que, pour peu qu'il y en coule pour tomber dans le cœur, ces parties se doivent ouvrir aussi fort et aussi vite qu'elles ont accoutumé de s'ouvrir quand elles donnent passage à une plus grande quantité de sang. L'autre est que cette petite rosée de sang qui sort comme une sueur de toutes les parties du cœur que l'on a blessées en les coupant doit se rassembler, et former une goutte assez notable, avant qu'elle puisse couler jusqu'au milieu de ses ventricules; en même façon que la sueur, qui, sortant insensiblement de notre peau, s'arrête quelque temps sur elle, jusques à ce qu'elle se soit assemblée en gouttes, lesquelles par après tombent tout d'un coup à terre.

Au reste, quand sur ce que j'ai dit en répondant à votre objection, qu'elle avoit plus de force contre l'opinion vulgaire que contre la mienne, vous répondez que cela ne m'excuse pas, vous dites vrai, aussi n'est-ce pas ma coutume de perdre le temps à réfuter les autres; mais je croyois en cette rencontre ne pas peu faire pour vous obliger à vous ranger de mon parti, si je vous montrois que vous n'en pouvez suivre d'autre avec plus de raison. Sans doute que vous avez voulu imiter ces braves qui, ayant entrepris de défendre une place mal munie, ne se rendent pas d'abord aux assiégeants, quoiqu'ils voient bien qu'ils ne pourront leur résister, et qui, pour donner des preuves de leur courage, veulent auparavant user toute leur poudre et tenter les dernières extrémités, d'où il arrive que leur défaite leur est souvent plus glorieuse qu'à leurs vainqueurs. Car lorsque, pour expliquer comment le cœur peut encore être mû dans le cadavre d'un homme par l'âme qui en est absente, vous avez recours à la chaleur et à un esprit vivifique, comme à des instruments qui, ayant servi à l'âme pour cet effet, sont encore capables de le produire par sa vertu, de grâce, qu'est-ce autre chose que de vouloir tenter les extrémités? car enfin, si ces instruments sont quelquefois suffisants pour produire tout seuls cet effet, pourquoi ne le sont-ils pas toujours? Et pourquoi vous imaginez-vous plutôt qu'ils agissent par la vertu de l'âme quand elle est absente, que non pas qu'ils n'ont pas besoin de sa vertu lors même qu'elle est présente?

A la seconde objection, que vous tirez de la manière dont les chirurgiens arrêtent le sang d'une artère ouverte, je réponds que, quand le pouls ne cesse pas au-dessous de la plaie, c'est qu'il n'y a que le trou de la peau et des chairs par où le sang pourroit sortir, qui soit bouché, et que le canal de l'artère par où le sang a accoutumé de couler ne l'est pas.

A ce que vous ajoutez au même endroit, je réponds qu'il y a bien de la différence entre une artère où le libre passage du sang est empêché par un tuyau qu'on a mis dedans, et entre celle qu'on a rendue plus étroite par une ligature faite en dehors.

Car encore que l'opinion de Galien, qui dit que le mouvement des artères dépend d'une certaine vertu qui se coule et se glisse le long de leur tunique, ne me semble nullement probable, je pense pourtant que la continuité qui est dans les tuniques fait que l'on peut raisonnablement croire que, quand les parties d'une artère qui sont au-dessus de la ligature sont ébranlées par les secousses du sang, celles qui sont au-dessous se doivent aussi par conséquent ressentir de leur mouvement, du moins quand le lien n'est pas si serré qu'il puisse arrêter entièrement le mouvement des tuniques de cette artère, comme il ne peut presque jamais arriver dans le cas proposé. Mais si l'on rétrécit une artère en quelque endroit beaucoup plus que dans les autres, et qu'en même temps ses tuniques soient privées de tout mouvement en cet endroit-là, par quelque cause que cela se fasse, je crois fermement que le battement des parties plus basses cessera aussi.

Dans votre troisième instance, vous alléguez le froid des poissons comme une raison pour nier que le sang se raréfie dans le cœur; mais si vous étiez maintenant ici avec moi, vous ne pourriez pas désavouer que ce mouvement procède de la chaleur, même dans les animaux les plus froids : car je vous ferois voir présentement le petit cœur d'une anguille que j'ai coupé ce matin, il y a sept ou huit heures, en qui il ne reste plus aucun signe de vie, et qui déjà est tout sec en sa surface, comme revivre et battre encore assez vite dès que j'en approche par dehors une médiocre chaleur.

Mais afin que vous sachiez que la chaleur seule ne suffit pas, et qu'il faut aussi que quelque goutte de sang y découle pour causer ce battement, je vous donne avis que voilà que je mets ce cœur dans le sang de cette même anguille, lequel j'ai gardé tout exprès, puis en l'échauffant médiocrement, je fais qu'il ne bat pas moins vite ni moins fortement que lorsque cette anguille étoit vivante. C'est dans ce même cœur que j'ai vu encore clairement ce matin ce que j'ai écrit ci-devant du mouvement qui arrive aux parties supérieures du cœur quand le sang en dégoutte; car après en avoir ôté la partie où étoit insérée la veine cave, qui est proprement la plus haute de toutes, j'ai pris garde que la partie suivante, qui étoit devenue la plus haute par le retranchement de l'autre, ne battoit plus avec le reste du cœur, mais seulement que, recevant parfois une petite rosée de sang qui dégouttoit de la plaie, elle avoit un mouvement tout-à-fait différent de celui du pouls ordinaire.

Mais parceque, s'il vous arrive jamais de faire une semblable expérience, vous pourrez voir que le cœur de ces sortes d'animaux froids bat souvent, quoiqu'on ne puisse aucunement soupçonner qu'il y tombe du sang d'ailleurs, je veux prévenir une objection que vous en pourriez légitimement tirer, en vous expliquant comment je conçois que se fait cette sorte de battement. Premièrement, j'observe que ce sang diffère beaucoup de celui des animaux qui ont plus de chaleur, duquel les plus subtiles parties s'envolent en l'air dès qu'il est tiré du corps, après quoi ce qui reste, ou se résout en eau, ou s'épaissit en grumeaux; car j'ai gardé tout aujourd'hui le sang de cette anguille sans qu'il se soit corrompu, ou du moins sans qu'il y soit arrivé aucun changement que l'on puisse apercevoir: il ne laisse pourtant pas d'en sortir toujours quantité de vapeurs, et sitôt qu'on l'échauffe tant soit peu, ces vapeurs s'élèvent comme une fumée fort épaisse.

De plus, il me souvient d'avoir autrefois observé, en voyant brûler du bois vert ou cuire des pommes, que la chaleur fait élever certaines vapeurs des parties intérieures, lesquelles en passant par les petites fentes ou crevasses qui se font à l'écorce font une espèce de vent; ce que tout le monde peut avoir observé aussi bien que moi : mais il arrive aussi parfois que l'endroit de l'écorce où se fait une telle crevasse est tellement disposé qu'il s'enfle quelque peu avant que la crevasse s'ouvre, et qu'il se désenfle sitôt qu'elle est ouverte, parceque toute la vapeur qui étoit renfermée dans cette tumeur en sort promptement avec bruit, et qu'il n'en succède pas sitôt de nouvelle; mais peu de temps après une autre vapeur succédant, la même partie de l'écorce s'enfle derechef, la petite crevasse se rouvre, et la vapeur s'échappe comme auparavant, et ce mouvement ainsi souvent répété imite parfaitement bien le battement d'un cœur, non pas à la vérité d'un cœur vivant, mais d'un cœur tel que celui dont je me sers pour cette expérience et que j'ai arraché ce matin d'une anguille. Cela ainsi observé, il n'y a rien, ce me semble, qui doive empêcher de croire que les fibres dont la chair du cœur est composée sont disposées en sorte que la vapeur du sang qui y est enfermé est capable de les élever et de faire que, de ce qu'elles s'élèvent ainsi, il s'ouvre de grands passages dans le cœur, par où toute cette vapeur s'envole incontinent, au moyen de quoi le cœur se désenfle. Ce que je puis confirmer par une autre observation que j'ai faite encore aujourd'hui, qui est telle. J'ai pris le petit cœur d'une anguille et en ai coupé la plus haute partie (c'est-à-dire celle où la veine cave étoit insérée, et qui faisoit en cette anguille la même fonction que fait l'oreille droite dans le cœur des animaux terrestres). Après l'avoir coupée toute dégouttante encore de sang qu'elle étoit, je l'ai mise à part dans une écuelle de bois, où vous l'eussiez prise pour une goutte de sang un peu épaissi, qui nageoit dans une autre goutte de sang moins épais; après cela j'ai arrêté ma vue dessus pour voir si je n'apercevrois point en elle quelque battement : car c'étoit pour cette épreuve que je l'avois ainsi réservée; mais il est vrai qu'au commencement je n'y en ai aperçu aucun, parceque (comme j'ai reconnu un peu après) toute la vapeur qui sortoit de ce sang, trouvant d'abord des passages libres et tout ouverts, s'envoloit d'un cours continu et que rien n'interrompoit; mais à un quart d'heure de là, quand la goutte de sang dans laquelle nageoit cette petite portion de cœur est venue à se sécher par le dessus, il s'est formé comme une petite peau sur sa surface, qui retenant ces vapeurs m'a fait apercevoir un battement manifeste, lequel s'augmentant à mesure qu'on en approchoit la chaleur, n'a point cessé que toute l'humeur du sang n'ait été épuisée.

Au reste, je m'étonne fort que ce que je vous ai dit de cette espèce de levain que j'estime être dans le cœur vous semble une chose vaine et imaginaire, et que vous croyiez que j'en fasse mon refuge, comme si j'étois fort pressé et que je ne pusse me défendre autrement : car il est certain que mon opinion s'explique facilement, et même qu'elle se démontre sans cela; mais en l'admettant, il est nécessaire aussi d'avouer que, d'une diastole à l'autre, il demeure une petite partie du sang qui a été raréfié dans le cœur, laquelle venant à se mêler avec le sang qui y survient de nouveau, aide à le raréfier, en quoi elle imite parfaitement le naturel du levain.

A UN R. P. JÉSUITE [1].

(Lettre 114 du tome I.)

MON RÉVÉREND PÈRE,

Je suis ravi de la faveur que vous m'avez faite de voir si soigneusement le livre de mes essais, et de m'en mander vos sentiments avec tant de témoignages de bienveillance; je l'eusse accompagné d'une lettre en vous l'envoyant, et eusse pris cette occasion de vous assurer de mon très humble service, n'eût été que j'espérois le faire passer par le monde sans que le nom de son auteur fût connu; mais puisque ce dessein n'a pu réussir, je dois croire que c'est plutôt l'affection que vous avez eue pour le père, que le mérite de l'enfant, qui est cause du favorable accueil qu'il a reçu chez vous, et je suis très particulièrement obligé de vous en remercier. Je ne sais si c'est que je me flatte de plusieurs choses extrêmement à mon avantage qui sont dans les deux lettres que j'ai reçues de votre part, mais je vous dirai franchement que de tous

---

[1] « Cette lettre est du 24 janvier 1638, à un P. jésuite de La Flèche. » Voyez les raisons dans le nouveau cahier. »

ceux qui m'ont obligé de m'apprendre le jugement qu'ils faisoient de mes écrits, il n'y en a aucun, ce me semble, qui m'ait rendu si bonne justice que vous, je veux dire si favorable, sans corruption, et avec plus de connoissance de cause. En quoi j'admire que vos deux lettres aient pu s'entresuivre de si près, car je les ai presque reçues en même temps; et voyant la première, je me persuadois ne devoir attendre la seconde qu'après vos vacances de la Saint-Luc. Mais, afin que j'y réponde ponctuellement, je vous dirai, premièrement, que mon dessein n'a point été d'enseigner toute ma méthode dans le discours où je la propose, mais seulement d'en dire assez pour faire juger que les nouvelles opinions qui se verroient dans la Dioptrique et dans les Météores n'étoient point conçues à la légère, et qu'elles valoient peut-être la peine d'être examinées. Je n'ai pu aussi montrer l'usage de cette méthode dans les trois traités que j'ai donnés, à cause qu'elle prescrit un ordre pour chercher les choses qui est assez différent de celui dont j'ai cru devoir user pour les expliquer. J'en ai toutefois montré quelque échantillon en décrivant l'arc-en-ciel, et si vous prenez la peine de le relire, j'espère qu'il vous contentera plus qu'il n'aura pu faire la première fois, car la matière est de soi assez difficile. Or, ce qui m'a fait joindre ces trois traités au discours qui les précède, est que je me suis persuadé qu'ils pourroient suffire pour faire que ceux qui les auront soigneusement examinés, et conférés avec ce qui a été ci-devant écrit des mêmes matières, jugent que je me sers de quelque autre méthode que le commun, et qu'elle n'est peut-être pas des plus mauvaises. Il est vrai que j'ai été trop obscur en ce que j'ai écrit de l'existence de Dieu dans ce traité de la Méthode, et bien que ce soit la pièce la plus importante, j'avoue que c'est la moins élaborée de tout l'ouvrage; ce qui vient en partie de ce que je ne me suis résolu de l'y joindre que sur la fin, et lorsque le libraire me pressoit. Mais la principale cause de son obscurité vient de ce que je n'ai osé m'étendre sur les raisons des sceptiques, ni dire toutes les choses qui sont nécessaires *ad abducendam mentem a sensibus :* car il n'est pas possible de bien connoître la certitude et l'évidence des raisons qui prouvent l'existence de Dieu, selon ma façon, qu'en se souvenant distinctement de celles qui nous font remarquer de l'incertitude en toutes les connoissances que nous avons des choses matérielles; et ces pensées ne m'ont pas semblé être propres à mettre dans un livre où j'ai voulu que les femmes même pussent entendre quelque chose, et cependant que les plus subtils trouvassent aussi assez de matière pour occuper leur attention. J'avoue aussi que cette obscurité vient en partie, comme vous avez fort bien remarqué, de ce que j'ai supposé que certaines notions que l'habitude de penser m'a rendu familières et évidentes, le devoient être aussi à un chacun ; comme, par exemple, que nos idées ne pouvant recevoir leurs formes ni leur être que de quelques objets extérieurs ou de nous-mêmes, ne peuvent représenter aucune réalité ou perfection qui ne soit en ces objets ou bien en nous, et semblables, sur quoi je me suis proposé de donner quelque éclaircissement dans une seconde impression.

J'ai bien pensé que ce que j'ai dit avoir mis en mon traité de la Lumière, touchant la création de l'univers, seroit incroyable ; car il n'y a que dix ans que je n'eusse pas moi-même voulu croire que l'esprit humain eût pu atteindre jusqu'à de telles connoissances, si quelque autre l'eût écrit ; mais ma conscience, et la force de la vérité, m'a empêché de craindre d'avancer une chose que j'ai cru ne pouvoir omettre sans trahir mon propre parti, et de laquelle j'ai déjà ici assez de témoins ; outre que si la partie de ma Physique qui est achevée et mise au net il y a déjà quelque temps voit jamais le jour, j'espère que nos neveux n'en pourront douter.

Je vous ai obligation du soin que vous avez pris d'examiner mon opinion touchant le mouvement du cœur. Si votre médecin a quelques objections à y faire, je serai très aise de les recevoir, et ne manquerai pas d'y répondre; il n'y a que huit jours que j'en ai reçu sept ou huit sur la même matière, d'un professeur en médecine de Louvain, qui est de mes amis, auquel j'ai renvoyé deux feuilles de réponse, et je souhaiterois que j'en puisse recevoir de même façon, touchant toutes les difficultés qui se rencontrent en ce que j'ai tâché d'expliquer; je ne manquerois pas d'y répondre soigneusement, et je m'assure que ce seroit sans désobliger aucun de ceux qui me les auroient proposées. C'est une chose que plusieurs ensemble pourroient plus commodément faire qu'un seul, et il n'y en a point qui le pussent mieux que ceux de votre compagnie. Je tiendrois à très grand honneur et faveur qu'ils voulussent en prendre la peine : ce seroit sans doute le plus court moyen pour découvrir toutes les erreurs ou les vérités de mes écrits.

Pour ce qui est de la lumière, si vous prenez garde à la troisième page de la Dioptrique, vous verrez que j'ai mis là expressément que je n'en parlerai que par hypothèse; et en effet, à cause que le traité qui contient tout le corps de ma Physique porte le nom *de la Lumière*, et qu'elle est la chose que j'y explique le plus amplement et le plus curieusement de toutes, je n'ai point voulu mettre ailleurs les mêmes choses que là, mais seulement en représenter quelque idée par des comparaisons et des ombrages, autant qu'il m'a semblé nécessaire pour le sujet de la Dioptrique.

Je vous suis obligé de ce que vous témoignez être bien aise que je ne me sois pas laissé devancer par d'autres en la publication de mes pensées; mais c'est de quoi je n'ai jamais eu aucune peur: car outre qu'il m'importe fort peu si je suis le premier ou le dernier à écrire les choses que j'écris, pourvu seulement qu'elles soient vraies, toutes mes opinions sont si jointes ensemble, et dépendent si fort les unes des autres, qu'on ne s'en sauroit approprier aucune sans les savoir toutes. Je vous prie de ne point différer de m'apprendre les difficultés que vous trouvez en ce que j'ai écrit de la réfraction, ou d'autre chose; car d'attendre que mes sentiments plus particuliers touchant la lumière soient publiés, ce seroit peut-être attendre long-temps. Quant à ce que j'ai supposé au commencement des Météores, je ne le saurois démontrer *a priori*, sinon en donnant toute ma physique; mais les expériences que j'en ai déduites nécessairement, et qui ne peuvent être déduites en même façon d'aucuns autres principes, me semblent le démontrer assez *a posteriori*. J'avois bien prévu que cette façon d'écrire choqueroit d'abord les lecteurs, et je crois que j'eusse pu aisément y remédier, en ôtant seulement le nom de suppositions aux premières choses dont je parle, et ne les déclarant qu'à mesure que je donnerois quelques raisons pour les prouver; mais je vous dirai franchement que j'ai choisi cette façon de proposer mes pensées, tant pourceque croyant les pouvoir déduire par ordre des premiers principes de ma Métaphysique, j'ai voulu négliger toutes autres sortes de preuves, que pourceque j'ai désiré essayer si la seule exposition de la vérité seroit suffisante pour la persuader, sans y mêler aucunes disputes ni réfutations des opinions contraires. En quoi ceux de mes amis qui ont lu le plus soigneusement mes traités de Dioptrique et des Météores m'assurent que j'ai réussi : car, bien que d'abord ils n'y trouvassent pas moins de difficulté que les autres, toutefois, après les avoir lus et relus trois ou quatre fois, ils disent n'y trouver plus aucune chose qui leur semble pouvoir être révoquée en doute, comme en effet il n'est pas toujours nécessaire d'avoir des raisons *a priori* pour persuader une vérité; et Thalès, ou qui que ce soit, qui a dit le premier que la lune reçoit sa lumière du soleil, n'en a donné, sans doute, aucune autre preuve, sinon qu'en supposant cela, on explique fort aisément toutes les diverses faces de sa lumière : ce qui a été suffisant pour faire que depuis cette opinion ait passé par le monde sans contredit. Et la liaison de mes pensées est telle, que j'ose espérer qu'on trouvera mes principes aussi bien prouvés par les conséquences que j'en tire, lorsqu'on les aura assez remarquées pour se les rendre familières, et les considérer toutes ensemble, que l'emprunt que la lune fait de sa lumière est prouvé par ses croissances et décroissances. Je n'ai plus à vous répondre que touchant la publication de ma Physique et Métaphysique, sur quoi je vous puis dire en un mot, que je la désire autant ou plus que personne, mais néanmoins avec les conditions sans lesquelles je serois imprudent de la désirer. Et je vous dirai aussi que je ne crains nullement au fond qu'il s'y trouve rien contre la foi : car au contraire j'ose me vanter que jamais elle n'a été si fort appuyée par les raisons humaines qu'elle peut être si l'on suit mes principes ; et particulièrement la transsubstantiation, que les calvinistes reprennent, comme impossible à expliquer par la philosophie ordinaire, est très facile par la mienne. Mais je ne vois aucune apparence que les conditions qui peuvent m'y obliger s'accomplissent, au moins de long-temps ; et, me contentant de faire de mon côté tout ce que je crois être de mon devoir, je me remets du reste à la Providence qui régit le monde : car, sachant que c'est elle qui m'a donné les petits commencements dont vous avez vu des essais, j'espère qu'elle me fera la grâce d'achever s'il est utile pour sa gloire, et s'il ne l'est pas, je me veux abstenir de le désirer. Au reste, je vous assure que le plus doux fruit que j'aie recueilli jusqu'à présent de ce que j'ai fait imprimer, est l'approbation que vous m'obligez de me donner par votre lettre; car elle m'est particulièrement chère et agréable, pourcequ'elle vient d'une personne de votre mérite et de votre robe, et du lieu même où j'ai eu le bonheur de recevoir toutes les instructions de ma jeunesse, et qui est le séjour de mes maîtres, envers lesquels je ne manquerai jamais de reconnoissance. Et je suis, etc.

A UN AMI DE M. DESCARTES[1],

POUR LUI FAIRE TENIR.

(Lettre 1re du tome II.)

Monsieur,

N'osant pas m'adresser directement à M. Descartes pour lui proposer mes difficultés, j'emprunte votre crédit pour vous prier de les lui présenter et pour tâcher de faire en sorte qu'il les prenne en

---

[1] Au crayon : « 1637. » — A la main : « 1638. » — Écrit, puis effacé, « Ces objections ont été proposées sur la fin de 1637 ou au commencement de 1638, car elles sont postérieures à celles de M. Fermat. » — Plus haut : « Cette lettre est d'un inconnu, et du 23 décembre. Voyez les raisons dans le nouveau cahier. »

bonne part, comme venant d'une personne qui a plus de désir d'apprendre que de contredire.

1. La deuxième règle de sa morale semble être dangereuse, portant qu'il faut se tenir aux opinions qu'on a une fois déterminé de suivre, quand elles seroient les plus douteuses, tout de même que si elles étoient les plus assurées; car si elles sont fausses ou mauvaises, plus on les suivra, plus on s'engagera dans l'erreur ou dans le vice.

2. La troisième règle est plutôt une fiction pour se flatter et se tromper qu'une résolution de philosophe qui doit mépriser les choses possibles, s'il lui est expédient, sans les feindre impossibles, et un homme d'un sens commun ne se persuadera jamais que rien ne soit en son pouvoir que ses pensées.

3. Le premier principe de sa philosophie est, *je pense, donc je suis*. Il n'est pas plus certain que tant d'autres, comme celui-ci, *je respire, donc je suis;* ou cet autre, *toute action présuppose l'existence*. Dire que l'on ne peut respirer sans corps, mais qu'on peut bien penser sans lui, c'est ce qu'il faudroit montrer par une claire démonstration; car, bien qu'on se puisse imaginer qu'on n'a point de corps (quoique cela soit assez difficile), et qu'on vit sans respirer, il ne s'ensuit pas que cela soit en effet, et qu'on puisse vivre sans respirer.

4. Il faudroit donc prouver que l'âme peut pen-

ser sans le corps. Aristote le présuppose, à la vérité, en un sien axiome, mais il ne le prouve point ; il veut que l'âme puisse agir sans organes : d'où il conclut qu'elle peut être sans eux, mais il ne prouve pas le premier, qui est contredit par l'expérience ; car on voit que ceux qui ont la fantaisie malade ne pensent pas bien, et s'ils n'avoient ni fantaisie ni mémoire, ils ne penseroient point du tout.

5. Il ne s'ensuit pas de ce que nous doutons des choses qui sont autour de nous qu'il y ait quelque être plus parfait que le nôtre. La plupart des philosophes ont douté de beaucoup de choses comme les pyrrhoniens, et ils n'ont pas de là conclu qu'il y ait une divinité ; il y a d'autres preuves pour en faire avoir la pensée et pour la prouver.

6. L'expérience fait voir que les bêtes font entendre leurs affections et passions par leur sorte de langage, et que par plusieurs signes elles montrent leur colère, leur crainte, leur amour, leur douleur, leur regret d'avoir mal fait, témoin ce qui se lit [1] de certains chevaux qui, ayant été employés à couvrir leurs mères sans les connoître, se précipitoient après les avoir reconnues. Il ne faut pas, à la vérité, s'arrêter à ces histoires ; mais il est évident que les animaux font leurs opérations

---

[1] « Aristote, liv. IX, chap. XLII de l'*Histoire des animaux*. »

par un principe plus excellent que par la nécessité provenant de la disposition de leurs organes, à savoir, par un instinct qui ne se trouvera jamais en une machine ou en une horloge, qui n'ont ni passion ni affection, comme ont les animaux.

7. L'auteur dit que l'âme doit être nécessairement créée, mais il eût été bon d'en donner la raison.

8. Si la lumière étoit étendue comme un bâton, ce ne seroit pas un mouvement, mais une ligne pressante; et si elle étoit un mouvement qui se fît du soleil à nous, ce ne seroit point en un instant, vu que tout mouvement se fait en temps. Elle ne se fera point aussi en ligne droite s'il faut qu'elle passe, comme le moût de la cuve, au travers d'un intervalle plein du corps plus gros que cette matière subtile qui la porte, et lesquels peuvent rompre la ligne droite par leur agitation.

9. Puisque l'auteur fait profession d'écrire méthodiquement, clairement et distinctement, il sembloit convenable qu'il montrât quelle est cette matière subtile qu'il présuppose, car on demande avec raison, premièrement, si elle est; secondement, si elle est élémentaire ou éthérée; et si, étant élémentaire, elle est propre ou commune à tous les éléments.

10. Si l'eau n'est liquide que pourceque cette

matière subtile la rend telle, il s'ensuivra que la glace ne se fondra pas plus tôt devant le feu qu'ailleurs, ou il faudra avouer que c'est le feu et non la matière subtile qui la rend liquide.

11. On a de la peine à s'imaginer que l'eau soit de figure d'anguilles, et les raisons qui en sont données page 124 du livre des Météores, et expliquées dans les réponses à M. Fromont, ne font conclure autre chose, sinon qu'il faut qu'elle soit glissante et capable de s'accommoder à toutes sortes de figures ; mais on ne peut pas conclure qu'elle soit en forme d'anguilles, et s'il faut que les corps les plus pénétrants soient de telle figure, il s'ensuivra que l'air l'est encore davantage.

12. Si le sel se fait goûter par sa figure pointue et piquante, les autres corps ayant la même figure feront le même effet, quoiqu'ils soient insipides ; il s'ensuivra aussi que les liqueurs qui, selon l'auteur, ont une figure d'anguille et non piquante, ne seront point goûtées, surtout celles qui sont douces et qui n'ont point la pointe du sel ; enfin la saveur ne seroit qu'une figure externe et non pas une qualité interne, et la force que le sel a de garder les choses de se corrompre ne consisteroit qu'en sa pointe et en sa figure.

13. Si un corps ne s'enfonce point dans l'eau pourcequ'il est également gros par les deux bouts, il s'ensuivra que tous ceux qui sont de même fi-

gure ne s'enfonceront point, et que ceux qui ont l'un des bouts plus gros s'enfonceront.

14. Il s'ensuivroit aussi que le sel étant de cette figure, et comme des bâtons qui ne se peuvent plier, il seroit aisé de dessaler l'eau de la mer, en la faisant filtrer, ou passer par quelque corps qui ait des pores fort étroits.

15. Il est vrai que notre orthographe française a des superfluités qu'il faut corriger, mais il faut que ce soit sans causer des ambiguités : car on doutera peut-être, touchant les mots de *corps* et d'*esprit*, si le premier ne signifie point des *cornets*, que nous nommons aussi des corps, et si l'autre ne se prend point pour être *esprit* de quelque chose. Il est vrai que c'est une remarque de grammairien et non de philosophe : c'est pourquoi on l'a mise hors du rang des autres, ou peut-être c'est la faute de l'imprimeur.

Je vous prie de faire agréer la hardiesse que j'ai prise de vouloir que mes difficultés fussent vues par un homme du mérite de M. Descartes; le peu de peine que sans doute elles lui donneront me le rendront plus favorable, et vous m'obligerez à continuer d'être comme j'ai toujours été, etc.

RÉPONSE DE M. DESCARTES[1].

(Lettre 2 du tome II.)

Monsieur,

Il n'étoit pas besoin de la cérémonie dont votre ami a voulu user; ceux de son mérite et de son esprit n'ont que faire de médiateurs, et je tiendrai toujours à faveur quand des personnes comme lui voudront me faire l'honneur de me consulter sur mes écrits. Je vous prie de lui ôter ce scrupule; mais pour cette fois, puisqu'il l'a voulu, je vous donnerai la peine de lui adresser mes réponses.

1. Il est vrai que si j'avois dit absolument qu'il faut se tenir aux opinions qu'on a une fois déterminé de suivre, encore qu'elles fussent douteuses, je ne serois pas moins répréhensible que si j'avois dit qu'il faut être opiniâtre et obstiné, à cause que se tenir à une opinion, c'est le même que de persévérer dans le jugement qu'on en fait. Mais j'ai dit tout autre chose, à savoir qu'il faut être résolu en ses actions, lors même qu'on de-

---

[1] « Réponse de M. Descartes aux objections de l'inconnu. Je la crois datée du 12 janvier 1638. Voyez les raisons dans le nouveau cahier. »

meure irrésolu en ses jugements (voyez page 24, ligne 8), et ne suivre pas moins constamment les opinions les plus douteuses, c'est-à-dire n'agir pas moins constamment suivant les opinions qu'on juge douteuses, lorsqu'on s'y est une fois déterminé, c'est-à-dire lorsqu'on a considéré qu'il n'y en a point d'autres qu'on juge meilleures ou plus certaines, que si on connoissoit que celles-là fussent les meilleures, comme en effet elles le sont sous cette condition (voyez page 26, ligne 15); et il n'est pas à craindre que cette fermeté en l'action nous engage de plus en plus dans l'erreur ou dans le vice, d'autant que l'erreur ne peut être que dans l'entendement, lequel je suppose nonobstant cela demeurer libre, et considérer comme douteux ce qui est douteux. Outre que je rapporte principalement cette règle aux actions de la vie qui ne souffrent aucun délai, et que je ne m'en sers que par provision (page 24, ligne 10), avec dessein de changer mes opinions sitôt que j'en pourrai trouver de meilleures, et de ne perdre aucune occasion d'en chercher (page 29, ligne 8). Au reste, j'ai été obligé de parler de cette résolution et fermeté touchant les actions, tant à cause qu'elle est nécessaire pour le repos de la conscience, que pour empêcher qu'on ne me blâmât de ce que j'avois écrit que pour éviter la prévention il faut une fois en sa vie se défaire de toutes les opinions qu'on a reçues auparavant en sa créance ; car apparemment on m'eût objecté que ce doute si universel peut produire une grande irrésolution et un grand déréglement dans les mœurs. De façon qu'il ne me semble pas avoir pu user de plus de circonspection que j'ai fait pour placer la résolution, en tant qu'elle est une vertu entre les deux vices qui lui sont contraires, à savoir l'indétermination et l'obstination.

2. Il ne me semble point que ce soit une fiction, mais une vérité qui ne doit point être niée de personne, qu'il n'y a rien qui soit entièrement en notre pouvoir que nos pensées ; au moins en prenant le mot de pensées, comme je fais, pour toutes les opérations de l'âme : en sorte que, non seulement les méditations et les volontés, mais même les fonctions de voir, d'ouïr, de se déterminer à un mouvement plutôt qu'à un autre, etc., en tant qu'elles dépendent d'elles, sont des pensées. Et il n'y a rien du tout que les choses qui sont comprises sous ce mot qu'on attribue proprement à l'homme en langue de philosophe : car pour les fonctions qui appartiennent au corps seul, on dit qu'elles se font dans l'homme et non par l'homme. Outre que par le mot *entièrement* (page 27, ligne 3), et par ce qui suit, à savoir que, lorsque nous avons fait notre mieux touchant les choses extérieures, tout ce qui manque de nous réussir est au regard

de nous *absolument* impossible, je témoigne assez que je n'ai point voulu dire pour cela que les choses extérieures ne fussent point du tout en notre pouvoir, mais seulement qu'elles n'y sont qu'en tant qu'elles peuvent suivre de nos pensées, et non pas *absolument* ni *entièrement,* à cause qu'il y a d'autres puissances hors de nous qui peuvent empêcher les effets de nos desseins. Même, pour m'exprimer mieux, j'ai joint ensemble ces deux mots *au regard de nous* et *absolument*, que les critiques pourroient reprendre comme se contredisant l'un à l'autre, n'étoit que l'intelligence du sens les accorde. Or, nonobstant qu'il soit très vrai qu'aucune chose extérieure n'est en notre pouvoir qu'en tant qu'elle dépend de la direction de notre âme, et que rien n'y est absolument que nos pensées, et qu'il n'y a, ce me semble, personne qui puisse faire difficulté de l'accorder lorsqu'il y pensera expressément, j'ai dit néanmoins qu'il faut s'accoutumer à le croire, et même qu'il est besoin à cet effet d'un long exercice et d'une méditation souvent réitérée, dont la raison est que nos appétits et nos passions nous dictent continuellement le contraire, et que nous avons tant de fois éprouvé dès notre enfance qu'en pleurant ou commandant, etc., nous nous sommes fait obéir par nos nourrices, et avons obtenu les choses que nous désirions, que nous nous sommes insensiblement persuadé que le monde n'étoit fait que pour nous, et que toutes choses nous étoient dues : en quoi ceux qui sont nés grands et heureux ont le plus d'occasion de se tromper, et l'on voit aussi que ce sont ordinairement eux qui supportent le plus impatiemment les disgrâces de la fortune. Mais il n'y a point, ce me semble, de plus digne occupation pour un philosophe, que de s'accoutumer à croire ce que lui dicte la vraie raison, et à se garder des fausses opinions que ses appétits naturels lui persuadent.

5. Lorsqu'on dit, *Je respire, donc je suis*, si l'on veut conclure son existence de ce que la respiration ne peut être sans elle, on ne conclut rien, à cause qu'il faudroit auparavant avoir prouvé qu'il est vrai qu'on respire, et cela est impossible, si ce n'est qu'on ait aussi prouvé qu'on existe. Mais si l'on veut conclure son existence du sentiment ou de l'opinion qu'on a qu'on respire, en sorte qu'encore même que cette opinion ne fût pas vraie, on juge toutefois qu'il est impossible qu'on l'eût si on n'existoit, on conclut fort bien, à cause que cette pensée de respirer se présente alors à notre esprit avant celle de notre existence, et que nous ne pouvons douter que nous ne l'ayons pendant que nous l'avons. (Voyez page 56, ligne 22.) Et ce n'est autre chose à dire en ce sens-là, *Je respire, donc je suis*, sinon, *je pense, donc je suis*. Et si l'on y prend

garde, on trouvera que toutes les autres propositions desquelles nous pouvons ainsi conclure notre existence reviennent à cela même; en sorte que par elles on ne prouve point l'existence du corps, c'est-à-dire celle d'une nature qui occupe de l'espace, etc., mais seulement celle de l'âme, c'est-à-dire d'une nature qui pense; et bien qu'on puisse douter si ce n'est point une même nature qui pense et qui occupe de l'espace, c'est-à-dire qui est ensemble intellectuelle et corporelle, toutefois on ne la connoît par le chemin que j'ai proposé que comme intellectuelle.

4. De cela seul qu'on conçoit clairement et distinctement les deux natures de l'âme et du corps comme diverses, on connoît que véritablement elles sont diverses, et par conséquent que l'âme peut penser sans le corps, nonobstant que lorsqu'elle lui est jointe, elle puisse être troublée en ses opérations par la mauvaise disposition des organes.

5. Bien que les pyrrhoniens n'aient rien conclu de certain en suite de leurs doutes, ce n'est pas à dire qu'on ne le puisse; et je tâcherai ici de faire voir comment on s'en peut servir pour prouver l'existence de Dieu, en éclaircissant les difficultés que j'ai laissées en ce que j'en ai écrit: mais on m'a promis de m'envoyer bientôt un recueil de tout ce qui peut être mis en doute sur ce sujet, ce qui me

donnera peut-être occasion de le mieux faire ; c'est pourquoi je supplie celui qui a fait ces remarques de me permettre que je diffère jusqu'à ce que je l'aie reçu.

6. Il est certain que la ressemblance qui est entre la plupart des actions des bêtes et des nôtres nous a donné, dès le commencement de notre vie, tant d'occasions de juger qu'elles agissent par un principe intérieur semblable à celui qui est en nous, c'est-à-dire par le moyen d'une âme qui a des sentiments et des passions comme les nôtres, que nous sommes tout naturellement préoccupés de cette opinion ; et, quelques raisons qu'on puisse avoir pour la nier, on ne sauroit quasi dire ouvertement ce qui en est, qu'on ne s'exposât à la risée des enfants et des esprits foibles. Mais pour ceux qui veulent connoître la vérité, ils doivent surtout se défier des opinions dont ils ont été ainsi prévenus dès leur enfance : et pour savoir ce que l'on doit croire de celle-ci, on doit, ce me semble, considérer quel jugement en feroit un homme qui auroit été nourri toute sa vie en quelque lieu où il n'auroit jamais vu aucuns autres animaux que des hommes, et où, s'étant fort adonné à l'étude des mécaniques, il auroit fabriqué, ou aidé à fabriquer plusieurs automates, dont les uns avoient la figure d'un homme, les autres d'un cheval, les autres d'un chien, les autres d'un oiseau, etc., et qui

marchoient, qui mangeoient, et qui respiroient, bref, qui imitoient autant qu'il étoit possible toutes les autres actions des animaux dont ils avoient la ressemblance, sans omettre même les signes dont nous usons pour témoigner nos passions, comme de crier lorsqu'on les frappoit, de fuir lorsqu'on faisoit quelque grand bruit autour d'eux, etc., en sorte que souvent il se seroit trouvé empêché à discerner entre des vrais hommes ceux qui n'en avoient que la figure, et à qui l'expérience auroit appris qu'il n'y a pour les reconnoître que les deux moyens que j'ai expliqués en la page 57 de ma Méthode, dont l'un est que jamais, si ce n'est par hasard, ces automates ne répondent, ni de paroles, ni même par signes, à propos de ce dont on les interroge; et l'autre, que, bien que souvent les mouvements qu'ils font soient plus réguliers et plus certains que ceux des hommes sages, ils manquent néanmoins en plusieurs choses qu'ils devroient faire pour nous imiter plus que ne feroient les plus insensés. Il faut, dis-je, considérer quel jugement cet homme feroit des animaux qui sont parmi nous, lorsqu'il les verroit, principalement s'il étoit imbu de la connoissance de Dieu, ou du moins qu'il eût remarqué de combien toute l'industrie dont usent les hommes en leurs ouvrages est inférieure à celle que la nature fait paroître en la composition des plantes, et en ce qu'elle les remplit d'une infinité de petits conduits imperceptibles à la vue, par lesquels elle fait monter peu à peu certaines liqueurs qui, étant parvenues au haut de leurs branches, s'y mêlent, s'y agencent et s'y dessèchent en telle façon qu'elles y forment des feuilles, des fleurs et des fruits ; en sorte qu'il crût fermement que, si Dieu ou la nature avoit formé quelques automates qui imitassent nos actions, ils les imiteroient plus parfaitement, et seroient sans comparaison plus industrieusement faits qu'aucun de ceux qui peuvent être inventés par les hommes. Or il n'y a point de doute que cet homme voyant les animaux qui sont parmi nous, et remarquant en leurs actions les deux mêmes choses qui les rendent différentes des nôtres, qu'il auroit accoutumé de remarquer dans ces automates, ne jugeroit pas qu'il y eût en eux aucun vrai sentiment ni aucune vraie passion, comme en nous, mais seulement que ce seroient des automates, qui, étant composés par la nature, seroient incomparablement plus accomplis qu'aucun de ceux qu'il auroit faits lui-même auparavant. Si bien qu'il ne reste plus ici qu'à considérer si le jugement qu'il feroit ainsi avec connoissance de cause, et sans avoir été prévenu d'aucune fausse opinion, est moins croyable que celui que nous avons fait dès lors que nous étions enfants, et que nous n'avons retenu depuis que par coutume, le fondant seulement sur la ressemblance qui est entre quelques actions extérieures des animaux et les nôtres, laquelle n'est nullement suffisante pour prouver qu'il y en ait aussi entre les intérieures.

7. J'ai tâché de faire connoître que l'âme étoit une substance réellement distincte du corps, ce qui suffit, ce me semble, en parlant à ceux qui avouent que Dieu est créateur de toutes choses, pour leur faire aussi avouer que nos âmes doivent nécessairement être créées par lui. Et ceux qui se seront assurés de son existence par le chemin que j'ai montré ne pourront manquer de le reconnoître pour tel.

8. Je n'ai pas dit que la lumière fût étendue comme un bâton, mais comme les actions ou mouvements qui sont transmis par un bâton. Et bien que le mouvement ne se fasse pas en un instant, toutefois chacune de ses parties se peut sentir en l'un des bouts d'un bâton au même instant (c'est-à-dire exactement au même temps) qu'elle est produite en l'autre bout. Je n'ai pas dit aussi que la lumière fût comme le moût de la cuve, mais comme l'action dont les plus hautes parties de ce moût tendent en bas; et elles y tendent exactement en ligne droite, nonobstant qu'elles ne se puissent mouvoir si exactement en ligne droite, comme j'ai dit page 8, ligne 1.

9. Puisque j'ai fait profession de ne point vou-

loir expliquer les fondements de la physique (page 76, ligne 19), je n'ai pas cru devoir expliquer la matière subtile dont j'ai parlé plus distinctement que je n'ai fait.

10. Encore que l'eau ne demeure liquide qu'à cause que ses parties sont entretenues en leur agitation par la matière subtile qui les environne, cela n'empêche pas qu'elle ne doive le devenir lorsqu'elles seront agitées par quelque autre cause. Et pourvu qu'on sache que le feu ayant la force de mouvoir les parties des corps terrestres dont il approche, comme on voit à l'œil en plusieurs, doit à plus forte raison mouvoir celles de la matière subtile, à cause qu'elles sont plus petites et moins jointes ensemble, qui sont les deux qualités pour lesquelles un corps peut être nommé plus subtil que les autres, on ne trouvera aucune difficulté en cet article.

11. On sait bien que je ne prétends pas persuader que les parties de l'eau aient la figure de quelques animaux, mais seulement qu'elles sont longues, unies et pliantes. Or, si l'on peut trouver quelque autre figure par laquelle on explique toutes leurs propriétés, ainsi qu'on fait par celle-ci, je veux bien qu'on leur attribue; mais si on ne le peut, je ne vois pas quelle difficulté on fait de les imaginer de celle-ci, aussitôt que de quelque autre, vu qu'elles doivent nécessairement en avoir quel-

qu'une, et que celle-ci est des plus simples. Pour ce qui est de l'air, bien que je ne nie pas qu'il ne puisse y avoir quelques unes de ses parties qui aient aussi cette figure, toutefois il y a plusieurs choses qui montrent assez qu'elles ne la peuvent avoir toutes: comme, entre autres, il ne seroit pas si léger qu'il est, à cause que ces sortes de parties s'arrangent facilement les unes auprès des autres, sans laisser beaucoup d'espace autour d'elles, et ainsi doivent composer un corps assez massif et pesant, tel qu'est l'eau, ou bien il seroit beaucoup plus pénétrant qu'il n'est, car on voit qu'il ne l'est guère davantage que l'eau, ou même, en plusieurs cas, qu'il l'est moins; il ne pourroit aussi se dilater ou condenser par degrés, si aisément qu'il fait, etc.

12. Il me semble que ce que contient cet article est le même que si, à cause que j'aurois dit que la douleur qu'on sent en recevant un coup d'épée n'est point dans l'épée comme dans le sens, mais qu'elle est seulement causée par la figure de son tranchant ou de sa pointe, par la dureté de sa matière et par la force dont elle est mue, on m'objectoit que les autres corps qui auront un tranchant de même façon pourront aussi causer de la douleur; et que ceux qui auront d'autres figures ne pourront être sentis, principalement ceux qui seront mous, et non pas durs comme une épée. Et, enfin, que la douleur n'est autre chose en cette

épée que sa figure externe, et non une qualité interne; et que la force qu'elle a d'empêcher que son fourreau ne se rompe quand elle est dedans, ne consiste qu'en l'action dont elle blesse, et en sa figure. Ensuite de quoi l'on voit aisément ce que j'ai à répondre, à savoir que les corps dont les parties auront même grosseur, figure, dureté, etc., que celles du sel, auront le même effet en ce qui concerne le goût; mais que cela étant, on ne pourra pas supposer que ces corps soient insipides : car être insipide, ce n'est pas n'avoir point en soi le sentiment du goût, mais n'être point propre à le causer. Et les liqueurs dont les parties ont d'autres figures, ou grosseurs, etc., n'ont pas la saveur du sel, mais elles en peuvent avoir d'autres, bien que non pas de si fortes et piquantes, si leurs parties sont plus molles, ainsi que la douleur d'une contusion n'est pas la même que celle d'une coupure; et on ne peut en causer tant avec une plume qu'avec une épée, à cause qu'elle est d'une matière plus molle. Enfin, je ne vois pas pourquoi on veut que le goût soit une qualité plus interne dans le sel que la douleur dans une épée. Et pour la force qu'a le sel de garder les choses de se corrompre, elle ne consiste ni en sa piqûre, ni en la figure de ses parties, mais en leur dureté ou roideur, ainsi que c'est la roideur de l'épée qui empêche le fourreau de se rompre; et leur figure n'y contribue qu'en tant qu'elle les rend propres à entrer dans les pores des autres corps, comme c'est aussi celle de l'épée qui la rend propre à entrer dans son fourreau.

13. Il ne suffit pas qu'un corps soit également gros par les deux bouts pour ne se point enfoncer dans l'eau, mais il faut outre cela qu'il ne soit pas extraordinairement gros, et qu'il soit couché de plat sur sa superficie; comme on voit qu'une petite aiguille d'acier couchée sur l'eau y peut nager, ce que ne fera pas une fort grosse, ni la même étant posée autrement, ni un morceau d'acier de même pesanteur, mais d'autre figure, et dont l'un des bouts soit beaucoup plus gros que l'autre.

14. J'accorde ce dernier article, et l'on en voit l'expérience en ce que l'eau de la mer se dessale lorsqu'elle passe au travers de beaucoup de sable. Mais il est à remarquer qu'il ne suffit pas pour la dessaler de tâcher à la faire passer par un corps dont les pores soient fort étroits, à cause que leurs entrées étant incontinent bouchées par les premières parties du sel qui s'y présenteroient, celles de l'eau douce n'y pourroient trouver de passage: c'est pourquoi on doit plutôt la faire couler par quelque corps qui ait des pores assez larges dans lesquels il y ait des angles ou des recoins qui puissent retenir les parties du sel; et ce corps doit être fort grand et fort épais, afin que l'eau n'y pou-

vant laisser ses parties salées, que tantôt une et tantôt une autre, selon qu'elles entrent en quelques recoins, où elles s'arrêtent, ait le loisir de les laisser toutes avant que de l'avoir traversé.

15. Il est vrai que, pour l'orthographe, c'est à l'imprimeur à la défendre; car je n'ai en cela désiré de lui autre chose, sinon qu'il suivît l'usage : et comme je ne lui ai point fait ôter le *p* de *corps*, ou le *t* d'*esprits*, lorsqu'il les y a mis, aussi n'ai-je pas eu soin de les lui faire ajouter lorsqu'il les a laissés, à cause que je n'ai point remarqué qu'il l'ait fait en aucun passage où cela pût causer de l'ambiguïté. Au reste, je n'ai point dessein de réformer l'orthographe française, ni ne voudrois conseiller à personne de l'apprendre dans un livre imprimé à Leyde; mais s'il faut ici que j'en dise mon opinion, je crois que si on suivoit exactement la prononciation, cela apporteroit beaucoup plus de commodité aux étrangers pour apprendre notre langue, que l'ambiguïté de quelques équivoques ne donneroit d'incommodité à eux ou à nous : car c'est en parlant qu'on compose les langues plutôt qu'en écrivant; et s'il se rencontroit en la prononciation des équivoques qui causassent souvent de l'ambiguïté, l'usage y changeroit incontinent quelque chose pour l'éviter. Je vous prie aussi de faire agréer mes réponses à votre ami, je veux dire d'en vouloir être vous-même le défenseur, et de sup-

pléer pour moi à mes manquements; cela m'obligera à demeurer, etc.

AU R. P. MERSENNE[1].

(Lettre 84 du tome II.)

Mon révérend père,

Je vous remercie très humblement des soins que vous avez pris pour la distribution de nos livres. Pour la lettre de mon frère, et celle que vous me mandez m'avoir ci-devant écrite dans laquelle vous l'aviez mise, je ne les ai point reçues, de quoi je suis un peu en peine, et je vous prie de me mander si vous les aviez envoyées par le même messager que celle que vous écriviez au Maire, dans laquelle étoit enfermé l'écrit *De maximis et minimis*, ou par quelque autre, afin que je tâche à les recouvrer ou à découvrir par quelle faute elles ont été perdues. Je ne doute point que vous n'entendiez plusieurs jugements de mes écrits et plus à mon désavantage que d'autres : car les esprits qui sont d'inclination à en médire le pourront aisé-

[1] « Cette lettre est écrite le 15 février 1638. Voyez les raisons dans le nouveau cahier. »

ment faire d'abord, et en auront d'autant plus d'occasion qu'ils auront été moins connus par les autres ; au lieu que, pour en juger équitablement, il est nécessaire d'avoir eu auparavant beaucoup de loisir pour les lire et pour les examiner. Je suis extrêmement obligé à M. des Argues de l'envie qu'il témoigne que M. le Cardinal fasse réussir l'invention des lunettes. Et pour les objections de l'artisan dont vous m'écrivez, elles sont ridicules, et témoignent une ignorance très grande, en ce qu'il suppose que le diamètre des verres, pour les plus longues lunettes, n'a pas besoin d'être plus grand que de deux ou trois doigts, au lieu qu'elles seront d'autant meilleures qu'on les pourra faire plus grands. Mais je ne sais si je dois désirer que M. le Cardinal y fasse travailler suivant mon dessein : car qui que ce soit qui y travaille sans ma direction, j'appréhende qu'il n'y réussisse pas du premier coup, et peut-être que pour s'excuser il m'en attribuera la faute. J'avois donné un livre à M. de Ch.¹ pour M. le Cardinal; mais sa mort étant depuis intervenue, je ne sais s'il l'a envoyé ou non. Je ne trouve pas étrange que M. Mydorge ne soit pas d'accord avec moi en plusieurs choses de ce que j'écris de la vision, car c'est une matière qu'il a ci-devant beaucoup étudiée ; et, n'ayant pas suivi les mêmes principes que moi, il doit avoir pris

¹ Charnassé.

d'autres opinions : mais j'espère que plus il examinera mes raisons, plus elles le satisferont; et il a l'esprit trop bon pour ne se rendre pas du côté de la vérité. Je ne ferois nulle difficulté de lui envoyer ma vieille algèbre, sinon que c'est un écrit qui ne me semble pas mériter d'être vu; et pourcequ'il n'y a personne que je sache qui en ait de copie, je serai bien aise qu'il ne sorte plus d'entre mes mains : mais s'il veut prendre la peine d'examiner le troisième livre de ma Géométrie, j'espère qu'il le trouvera assez aisé, et qu'il viendra bien après à bout du second. Au reste, je crains bien qu'il n'y ait encore guère personne qui ait entièrement pris le sens des choses que j'ai écrites, ce que je ne juge pas néanmoins être arrivé à cause de l'obscurité de mes paroles, mais plutôt à cause que, paroissant assez faciles, on ne s'arrête pas à considérer tout ce qu'elles contiennent; et je vois que vous-même n'avez pas bien pris les raisons que je donne pour les couronnes de la chandelle : car je ne parle d'aucune pression ou dislocation de l'œil, ainsi que vous me mandez, mais de plusieurs diverses dispositions qui peuvent toutes causer le même effet, et entre lesquelles celle que vous dites avoir éprouvée est comprise; en sorte que votre expérience fait entièrement pour moi. (Voyez en la page 279, ligne 5.) Je vous dirai néanmoins que ce que vous attribuez à l'humidité qui couvre votre œil me semble procéder plutôt de ce qu'il n'est pas assez rempli d'humeurs ou d'esprits, en sorte que ses superficies sont un peu ridées, suivant ce que j'écris en la même page, ligne 8; car ces humeurs se diminuent pendant le sommeil et reviennent facilement un peu après qu'on est éveillé. Mais vous pouvez voir fort aisément ce qui en est par expérience : car si c'est l'humidité qui couvre votre œil, au même instant que vous l'aurez essuyé avec un mouchoir, ce phénomène cessera; mais si c'est autre chose, il ne cessera pas du tout sitôt. Je ne vous renvoie point encore les écrits de M. de Fermat, *De locis planis et solidis*, car je ne les ai point encore lus, et, pour vous en parler franchement, je ne suis pas résolu de les regarder que je n'aie vu premièrement ce qu'il aura répondu aux deux lettres que je vous ai envoyées pour lui faire voir. Vous ne devez pas craindre que les avis que vous m'obligerez de me donner, touchant ce qui se dira contre moi, tournent jamais à votre préjudice, car il n'y a rien que je ne souffrisse plutôt que de vous intéresser en mes querelles. Mais je m'assure aussi que vous ne voudriez pas me tenir les mains pendant qu'on me bat pour m'empêcher de me défendre; et ceux qui vous donnent des objections contre moi ne peuvent aucunement s'en prendre à vous des réponses que j'y ferai, ni se fâcher que vous me les envoyiez : car, sachant l'affection que vous me portez, ils ne vous les peuvent donner à autre fin que pour me les faire voir; et toute la civilité dont j'ai cru pouvoir user envers M. N.[1] a été que j'ai feint d'ignorer son nom, afin qu'il sache que je ne réponds qu'à son écrit, et que vous ne m'avez envoyé que ses objections sans y engager sa réputation. L'objection que l'on vous a faite contre vos expériences de l'écho ne me semble d'aucune importance : car, bien qu'il soit vrai que le son s'étend en cercles de tous côtés, ainsi que le mouvement qui se fait dans l'eau quand on y jette une pierre, il faut toutefois remarquer que ces cercles s'étendent beaucoup plus loin du côté vers lequel on jette la pierre ou vers lequel on s'est tourné en parlant, que vers son contraire; d'où vient que l'écho, qui ne se fait que par la réflexion de la partie de ces cercles qui va le plus loin, ne s'étend que vers le lieu vers lequel elle se réfléchit. Je suis, etc.

[1] « De Fermat. »

A M. *** [1].

(Lettre 85 du tome II.)

Monsieur,

J'ai été bien aise de voir le tourneur, car j'ai jugé à ses discours qu'il sera très capable de faire que les lunettes réussissent; et je suis encore plus aise d'apprendre par votre dernière qu'il y travaille avec affection. Il me dit qu'il feroit premièrement un modèle de bois de toute la machine; je crois que c'est par là qu'il doit commencer, et sitôt qu'il l'aura fait, j'irai très volontiers à Amsterdam exprès pour la voir, et lors il lui sera aisé de comprendre, tant les choses qui doivent y être observées, que celles auxquelles il n'est pas besoin de s'astreindre: comme pour la distance qu'il mettra entre les piliers A et B, elle est entièrement indifférente, et l'espace qui doit être entre les deux planches aussi. Même il n'est pas nécessaire que le rouleau touche ces planches, comme j'ai décrit, car étant bien joint aux deux pièces cubiques Y et Z, qui doivent

[1] « Cette lettre est adressée à M. Zuilichem, elle est datée du 18 février 1638. Voyez-en les raisons dans le nouveau cahier. »

être à ses deux bouts, il suffit que ces deux pièces les touchent exactement de part et d'autre; et à cet effet les planches n'ont pas besoin d'être toutes polies, ni toutes de cuivre, mais seulement je voudrois que leurs bouts fussent garnis de cuivre par dedans, afin que ces deux pièces Y et Z coulassent dessus. Et je crois que ces pièces devroient pour cet effet être de fer, ou garnies de plaques de fer au-dessus et au-dessous ; car l'expérience enseigne que le cuivre et le fer se joignent beaucoup mieux ensemble, que le fer avec le fer, ou le cuivre avec le cuivre. Je crois aussi qu'il suffira, pour le commencement, qu'il prenne la distance depuis le haut de la machine AB jusques au rouleau QR de deux pieds, ou un peu plus : ce n'est pas qu'en la prenant de trois pieds les lunettes n'en doivent être meilleures, pourvu qu'il puisse faire les verres d'autant plus grands, mais je crains qu'il n'en puisse pas si aisément venir à bout. Je me réserve à dire le reste lorsque son modèle sera fait, et qu'il vous plaira m'ordonner de l'aller voir, car je ne voudrois pas qu'il travaillât tout de bon à la machine avant cela. Le père Mersenne m'a mandé qu'on vouloit convier M. le Cardinal à faire travailler aux lunettes suivant ma Dioptrique, mais je crains qu'ils ne réussissent pas aisément sans moi: et si votre tourneur en vient à bout le premier, je m'offre de faire mon mieux pour lui faire avoir octroi qu'il n'y aura que lui qui en puisse vendre en France.

Les trois feuillets que je vous avois envoyés ne valent pas la moindre des honnêtes paroles qui sont en la lettre qu'il vous a plu de m'écrire ; je vous assure que j'ai eu plus de honte de vous avoir envoyé si peu de chose, que je n'ai prétendu de remerciement : car en effet la crainte que j'avois de m'engager dans un traité qui fût beaucoup plus long que vous n'aviez demandé, a été cause que j'ai omis le plus beau de mon sujet ; comme, entre autres choses, la considération de la vitesse, les difficultés de la balance, et plusieurs moyens qu'on peut avoir pour augmenter la force des mouvements, qui diffèrent de ceux que j'ai expliqués. Mais, afin que vous ne pensiez pas que je fasse mention de ces choses pour vous donner occasion de me convier à les y ajouter, je satisferai ici au dernier point de votre lettre, en vous disant à quoi je m'occupe. Je n'ai jamais eu tant de soin de me conserver que maintenant; et au lieu que je pensois autrefois que la mort ne me pût ôter que trente ou quarante ans tout au plus, elle ne sauroit désormais me surprendre qu'elle ne m'ôte l'espérance de plus d'un siècle : car il me semble voir très évidemment que si nous nous gardions seulement de certaines fautes que nous avons coutume de commettre au régime de notre vie, nous pourrions, sans autres inventions, parvenir à une vieillesse beaucoup plus longue et plus heureuse que nous ne faisons; mais pourceque j'ai besoin de beaucoup de temps et d'expérience pour examiner tout ce qui sert à ce sujet, je travaille maintenant à composer un Abrégé de médecine, que je tire en partie des livres et en partie de mes raisonnements, duquel j'espère me pouvoir servir par provision à obtenir quelque délai de la nature, et ainsi poursuivre mieux ci-après en mon dessein. Je ne réponds point à ce que votre courtoisie a voulu me demander touchant la communication des trois feuillets que vous avez : car, outre que j'aurois mauvaise grâce de vouloir disposer d'une chose qui est toute à vous, puisque je vous l'ai ci-devant envoyée sans m'y réserver aucun droit, l'inclination que vous témoignez avoir à ne la point communiquer et l'affection dont vous m'obligez, m'assurent assez que vous ne ferez rien en cela qui tourne à mon préjudice; et, quoi que vous fassiez, il n'y a rien qui m'empêche d'être toute ma vie, etc.

A M. ***[1].

(Lettre 86 du tome II.)

Monsieur,

Ayant vu plusieurs marques de votre bienveillance, tant dans la lettre que M. R. a reçue ici de votre part, que dans une autre que vous m'avez fait l'honneur de m'écrire cet été dernier, avant le siége de Bréda[2], je pense être obligé de vous en remercier par celle-ci, et vous dire que j'estime si fort l'affection des personnes de votre mérite, qu'il n'y a rien en mon pouvoir que je ne fasse très volontiers pour tâcher de me rendre digne de la vôtre. Que si tous les hommes étoient de l'humeur que je vous crois, je vous assure que je n'aurois nullement délibéré touchant la publication de mon Monde, et que je l'aurois fait imprimer il y a plus de deux ans ; mais les raisons qui m'en ont empêché me semblent de jour à autre plus fortes, et je ne puis si bien faire que certaines gens ne trouvent occasion de me repren-

---

[1] « Cette lettre est adressée à M. Pollot, et datée du 26 février 1638. »
[2] « Ce siège commença le 23 juillet 1637. »

dre : j'aime mieux que ce soit désormais mon silence qu'ils blâment que mes discours. Je tiens à grand honneur que vous vouliez prendre la peine d'examiner ma Géométrie, et je vous garde l'un des six exemplaires qui sont destinés pour les six premiers qui me feront paroître qu'ils l'entendent. Pour le petit écrit des mécaniques que j'envoyai il y a quelque temps à M. Z.[1], je ne m'y suis réservé aucun pouvoir; et ainsi, comme je ne saurois trouver que très bon qu'il vous le communique, s'il lui plaît, aussi ne saurois-je trouver mauvais qu'il s'en abstienne, pour la honte que j'ai qu'on voie de moi un écrit si imparfait.

Vu que vous m'avez fait ci-devant la faveur de m'avertir de l'emploi que vous donniez au tourneur d'Amsterdam pour faire quelque essai des lunettes, je pense être obligé de vous mander ce qui s'est passé depuis peu entre lui et moi. Il s'est résolu de suivre tout au long la pratique de la Dioptrique, et j'étois jeudi dernier à Amsterdam, où je vis un modèle de bois qu'il avoit fait, lequel me servit à lui faire entendre toutes les mesures et circonstances qui me semblent devoir être observées en la machine; ce qu'il témoigne comprendre si bien, et je l'ai laissé si plein d'espérance et de désir d'en venir à bout, que, pourvu qu'il continue, je ne saurois aucunement douter

[1] « Zuilychen. »

que la chose ne réussisse. Toutefois ce ne pourra être sitôt, tant à cause qu'il lui faudra du temps pour préparer ses machines, lesquelles il veut faire toutes de cuivre et d'acier, que pourceque, n'ayant pas encore l'usage de polir les verres, je crains qu'il lui faudra un peu d'exercice pour l'acquérir. Mais il dit avoir appris que quelques autres ont même dessein que lui, et qu'ayant déjà taillé quelque verre qui leur donne de l'espérance, ils se proposent de demander un octroi de messieurs les États, de quoi je lui ai promis de vous écrire, et de vous prier, si vous en entendez quelque chose, d'empêcher, autant qu'il se pourra civilement, qu'ils n'obtiennent rien à son préjudice; en quoi je m'assure que vous le favoriserez plus qu'aucun autre, tant pourceque l'ayant employé ci-devant à tailler quelques verres, c'est vous qui lui avez fait venir l'envie de les mettre à perfection, qu'à cause que je vous en prie, et que je suis, etc.

A M. ***[1].

(Lettre 37 du tome II.)

Monsieur,

Vous avez sujet de trouver étrange que votre Campanella ait tant tardé à retourner vers vous, mais il est déjà vieil, et ne peut plus aller fort vite. En effet, bien que je ne sois pas éloigné de La Haye de cent lieues, il a néanmoins été plus de trois semaines à venir jusques ici, où m'ayant trouvé occupé à répondre à quelques objections qui m'étoient venues de diverses parts, j'avoue que son langage, et celui de l'Allemand qui a fait sa longue préface, m'a empêché d'oser converser avec eux avant que j'eusse achevé les dépêches que j'avois à faire, crainte de prendre quelque chose de leur style. Pour la doctrine, il y a quinze ans que j'ai vu le livre *De sensu rerum* du même auteur, avec quelques autres traités, et peut-être que celui-ci en étoit du nombre; mais j'avois trouvé dès lors si peu de solidité en ses écrits, que je n'en

---

[1] « Cette lettre est écrite à M. Zuidychem, le 20 mars 1638. Voyez le gros cahier. »

avois rien du tout gardé en ma mémoire ; et maintenant je ne saurois en dire autre chose, sinon que ceux qui s'égarent en affectant de suivre des chemins extraordinaires, me semblent bien moins excusables que ceux qui ne faillent qu'en compagnie, et en suivant les traces de beaucoup d'autres. Pour mon livre, je ne sais quelle opinion auront de lui les gens du monde ; mais pour ceux de l'école j'entends qu'ils se taisent, et que, fâchés de n'y trouver pas assez de prise pour exercer leurs arguments, ils se contentent de dire que si ce qu'il contient étoit vrai, il faudroit que toute leur philosophie fût fausse.

Pour M. Fromondus, le petit différent qui a été entre lui et moi ne méritoit pas que vous en eussiez connoissance, et il ne peut y avoir eu si peu de fautes dans la copie que vous en avez vue, que ce n'ait été assez pour défigurer entièrement ce que vous y eussiez pu trouver de moins désagréable. Au reste, cette dispute s'est passée entre lui et moi comme un jeu d'échecs ; nous sommes demeurés bons amis après la partie achevée, et ne nous renvoyons plus l'un à l'autre que des compliments. Le docteur Plempius, professeur en médecine à Louvain, m'a fait aussi quelques objections contre le mouvement du cœur, mais comme ami, afin de mieux découvrir la vérité, et je tâche à répondre à un chacun du même style qu'il m'écrit. Il y a un conseiller de Toulouse qui a un peu disputé contre ma Dioptrique et ma Géométrie, puis quelques géomètres de Paris lui ont voulu servir de seconds; mais je me trompe fort, ou ni lui ni eux ne sauroient se dégager de ce combat qu'en confessant que tout ce qu'ils ont dit contre moi sont des paralogismes. Je n'oserois vous rien envoyer de ces écrits: car, bien qu'ils me semblent valoir bien la peine que vous les lisiez, il en faudroit néanmoins trop prendre pour les copier, et peut-être qu'ils seront tous imprimés dans peu de temps. En effet, je souhaite que plusieurs m'attaquent de cette façon, et je ne plaindrai pas le temps que j'emploierai à leur répondre, jusques à ce que j'aie de quoi en remplir un volume entier; car je me persuade que c'est un assez bon moyen pour faire voir si les choses que j'ai écrites peuvent être réfutées, ou non. J'eusse surtout désiré que les RR. PP. jésuites eussent voulu être du nombre des opposants, et ils me l'avoient fait espérer par lettres de La Flèche, de Louvain, et de Lille; mais j'ai reçu depuis peu une lettre d'un de ceux de La Flèche, où je trouve autant d'approbation que j'en saurois désirer de personne, jusque là qu'il dit ne rien désirer en ce que j'ai voulu expliquer, mais seulement en ce que je n'ai pas voulu écrire; d'où il prend occasion de me demander ma Physique et ma Métaphysique avec grande instance. Et pourceque je sais la correspondance et l'union qui est entre ceux de cet ordre, le témoignage d'un seul est suffisant pour me faire espérer que je les aurai tous de mon côté. Mais pour tout cela, je ne vois encore aucune apparence que je puisse donner, au moins de long-temps, mon Monde au monde; et sans cela, je ne saurois aussi achever les Mécaniques dont vous m'écrivez, car elles en dépendent entièrement, principalement en ce qui concerne la vitesse des mouvements: et il faut avoir expliqué quelles sont les lois de la nature, et comment elle agit à son ordinaire, avant qu'on puisse bien enseigner comment elle peut être appliquée à des effets auxquels elle n'est pas accoutumée.

Je n'ai rien à répondre touchant le désir qu'a M. de Pollot de voir les trois feuillets qu'il vous a demandés, et comme c'est en vous un excès de courtoisie de me vouloir laisser quelque droit sur une chose qui vous appartient, c'est en lui un témoignage qu'il fait plus d'état que moi de ce que j'ai écrit que d'avoir envie de le voir. Mais c'est sans doute le favorable jugement qu'il vous en aura vu faire qui lui aura donné cette envie.

Je vous remercie très affectueusement des nouvelles et du livre dont il vous a plu me faire part; j'en suis aussi très obligé à M. de Saumaise, puisque c'est de lui qu'elles me viennent, et je l'estime à tel point, que je tiens à beaucoup de bonheur si j'ai quelque part en ses bonnes grâces. Pour ce que l'auteur de ce livre[1] dit de ma Philosophie, qu'elle suit celle de Démocrite, je ne saurois dire s'il a raison ou non : car je ne crois pas que ce qu'on nous rapporte de cet ancien, qui vraisemblablement a été un homme de très bon esprit, soit véritable, ni qu'il ait eu des opinions si peu raisonnables qu'on lui fait accroire. Mais je vous avoue que j'ai participé en quelque façon à son humeur lorsque j'ai jeté les yeux sur le livre que vous m'avez envoyé ; car, tombant par hasard sur l'endroit où il dit que *lux est medium proportionale inter substantiam et accidens,* je me suis quasi mis à rire, et n'en aurois pas lu davantage, n'étoit l'estime que je fais de son auteur, et de tous ceux qui comme lui travaillent autant qu'ils peuvent à la recherche des choses naturelles, et qui, tentant des routes nouvelles, s'écartent pour le moins du grand chemin, qui ne conduit nulle part, et qui ne sert qu'à fatiguer et égarer ceux qui le suivent. Je suis, etc.

[1] « Cet auteur est Ismaël Bulhaldus ou Bouillaud. »

AU R. P. MERSENNE [1].

(Lettre 88 du tome II.)

Mon révérend père,

J'ai mis dans les deux feuillets précédents ce que j'ai cru que vous pourriez faire voir à d'autres, et ai réservé le reste pour celui-ci, où j'ai à vous dire, touchant M. N. et vos autres géomètres, que je suis si las et si peu satisfait de leur conférence, et que je remarque si peu de fond et tant de vanterie en leur fait, que je serai bien aise de n'avoir plus du tout de communication avec eux, bien que je n'aie pas voulu le mettre ouvertement dans l'autre feuille de ma lettre, afin de ne les point offenser. Et pour la pièce, je vous jure que je l'ai trouvée encore plus impertinente que je n'ai su l'écrire; en sorte que je m'étonne que cet homme puisse passer entre les autres pour un animal raisonnable. Au reste, j'ai à vous dire que mon Limousin est enfin arrivé il y a déjà huit ou dix jours, et qu'il m'a apporté la Géostatique avec la lettre que vous m'aviez écrite par lui, en laquelle vous avez mis un raisonnement

---

[1] « 22 juin 1638. Voyez le gros cahier. »

de M. F.[1], pour prouver la même chose que le géostaticien[2]; mais soit que vous avez omis quelque chose en le décrivant, soit que la matière soit trop haute pour moi, il m'est impossible d'y rien comprendre, sinon qu'il semble tomber dans la faute du géostaticien, en ce qu'il considère le centre de la terre ainsi que si c'étoit celui d'une balance, ce qui est une très grande méprise. Vous mettez aussi à la fin de cette lettre que M. des Argues vous avoit donné quelque papier pour m'envoyer, touchant quelques difficultés qu'il trouve en l'intelligence de ma Géométrie, mais je ne l'ai point reçu; et toutefois j'en eusse été très aise, afin de pouvoir prendre cette occasion de lui témoigner combien je l'estime, et combien je me ressens son obligé. Je passe à trois autres de vos lettres, l'une datée de la veille de la Pentecôte, l'autre du trentième mai, et l'autre du cinquième juin, lesquelles j'ai reçues toutes trois cette semaine, et je crois que cela vient de ce qu'elles passent par Leyde, où elles demeurent quelques jours avant qu'ils aient commodité de me les envoyer : c'est pourquoi je serai bien aise, s'il vous plaît, que vous les adressiez dorénavant à Harlem, au logis de M. Blœmard. C'est un prêtre, grand ami de M. Bannius, qui ne manquera pas de me les faire tenir promp-

---

[1] « Fermat. »

[2] « Beaugrand. »

tement, car il faut passer par Harlem pour venir de Leyde où je suis. Vous me demandez si les étrangers m'ont fait de meilleures objections que les Français, à quoi je vous dirai que je n'en compte aucunes que j'aie reçues de France, sinon celles de M. Morin; car pour le sieur N.[1], il a montré seulement qu'il vouloit contredire, sans rien entendre en la matière qu'il attaquoit, sinon qu'il ne s'est principalement étendu que sur ce que j'ai écrit de l'existence de Dieu; j'avois résolu de faire un essai de raillerie en lui répondant, mais pourceque cette matière est trop sérieuse pour la mêler parmi des moqueries, il en sera quitte à meilleur marché. Je sais que ce qui fait que M. N.[2] l'estime, est seulement que la matière qu'il traite lui agrée; mais je vous assure que je les estime fort peu et l'un et l'autre. Pour les étrangers, Fromondus, de Louvain, m'a fait diverses objections assez amples; et un autre, nommé Plempius, qui est professeur en médecine, m'en a envoyé touchant le mouvement du cœur, qui, je crois, contiennent tout ce qu'on me pouvoit objecter sur cette matière. De plus, un autre aussi de Louvain[3], qui n'a point voulu mettre son nom, mais qui, entre nous, est jésuite, m'en a envoyé touchant les cou-

[1] « Petit. »
[2] « Fermat. »
[3] « Ciermans. »

leurs de l'arc-en-ciel ; enfin, quelque autre de La Haye m'en a envoyé touchant diverses matières, c'est tout ce que j'en ai reçu jusques à présent. J'ai beaucoup d'obligation à M. d'Igby de ce qu'il parle si avantageusement pour moi, comme vous me mandez; mais je vous assure que j'aime beaucoup mieux me venger de ceux qui médisent de moi en me moquant d'eux qu'en les battant, car il m'est plus commode de rire que de me fâcher.

Pour M. N., son procédé me confirme entièrement en l'opinion que j'ai eue dès le commencement, que lui et ceux de Paris avoient conspiré ensemble pour tâcher à décréditer mes écrits le plus qu'ils pourroient peut-être, à cause qu'ils ont eu peur que si ma Géométrie étoit en vogue, ce peu qu'ils savent de l'analyse de Viète ne fût méprisé; comme en effet je pense connoître maintenant la portée de leurs esprits, et je ne doute point qu'il n'y en ait plusieurs autres qui pourront aller beaucoup plus loin qu'eux, lorsqu'ils auront un chemin ouvert qui ne sera pas moins bon que le leur. J'admire qu'ils osent encore se vanter devant moi, car je ne sache pas avoir omis à leur répondre directement à aucune chose qu'ils m'aient objectée ou proposée, et eux au contraire ne m'ont jamais répondu à aucune, mais ont seulement changé de discours et parlé de choses hors de propos. Je serai bien aise de savoir si les réponses de M. N.

ont satisfait davantage M. de Sainte-Croix que les miennes; mais pour moi je trouve plaisant que, de quatre questions n'y en ayant qu'une qu'il résout à peine, en donnant un nombre qui y satisfait, il ne laisse pas de faire des bravades sur ce sujet, disant qu'il ne se contente pas de résoudre ces questions à la mode de M. de Sainte-Croix, etc., et en propose une autre toute semblable, et même qui est bien plus aisée. Pour ce qu'il dit que je n'ai pas satisfait à la question de nombre, il ne s'accorde pas avec M. Roberval, qui, à ce que vous m'avez dit ci-devant, n'estimoit pas M. de N. pour avoir trouvé la démonstration de ce théorème, mais pourcequ'il s'en étoit avisé le premier: car il dit au contraire que M. Bachet, sur Diophante, avoue n'en savoir point la démonstration; et ainsi M. Bachet s'en étoit donc avisé avant lui. Mais il leur est permis de se vanter: pour moi, je commence à me lasser de leur conférence, et vous supplie de m'en délivrer autant qu'il se pourra faire civilement. Votre dernière lettre ne contient que des observations sur le livre de Galilée, auxquelles je ne saurois répondre, pourceque je ne l'ai point encore vu; mais sitôt qu'il sera en vente, je le verrai seulement afin de vous pouvoir envoyer mon exemplaire apostillé s'il en vaut la peine, ou du moins vous en envoyer mes observations. Gillot est tout résolu d'aller à Paris en cas que je lui conseille, et si la condition de M. de Sainte-Croix ou quelque autre vous semble propre pour lui, je lui conseillerai. Je serai bien aise que vous preniez copie de ce que j'ai écrit à M. Mydorge, touchant les objections de M. F., et je m'assure qu'il ne la refusera pas s'il l'a encore, et s'il ne l'a plus je vous la pourrai envoyer, car j'en ai retenu une.

AU R. P. MERSENNE[1].

(Lettre 89 du tome II.)

Mon révérend père,

Je vous prie d'abord de m'excuser de ce que le paquet est un peu gros n'étoit que M. Zuitlychem est à l'armée, j'aurois tâché de vous l'envoyer par lui : mais je me promets que voyant comme j'ai eu soin d'employer tout mon papier vous n'en plaindrez pas tant le port. Vous y trouverez le reste de l'introduction à ma Géométrie, que je vous avois envoyée ci-devant ; ce reste ne contient que cinq ou six exemples, l'un desquels est ce lieu plan dont M. N. a tant fait de bruit, et le dernier est, ayant

« Cette lettre est du 13 juillet 1638, puisque la réponse de M. Descartes à M. Morin, enfermée dans cette lettre, est du 13 juillet 1638. »

quatre globes donnés, en trouver un cinquième qui les touche, duquel je ne crois pas que vos analystes de Paris puissent venir à bout, et vous leur pourrez proposer si bon vous semble, mais non pas, s'il vous plait, comme de moi ; car je me contente de parer, et je ne veux point me mettre en posture pour les combattre. Vous y trouverez aussi ma réponse aux objections de M. Morin ; car, n'ayant pas dessein de les faire sitôt imprimer, j'ai pensé que je la lui devois envoyer : vous la couvrirez, s'il vous plait, d'un beau papier pour la bienséance, et la cacheterez avant de lui donner, et s'il aperçoit que la superscription ne sera pas de ma main, on pourra dire que je l'ai omise faute de savoir ses qualités, mais en effet c'est afin que ce paquet soit d'autant moins gros. Je vous envoie aussi mon sentiment touchant la question de la Géostatique et je vous dirai que regardant par hasard ces jours passés en la Statique de Stevin, j'y ai trouvé le centre de gravité du conoïde parabolique, lequel vous m'aviez mandé ci-devant vous avoir été envoyé par M. N., ce qui me fait étonner que lui, qui est sans doute plus curieux que moi de voir les livres, vous l'eût envoyé comme sien, vu même que Stevin le cite de Commandin. Mais pourceque c'est aussi le même que je vous fis dernièrement envoyer par Gillot, afin qu'on ne pense pas tout de même que ce fût par faute d'en pouvoir

LETTRES. 429

envoyer d'autres, je mettrai ici tous ceux des lignes composées à l'imitation de la parabole, qu'il dit avoir trouvés ; mais à condition, s'il vous plaît, que vous ne lui direz qu'à mesure qu'il vous dira aussi en quelle façon il les a trouvés, car je juge qu'il n'est pas lui-même encore trop sûr de sa règle, et qu'il ne s'en ose servir qu'à trouver les choses qu'il sait déjà d'ailleurs être trouvées. Soit ABC[1] une ligne courbe, de telle nature que les segments de son diamètre aient entre eux même proportion que les cubes des lignes appliquées par ordre à ces segments, et que BD soit l'essieu ou le diamètre de la figure comprise par cette ligne courbe ABC et la droite AC. On divise ce diamètre BD par le point M, en telle façon que la ligne BM soit à la ligne MD comme 4 à 3, le point M sera le centre de gravité de cette figure. Et en la courbe où les segments des diamètres sont entre eux comme les carrés de carrés des ordonnées, il faut faire BM à MD comme 5 à 4; en la suivante, où ces segments sont comme les sursolides des ordonnées, il faut faire BM à MD comme 6 à 5 et comme 7 à 6 en celle où ces segments sont comme les carrés de cube des ordonnées, et comme 8 à 7 en la suivante, et ainsi à l'infini, pour avoir leurs centres de gravité. Outre cela, supposant que BD tombe sur AC à angles droits, et que ABC est un

[1] Figure 57.

conoïde décrit par la ligne courbe AB, où BC mû circulairement de l'essieu BD, en sorte que AC, la base de ce conoïde, est un cercle; pour trouver le centre de gravité de ce corps ABCD, si la ligne ABC est celle où les segments du diamètre sont comme les cubes des ordonnées, il faut faire BM à MD comme 5 à 3; si c'est la suivante, il faut le faire comme 6 à 4; si l'autre suivante, comme 7 à 5; si l'autre, comme 8 à 6, et ainsi à l'infini. De plus, pour trouver les aires de ces figures, en la première de ces lignes courbes, la superficie comprise dans cette courbe, et la ligne droite AC est au triangle inscrit ABC, comme 6 à 4, et comme 8 à 5 en la seconde, et comme 10 à 6 en la troisième, et comme 12 à 7 en la quatrième, et ainsi à l'infini: et si ABC est le premier conoïde, c'est-à-dire celui qui est décrit par la première de ces lignes, il est au cône inscrit comme 9 à 5; si c'est le second, il est comme 12 à 6; si c'est le troisième, comme 15 à 7; si le quatrième, comme 18 à 8; si le cinquième, comme 21 à 9, et ainsi à l'infini. Et enfin, pour trouver leurs tangentes en la première de ces courbes, si elle est touchée au point C par la ligne droite CE, BE sera double de BD, et triple de la même BD en la seconde, et quadruple en la troisième, et quintuple en la quatrième, et ainsi à l'infini. Je ne mets point les démonstrations de tout ceci, car ce seroit trop de peine de les écrire, et c'est assez en telles matières que d'en donner le fait, pourcequ'il ne peut être trouvé que par ceux qui en savent aussi les démonstrations. Mais vous remarquerez cependant, s'il vous plait, par la facilité de ces solutions, qu'elles ne méritent pas qu'on en fasse un si grand bruit.

J'en étois parvenu jusques ici, lorsque j'ai reçu votre dernière avec l'incluse de M. F., à laquelle je ne manquerai de répondre à la première occasion ; et je serois plus marri qu'il m'eût passé en courtoisie qu'en science. Mais pourceque vous me mandez qu'il m'a encore écrit une autre lettre pour la défense de sa règle, et que vous ne me l'avez point envoyée, j'attendrai que je l'aie reçue, afin de pouvoir répondre tout ensemble à l'une et à l'autre ; et, entre nous, je suis bien aise de lui donner cependant le loisir de chercher cette tangente, qu'il a promis de vous envoyer, au cas que je continuasse à croire qu'elle ne se peut trouver par sa règle.

Pour la façon dont je me sers à trouver les parties aliquotes, je vous dirai que ce n'est autre chose que mon analyse, laquelle j'applique à ce genre de questions, ainsi qu'aux autres ; et il me faudroit du temps pour l'expliquer en forme d'une règle, qui pût être entendue par ceux qui usent d'une autre méthode. Mais j'ai pensé que si je mettois ici une demi-douzaine de nombres, dont les parties aliquotes fissent le triple, vous n'en feriez peut-être pas moins d'état que si je vous envoyois une règle pour les trouver : c'est pourquoi je les ai cherchés, et les voici :

30240, dont les parties sont 90720.
32760, dont les parties sont 98280.
23569920, dont les parties sont 70709760.
142990848, dont les parties sont 428972544.
66433720320, 199301160960.
403031236608, 1209093709824.

J'en ajoute ici encore un autre dont les parties aliquotes font le quadruple, à savoir :

1418243904o, dont les parties sont 5672975616o.

Je mets les nombres et leurs parties, afin que s'il se glissoit quelque erreur de plume on pût corriger l'un par l'autre.

Et on peut trouver des nombres en toute autre proportion multiple, fût-ce de ceux dont les parties aliquotes font le centuple, mais les nombres deviennent si grands que ce seroit un travail trop ennuyeux que de les calculer.

Au reste, je suis extrêmement aise de ce que ma réponse aux questions de M. Sainte-Croix ne lui a pas été désagréable : c'est un témoignage de sa franchise et de courtoisie, de se vouloir contenter de si peu de chose; car bien que j'aie fait tout mon mieux sur ces questions, je ne me vante pas toutefois d'y avoir entièrement satisfait, et les deux dernières m'ont semblé trop faciles, au sens que je les ai prises, pour être venues de M. de Sainte-Croix, ce qui me fait croire qu'il les entend en quelque autre sens, lequel je n'ai pas su deviner.

Puis, en la dernière, au lieu d'y donner un nombre qui y satisfasse, selon le principal sens, je donne une règle pour les trouver, qui, bien qu'elle soit vraie, et qu'elle contienne tous ceux qui peuvent être trouvés, a néanmoins ce défaut, qu'on doit examiner par ordre tous les nombres trigones, nonobstant qu'il n'y en ait que fort peu qui servent à résoudre la question.

Je suis, etc.

AU R. P. MERSENNE[1].

(Lettre 91 du tome II.)

Mon révérend père,

Je commencerai cette lettre par mes observations sur le livre de Galilée. Je trouve en général qu'il philosophe beaucoup mieux que le vulgaire, en ce qu'il quitte le plus qu'il peut les erreurs de l'école, et tâche à examiner les matières physiques par des raisons mathématiques. En cela je m'accorde entièrement avec lui, et je tiens qu'il n'y a point d'autre moyen pour trouver la vérité. Mais il me semble qu'il manque beaucoup, en ce qu'il ne fait que des digressions, et ne s'arrête point à expliquer suffisamment aucunes matières, ce qui montre qu'il ne les a point toutes examinées par ordre, et que, sans avoir considéré les premières causes de la nature, il a seulement cherché les raisons de quelques effets particuliers, et ainsi qu'il

---

[1] « Cette lettre est la 18ᵉ de la Hire. Il n'y a que les quatre premières feuilles; le reste est perdu. Elle n'est point datée; mais comme M. Descartes, dans la lettre suivante, page 407, fixement datée du 15 novembre 1638, dit qu'il y avoit cinq semaines qu'elle étoit écrite, il est aisé de voir qu'elle a été écrite le 8 octobre 1638. »

a bâti sans fondement. Or, d'autant que sa façon de philosopher est plus proche de la vraie, d'autant peut-on plus aisément connoître ses fautes, ainsi qu'on peut mieux dire quand s'égarent ceux qui suivent quelquefois le droit chemin, que quand s'égarent ceux qui n'y entrent jamais.

Page 2. Il propose ce qu'il veut traiter, à savoir pourquoi les grandes machines, étant en tout de même figure et de même matière que les moindres, sont plus foibles qu'elles; et pourquoi un enfant en tombant se fait moins de mal qu'un grand homme, ou un chat qu'un cheval, etc. En quoi il n'y a, ce me semble, aucune difficulté, ni aucun sujet de faire une nouvelle science : car il est évident qu'afin que la force ou la résistance d'une grande machine soit en tout proportionnée à celle d'une petite de même figure, elles ne doivent pas être de même matière, mais que la grande doit être d'une matière d'autant plus dure, et plus malaisée à rompre, que sa figure et sa pesanteur sont plus grandes; et il y a autant de différence entre une grande et une petite de même matière, qu'entre deux également grandes, dont l'une est d'une matière beaucoup moins pesante, et avec cela plus dure que l'autre.

Page 8. Il a raison de dire que les filets d'une corde s'entretiennent, à cause qu'ils se pressent l'un l'autre; mais il n'ajoute pas pourquoi cette pression est cause qu'ils se tiennent, qui est qu'il y a de petites inégalités en leur figure qui empêchent que chacun d'eux ne puisse couler entre ceux qui le pressent, si ces petites inégalités ne se rompent.

Page 11. L'invention pour se descendre revient à même chose, et il n'y a rien en tout cela qui ne soit vulgaire. Mais sa façon d'écrire par dialogues, où il introduit trois personnes qui ne font autre chose que louer et exalter ses inventions chacun à son tour, aide fort à faire valoir ce qu'il veut dire.

Page 12. Il donne deux causes de ce que les parties d'un corps continu s'entretiennent : l'une est la crainte du vide, l'autre certaine colle ou liaison qui les tient, ce qu'il explique encore après par le vide, et je les crois toutes deux très fausses; car ce qu'il attribue au vide (page 13) ne se doit attribuer qu'à la pesanteur de l'air; et il est certain que si c'étoit la crainte du vide qui empêchât que deux corps ne se séparassent, il n'y auroit aucune force qui fût capable de les séparer. La façon qu'il donne pour distinguer les effets de ces deux causes (page 15) ne vaut rien; et ce qu'il fait dire à Simplicio (page 16) est plus vrai.

Page 17. L'observation que les pompes ne tirent point l'eau à plus de dix-huit brasses de hauteur ne se doit point rapporter au vide, mais ou à la matière des pompes, ou à celle de l'eau même qui s'écoule entre la pompe et le tuyau, plutôt que de s'élever plus haut, ou même à la pesanteur de l'eau qui contre-balance celle de l'air.

Page 19. Il examine la colle, qu'il ajoute avec le vide, pour la liaison des parties des corps, et il l'attribue à d'autres petits vides, qui ne sont aucunement imaginables; et ce qu'il dit, page 22, pour prouver ces petits vides, est un sophisme : car l'hexagone qu'il propose ne laisse rien de vide en l'espace par où il passe, mais chacune de ses parties se meut d'un mouvement continu, lequel décrivant des lignes courbes qui remplissent tout un espace, on ne doit pas les considérer comme il fait, en une seule ligne droite, et il n'importe qu'en sa figure les parties de la ligne droite IOPY, etc., ne soient point touchées par la circonférence HIKL, car elles le sont en récompense par d'autres parties de la superficie ABC, et ainsi ne sont non plus vides que les parties OP, YZ, etc.

Page 28. C'est aussi un sophisme que son argument pour prouver qu'un point est égal à une ligne, ou à une superficie : car *ex forma* on ne peut conclure autre chose sinon que la ligne ou la superficie n'est pas un plus grand corps solide que le point, mais non pas qu'elle n'est point plus grande absolument.

Page 31. Il manque en tout ce qu'il dit de l'infini, en ce que, nonobstant qu'il confesse que l'esprit humain étant fini n'est pas capable de le comprendre, il ne laisse pas d'en discourir tout de même que s'il le comprenoit.

Page 40. Il dit que les corps durs devenant liquides, sont divisés en une infinité de points, ce qui n'est qu'une imagination fort aisée à réfuter, dont il ne donne aucune preuve.

Page 42. Il montre n'être pas savant en la catoptrique, de croire ce qui se dit des miroirs ardents d'Archimède, lesquels j'ai démontrés en ma Dioptrique, page 119, être impossibles.

Page 43. Son expérience pour savoir si la lumière se transmet en un instant est inutile : car les éclipses de la lune se rapportant assez exactement au calcul qu'on en fait, le prouvent incomparablement mieux que tout ce qu'on sauroit éprouver sur terre.

Page 48. Il fait considérer une ligne droite, décrite par le mouvement d'un cercle, pour prouver qu'elle est composée d'une infinité de points, *actu*, ce qui n'est qu'une imagination toute pure.

Page 50. Tout ce qu'il dit de la raréfaction et condensation n'est qu'un sophisme ; car le cercle ne laisse point de parties vides entre ses points, mais il se meut seulement plus lentement ; et pour moi, je ne conçois autre chose touchant cela, sinon que lorsqu'un corps se condense, c'est que ses pores s'étrécissent, et qu'il en sort une partie de la matière subtile qui les remplissoit, ainsi qu'il sort de l'eau d'une éponge quand on la presse : et au contraire, quand un corps se dilate, c'est que ses pores s'élargissent, et qu'il y entre davantage de matière subtile, comme j'ai expliqué en plusieurs endroits de mes Météores.

Page 54. Ce qu'il dit de l'or trait n'est nullement à propos pour expliquer la raréfaction; car cet or ne se raréfie point, mais change seulement de figure.

Page 62. Il est éloquent à réfuter Aristote, mais ce n'est pas chose fort malaisée.

Page 69. Il dit bien que les corps descendent plus inégalement vite dans l'eau que dans l'air, mais il n'en dit point la cause; et il se trompe, page 70, disant que l'eau ne résiste aucunement à être divisée.

Page 71. Il dit ignorer la cause qui soutient les gouttes d'eau sur les choux, laquelle j'ai assez expliquée en mes Météores.

Page 72. Tout ce qu'il dit de la vitesse des corps qui descendent dans le vide, etc., est bâti sans fondement; car il auroit dû auparavant déterminer ce que c'est que la pesanteur, et s'il en savoit la vérité, il sauroit qu'elle est nulle dans le vide.

Page 79. Sa façon de peser l'air n'est pas mauvaise, si tant est que la pesanteur en soit si notable qu'on la puisse apercevoir par ce moyen; mais j'en doute.

Page 83. Tout ce qu'il dit ici ne peut être déterminé, sans savoir ce que c'est que la pesanteur.

Page 98. Tout ce qu'il met jusques à la fin de ce dialogue touchant la musique est vulgaire pour vous et pour moi.

Page 103. Il dit que le son des cordes d'or est plus bas que celui des cordes de cuivre, à cause que l'or est plus pesant; mais c'est plutôt à cause qu'il est plus mou. Et il se trompe de dire que la pesanteur d'un corps résiste davantage à la vitesse de son mouvement que sa grosseur.

Page 114. Il compare la force qu'il faut à rompre un bâton de travers, avec celle qu'il faut pour le rompre en le tirant de haut en bas, et dit que de travers, c'est comme un levier dont le soutien est au milieu de son épaisseur, ce qui n'est nullement vrai, et il n'en donne aussi aucune preuve.

Page 129. Sa considération pourquoi les poissons peuvent être plus grands que les animaux terrestres n'est pas mauvaise.

Page 140. Ce qu'il dit des bois, qui doivent être coupés en demi-parabole pour résister partout également, est vrai à peu près, mais tout le reste est vulgaire.

Page 146. Ses deux façons pour décrire la parabole sont du tout mécaniques, et en bonne géométrie elles sont fausses.

Page 157. Il suppose que la vitesse des poids qui descendent s'augmente toujours également, ce que j'ai autrefois cru comme lui ; mais je crois maintenant savoir par démonstration qu'il n'est pas vrai.

Page 166. Il suppose aussi que les degrés de vitesse d'un même corps sur divers plans sont égaux lorsque les élévations de ces plans sont égales, ce qu'il ne prouve point et n'est pas exactement vrai, et pour ce que tout ce qui suit ne dépend que de ces deux suppositions, on peut dire qu'il a entièrement bâti en l'air.

Au reste, il semble n'avoir écrit tout son troisième dialogue que pour donner raison de ce que les tours et les retours d'une même corde sont égaux entre eux, et toutefois il ne la donne point ; mais il conclut seulement que les poids descendent plus vite suivant l'arc d'un cercle que suivant la corde du même arc, et encore ne peut-il déduire cela exactement de ses suppositions.

Page 236. Il ajoute une autre fausse supposition aux précédentes, à savoir que les corps jetés en l'air vont également suivant l'horizon, mais qu'en descendant leur vitesse s'augmente en proportion double de l'espace : or, cela posé, il est très aisé de conclure que le mouvement des corps jetés devroit suivre une ligne parabolique; mais ses positions étant fausses, sa conclusion peut aussi être fort éloignée de la vérité.

Page 269. Il est à remarquer qu'il prend la converse de sa proposition, sans la prouver ni l'expliquer; à savoir que si le coup tiré horizontalement de b[1] vers c suit la parabole b d, le coup tiré de bas en haut, suivant la ligne d e, doit suivre la même parabole d b, ce qui suit bien de ses suppositions. Mais il semble n'avoir osé l'expliquer, de peur que leur fausseté parût trop évidemment; et toutefois il ne se sert que de cette converse en tout le reste de son quatrième discours, lequel il semble n'avoir écrit que pour expliquer la force des coups de canon tirés selon diverses élévations. De plus, il est à remarquer qu'en proposant ses suppositions il en a excepté l'artillerie, afin de les faire plus aisément recevoir, et que toutefois, vers la fin, c'est à l'artillerie principalement qu'il applique ses conclusions, c'est-à-dire, en un mot, qu'il a tout bâti en l'air.

Je ne dis rien des démonstrations de géométrie dont la plupart de son livre est rempli, car je n'ai su avoir la patience de les lire, et je veux croire

[1] Figure 54.

qu'elles sont toutes vraies. J'ai seulement remarqué, en voyant les propositions, qu'il n'étoit pas besoin d'être fort grand géomètre pour les trouver : et, jetant les yeux sur quelques unes, j'ai aperçu qu'il s'en faut beaucoup qu'il ne suive les plus courts chemins. Au reste ceci ne sera vu, s'il vous plaît, que de vous seul, qui avez désiré que je vous l'écrivisse, et à qui j'ai tant d'obligations, que je crois ne vous devoir rien refuser qui soit en mon pouvoir; sans cela je ne me serois pas amusé à reprendre les fautes d'un autre, car il n'y a rien de plus contraire à mon humeur, et du moins si je l'avois fait, j'aurois été plus exact à y ajouter les raisons de mes jugements, afin que ceux qui ne me connoissent pas comme vous ne se pussent imaginer que j'eusse jugé sans raison.

Je passe aux articles de vos lettres auxquels la violence du sommeil m'empêcha dernièrement de répondre. Et premièrement, touchant Galilée, je vous dirai que je ne l'ai jamais vu, ni eu aucune communication avec lui, et que par conséquent je ne saurois en avoir emprunté aucune chose; aussi ne vois-je rien en ses livres qui me fasse envie, ni presque rien que je voulusse avouer pour mien. Tout le meilleur est ce qu'il a de musique; mais ceux qui me connoissent peuvent plutôt croire qu'il l'a eu de moi que moi de lui : car j'avois écrit quasi le même il y a dix-neuf ans, auquel temps je n'avois encore point été en Italie, et j'avois donné mon écrit au sieur N.[1], qui, comme vous savez, en faisoit parade[2], et en écrivoit çà et là, comme de chose qui étoit sienne.

Pour des lunettes, je ne voudrois pas conseiller à des particuliers d'y faire aucune dépense, sinon pour en acheter lorsqu'elles seront faites; et pour moi je ne crois pas qu'il fût de bonne grâce que je me mêlasse de leur en vendre : c'est pourquoi je n'ai rien à faire en cela, sinon que j'aiderai et donnerai courage autant que je pourrai à ceux qui voudront y travailler.

Pour la nature des huiles, encore que je n'ai pas employé vingt ans à en faire des expériences, ainsi que vous mandez de M. de la B.[3], je crois pourtant en avoir assez fait pour ne devoir pas craindre de m'être mépris; et bien que je n'aie parlé de plusieurs choses qu'en passant, et sans en faire aucun état, on ne doit pas juger pour cela que je les ai peu examinées, mais seulement que ce n'est pas mon humeur de faire grand bruit de peu de chose.

La corde IFK dont je parle à la fin de mon écrit de statique[4] ne se doit point replier au milieu, comme vous mandez que tient M. Hardy, si ce

---

[1] « Beeeman. »
[2] « Ici finit l'original de M. de la Hire. »
[3] « Je crois que c'est M. de la Brosse. »
[4] « Cet écrit de statique fait la 73ᵉ lettre du 1ᵉʳ vol. »

n'est lorsque ses deux bouts s'entre-touchent; et il est certain que la spirale qui représente un plan également incliné doit parvenir jusques au centre de la terre. J'ai ri de ce que vous a écrit M. N.[1] touchant les centres de gravité, à savoir, que ce qui est de plus merveilleux, c'est qu'on les trouve par sa méthode; quand cela seroit, voilà grande merveille! et que cette méthode est plus à lui qu'aux autres; mais je vous assure qu'on les peut trouver tous sans aucune analyse, et même quasi sans mettre la main à la plume, en tirant seulement quelques conséquences de ce qui est dans Archimède, ainsi que je vous ai mandé dès la première fois qu'il en écrivit.

Je viens de lire le traité de mécanique du sieur N., où j'apprends qu'il est professeur, ce que j'avois ignoré, et je pensois que vous m'eussiez autrefois mandé qu'il étoit président en quelque province, et je ne m'étonne plus tant de son style. Pour son traité, j'y pourrois trouver quantité de fautes, si je le voulois examiner à la rigueur, mais je vous dirai en gros qu'il a pris beaucoup de peine à expliquer une chose qui est bien aisée, et qu'il l'a rendue plus difficile par son explication qu'elle n'est de sa nature, outre que Stevin a démontré

[1] « C'est M. Fermat qui fait tant de cas de sa méthode *ad inveniendos maximos et minimos*. Voyez la page 340 du 1ᵉʳ vol., et la page 386 du 2ᵉ vol. »

avant lui les mêmes choses, d'une façon beaucoup plus facile et plus générale. Il est vrai que je ne sais pas ni de l'un ni de l'autre s'ils ont été exacts en leurs démonstrations; car je ne saurois avoir la patience de lire tout du long de tels livres. En ce qu'il dit avoir mis dans un corollaire le même que moi dans mon écrit de statique, *aberrat toto cœlo* : car il fait une conclusion de ce dont je fais un principe, et il parle du temps ou de la vitesse, au lieu que je parle de l'espace, ce qui est une très grande erreur, ainsi que j'ai expliqué en mes précédentes.

Pour le sieur N.[1], de qui vous me mandez que je vous écrive quelque chose que vous puissiez lui montrer, afin qu'il ne se fâche point, je vous dirai que je n'ai nullement coutume de flatter mes ennemis, et que s'il se fâche de mon silence, il se fût bien encore plus fâché de ma réponse; car je ne l'aurois point épargné, et j'en aurois eu très ample matière. Les raisons qu'il donne pour prouver l'existence de Dieu sont si badines, qu'il semble s'être voulu moquer de Dieu en les écrivant ; et bien qu'il y en ait une qu'il a empruntée de moi, il lui a toutefois ôté toute sa force en la mettant comme il l'a mise : mais vous lui pourrez dire, s'il vous plaît, que j'attends ses objections contre ma Dioptrique, afin que si elles en valent la peine,

---

[1] « Petit. »

je puisse répondre à l'un et à l'autre ensemble ; et que pour ce qu'il a écrit de Dieu, je craindrois qu'on se moquât de nous en voir disputer l'un contre l'autre, vu que nous ne sommes point théologiens de profession.

Pour mon examen de la question géostatique, il ne sera point imprimé, s'il vous plaît ; car je ne l'ai pas écrit à ce dessein, et il n'est pas assez achevé ni assez complet pour aller seul : et de le joindre aussi avec mon sentiment du livre de M. N.[1], ce seroit lui donner une très mauvaise compagnie ; car j'aurois honte qu'on eût occasion de penser que je me serois arrêté sérieusement à dire mon opinion de ce livre, outre qu'étant joints ensemble, ils ne feroient qu'un livre digne d'être couvert de papier bleu ; et si mon écrit contient quelque chose qui vaille la peine qu'on le voie, je crois qu'il pourra mieux être inséré dans le recueil des objections qu'on m'a faites ou qu'on me fera ci-après, car aussi bien ne sera-ce qu'un ramas de toutes sortes de matières. S'il y a de la faute aux lettres de la dernière figure, vous les pourrez aisément corriger par le moyen du sens, car il est, ce me semble, assez clair, et je n'y trouve rien de manque en ma copie.

Pour l'introduction en ma Géométrie, j'en ai parlé à celui qui l'a composée, qui est un gentilhomme de ce pays, de très bon lieu : mais il ne

---

[1] « Beaugrand. »

désire point aussi qu'elle soit imprimée, si ce n'est qu'on en voulût seulement faire tirer une douzaine ou deux d'exemplaires, pour ceux à qui vous en voulez donner des copies, ce qui seroit peut-être plus commode que de la faire transcrire ; et pour les caractères, vos libraires les auront tous, ou, s'il en manque quelques uns, ils les peuvent faire fondre à fort peu de frais : mais pour en faire une impression publique, il dit qu'il aimeroit mieux la faire faire lui-même en ce pays, et qu'en ce cas il y voudroit encore ajouter beaucoup de choses ; ce qu'il offre de faire avec le temps.

Pour la force de la percussion, elle n'est point si malaisée à expliquer par mes principes que Galilée la représente sur la fin de son livre; mais je n'en saurois rien dire sans expliquer mes principes, c'est-à-dire mon Monde.

Pour la question des quatre globes, je crois bien que M. Fermat peut voir de loin le moyen d'y parvenir, mais la difficulté est à en démêler le calcul, ce que j'ai peine à croire qu'il puisse faire par l'analyse de Viète ; et pour preuve de cela, vous pouvez le convier à vous en envoyer le fait : à savoir, posant les quatre rayons des sphères données, être, par exemple, a, b, c, d, lui demander quel est le rayon de la plus petite sphère concave dans laquelle elles puissent être enfermées ; car vous verrez bien s'il s'accorde avec le fait que vous avez.

Je passe à votre lettre du onzième septembre, laquelle j'ai reçue depuis que mes précédentes ont été écrites. M. F.[1] a fort bien trouvé la tangente de la roulette, et elle se rapporte à la mienne; mais s'il en envoie la démonstration *analytetice* et *synthetice*, comme il offre, je serai bien aise de la voir, pour connoître par là de quel biais il s'y est pris en effet : je m'étonne de ce qu'il en sait beaucoup plus en géométrie que M. N.[2], lequel ne voit pas qu'il s'expose en quelque façon à la risée du monde, d'avoir voulu faire croire qu'il avoit trouvé la tangente de la roulette justement le lendemain après avoir su que je vous l'avois envoyée. Mais ce qu'il ajoute, que celle de M. F.[3] n'est pas vraie, lorsque la base de la roulette est plus grande que la circonférence du cercle, fait voir très clairement qu'il s'est trompé; si tant est qu'il ait cru l'avoir trouvée; et s'il a seulement voulu que les autres le crussent, il a fort mal pris son temps de le dire après que les autres l'avoient trouvée, à cause qu'on peut juger qu'il l'a feint, afin de montrer qu'il ne cède à personne. Il dit qu'il s'étonne de ce que le quadrilatère qu'il proposoit monte si haut qu'au carré du cube; mais je m'assure qu'en soi-même il s'étonne de ce que je l'ai pu faire des-

---

[1] « Fermat. »
[2] « Roberval. »
[3] « Fermat. »

cendre si bas, car, en le cherchant par les biais ordinaires, on s'embarrasse en des calculs qui sont infinis : et ce qu'il en dit n'est que pour en faire d'autant moins estimer l'invention, à cause qu'elle est mienne, au lieu qu'il exalte si haut des choses qui viennent de lui, qui sont si faciles, qu'elles ne valent pas seulement le parler; ce qui fait qu'il se rendroit méprisable à ceux qui en connoissent le peu de valeur, si d'ailleurs on ne connoissoit son mérite. Comme touchant ce qu'il dit de la façon dont il a trouvé sa roulette, etc. Et en ce qu'il dit que je n'aurois pas trouvé l'espace de sa roulette si vous ne m'eussiez mandé qu'il étoit triple du cercle, il est peu judicieux : car 1º il n'est triple qu'en un seul cas, et la façon dont je l'ai trouvé s'étend à tous les autres, même lorsque la roulette est une ellipse, ou deux hyperboles, etc. 2º Je n'ai point si bonne opinion de lui que de m'être arrêté à ce qu'il disoit. Et, enfin, l'exemple de M. F.[1] qui, après l'avoir su comme moi du cercle, a nié au commencement qu'il fût vrai, montre assez que cela n'aide guère à en trouver la démonstration; comme en effet, à cause qu'il n'est vrai que d'un seul cas, il y peut plutôt nuire qu'y servir, lorsqu'on veut chercher généralement ce qui en est.

Le solide de la roulette est beaucoup plus grand

[1] « Fermat. »

que vous ne mandez, et je crois qu'on en peut trouver la juste grandeur; mais je ne veux point m'arrêter à la chercher, car en effet je renonce à la géométrie. Les objections de M. N. étoient semblables à son livre, et j'en eusse bien mieux montré les défauts que je n'ai fait, si j'eusse été assuré qu'elles venoient de lui ; mais, je vous prie, ne le pressez point de m'en envoyer d'autres, ou plutôt je vous prie, s'il vous en donne, de ne me les point envoyer, car je n'ai que faire de ses rêveries, et il ne me peut être que désavantageux d'avoir affaire à un tel homme. Pour M. N.[1], je vous dirai qu'on m'envoya son livre *De natura lucis*, il y a cinq ou six mois, avec le jugement qu'il faisoit de moi, à savoir que je suivois la philosophie d'Épicure, et, ouvrant son livre, je tombai par hasard sur l'endroit où il dit que *lux est medium proportionale inter substantiam et accidens*, en quoi je ne trouvai pas beaucoup de solidité; et pourceque je me trouvai avoir lors quelque dessein à achever, je ne pus le lire tout entier, et le renvoyai peu de temps après, en témoignant que je ne voulois point m'arrêter ni à son jugement ni à son livre: mais je ne savois point que ce fût le même qui a écrit du mouvement de la terre.

Pour l'écho, j'admire que vous m'estimiez si simple que de penser que quelque Jean des vi-

---

[1] « Bouillaud. »

gnes m'ait abusé : car je vous assure que je l'ai observé aux champs, en mon propre jardin, où il n'y a personne aux environs qui puisse y faire aucune fourbe, ni en donner le moindre soupçon qu'on puisse imaginer ; et encore maintenant, il y a une planche de chicorée sauvage dans laquelle il répond un peu quand on frappe des mains ; mais les grandes herbes où il répondoit le plus distinctement ont été coupées. Au reste, la raison de cet écho me semble si claire que je ne doute point qu'on ne le puisse rencontrer en plusieurs autres lieux, comme, par exemple, dans les blés quand ils sont fort hauts et prêts à couper.

Pour les divers tons d'une même cloche, ce sont, je crois, la quinte, l'octave, la 12e, la 15e, la 19e, et peut-être aussi la 17e majeure.

J'ai lu enfin l'écrit du cousin de M. N. pourceque vous l'avez voulu, et je l'ai trouvé moins médisant, mais encore plus impertinent que je ne pensois en effet. Le docteur d'une comédie italienne, en jouant le personnage d'un pédant, ne sauroit dire de plus grandes sottises que fait cet homme en parlant sérieusement; et si M. de Sainte-Croix a jugé qu'il eût quelque objection qui fût forte contre moi, c'est sans doute que n'ayant pas vu, ou bien ne se souvenant plus de ce que j'ai écrit, il a supposé que j'avois écrit les choses que réfute cet homme, lesquelles sont souvent fort mauvaises, mais elles ne viennent que de son esprit, qui a pris tout ce que je disois à contre-sens, à cause qu'il n'étoit pas capable de l'entendre. Et le sieur N. a fait le semblable, sinon qu'il est encore plus médisant, et plus digne de ce à quoi M. d'Igby condamnoit l'autre: car, pour celui-ci, je crois que c'est seulement la passion qu'il a pour Aristote qui l'a ému; et je m'étonne de ce qu'il n'est péripatéticien plutôt que huguenot, vu qu'il estime si fort les anciennes opinions, et les nouvelles si peu. Je suis très humble serviteur de M. de Sainte-Croix, et je vous prie de m'entretenir toujours en ses bonnes grâces.

Vous me mandez que le sieur N. n'est point fourbe, et je le veux croire, mais je vous dirai pourtant que je n'ai trouvé aucune franchise en ses procédés; et je ne m'étonne pas de ce qu'il se dédit quelquefois, car il fait souvent des jugements si prompts et si étourdis, qu'il y est contraint.

Je ne sais ce qu'il vous plait que je fasse de la promesse du sieur N.; car outre que je n'ai point de lunettes à lui vendre, et que cela n'est pas de mon métier, elle contient une condition que j'ai démontrée être impossible, à savoir qu'on fasse voir beaucoup d'objets, et ensemble qu'ils paroissent fort gros. Mais ce qu'il eût dû demander, est qu'ils parussent ensemble fort gros et fort clairs, mais non pas en grande quantité ou en un grand espace; et il montre en cela, ou bien qu'il ne sait pas en quoi peut consister la bonté d'une lunette, ou bien qu'il a voulu se réserver une excuse pour ne point payer, c'est pourquoi j'ai jugé que je devois vous la renvoyer.

Ce que dit Galilée, que les corps qui descendent passent par tous les degrés de vitesse, je ne crois point qu'il arrive ainsi ordinairement, mais bien qu'il n'est pas impossible qu'il arrive quelquefois. Et il y a du mécompte en l'argument dont se sert M. F. pour le réfuter, en ce qu'il dit que *acquiritur celeritas, vel in primo instanti, vel in tempore aliquo determinato*, car ni d'un ni l'autre n'est vrai; et, en termes d'école, on peut dire que *acquiritur in tempore inadæquate sumpto*. Enfin, tout ce qu'il dit des degrés de vitesse du mouvement se peut dire en même façon des degrés de largeur du triangle ABC, et toutefois je ne crois pas qu'il veuille nier qu'entre le point A et la ligne BC, toutes les largeurs qui sont moindres que BC ne s'y rencontrent. Vous remarquez fort bien en votre lettre quelques uns des paralogismes de Galilée; mais j'ai dit au commencement de celle-ci ce que je pensois de tout son livre.

Je vous remercie de votre expérience du cylindre de chêne. Je n'attribue rien du tout au vide ni à la crainte du vide; et toutefois je vous dirai que l'explication de toutes les choses dont traite Galilée est fort facile, selon mes principes. Je n'ai encore su voir M. B.[1], pour lui demander s'il n'a point la pièce de musique que vous avez égarée : ce sera pour cette semaine. Je viens encore de recevoir une de vos lettres, du dix-huitième septembre, à la plupart des articles de laquelle j'ai déjà répondu ci-dessus, et j'ai seulement à ajouter que je vous remercie très humblement de la peine que vous avez prise d'écrire à La Flèche et à Rome pour mon sujet, et je vous en suis très obligé. Je suis aussi obligé à M. des Argues de ce qu'il témoigne être bien aise que j'ai satisfait aux questions de M. de R. Je vous prie de m'entretenir en ses bonnes grâces.

Je n'ai nullement changé de *medium* en ma démonstration de la roulette, car il consiste en l'égalité des triangles inscrits, ce que j'ai toujours retenu: mais je l'avois trouvé la première fois *analytice*; et depuis, pour ce que j'ai vu qu'il n'en avoit su faire le calcul, je l'ai expliqué après *synthetice*. Il devroit avoir honte d'avoir nié ma première démonstration, c'est-à-dire de n'avoir su calculer les triangles inscrits dans cette roulette et dans le cercle. Il devroit aussi avoir honte de se vanter qu'il a un *medium* pour trouver les

---

[1] « Bannius. »

tangentes de la roulette, qui s'applique à tous les cas; car celui que je lui ai envoyé est si général, qu'il ne sert pas seulement pour tous ceux de la roulette circulaire, mais aussi pour les lignes décrites par tels autres corps que ce puisse être, qu'on fasse rouler sur un plan, soit curviligne ou rectiligne, etc.

Au reste, je vous supplie de retenir entre vos mains tous les papiers que je vous ai envoyés qui contiennent des solutions de géométrie, sans leur en donner que des copies, s'ils en veulent; et si vous leur en aviez prêté quelques uns qu'ils eussent refusé de vous rendre, je vous supplie de me le mander. Pour la question de M. N. touchant un cylindre égal à un anneau, il est trop facile, et je vous prie de lui dire que je n'ai pas voulu vous répondre autre chose là-dessus, sinon que je vois qu'il a déjà usé sa meilleure poudre contre moi, et que celle dont il tire maintenant a fort peu de force; car en effet je ne veux plus du tout leur rien répondre, et je suis las de leur géométrie. Mais je vous jure que, sans plume ni calcul, avec un seul moment d'attention, je vois qu'il est égal au cylindre, dont la base est un petit cercle égal à la grosseur de cet anneau, et dont la hauteur est égale à la circonférence du cercle qui passe par le centre de cette grosseur; et de plus, la surface de cet anneau est égale à celle de ce même cylindre, sans ses bases, et voilà tout ce qu'il peut avoir trouvé sur ce sujet : mais sachez que ce n'est rien qui vaille le parler; car, d'autant qu'on ne sauroit égaler une ligne droite à une circulaire, on ne sauroit pour cela donner la hauteur de ce cylindre, et ainsi il se vante d'avoir trouvé ce qui ne peut être trouvé. Et je vous dirai que je n'ai point voulu répondre touchant la surface d'un cône scalène, à cause que je crois qu'ils ne la savent point, ni même s'il est possible ou non, et qu'ils le veulent apprendre de moi, sans m'en savoir gré; car je pense savoir fort bien maintenant jusques où va la portée de leur esprit; et s'il a été un an à chercher quel est le cône qui a la plus grande solidité avec la moindre surface, qui est une chose que je viens de trouver en un trait de plume, je vous assure qu'il lui faudra plus d'un siècle à bien entendre ma Géométrie. Et pour la réfutation de l'opinion de Galilée touchant le mouvement sur les plans inclinés, M. F.[1] se mécompte, en ce qu'il fonde son argument sur ce que les poids tendent vers le centre de la terre, qu'il imagine comme un point, et Galilée suppose qu'ils descendent par des lignes parallèles. Je suis, etc.

[1] « Fermat. »

FIN DU TOME SEPTIÈME

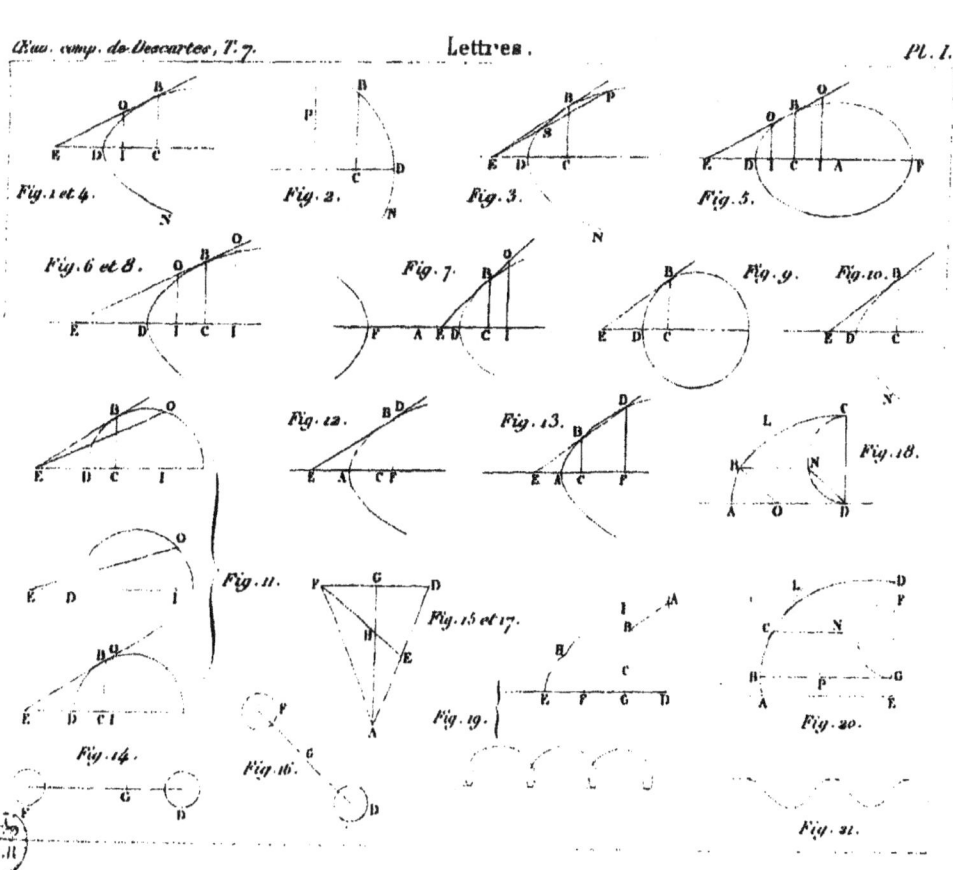

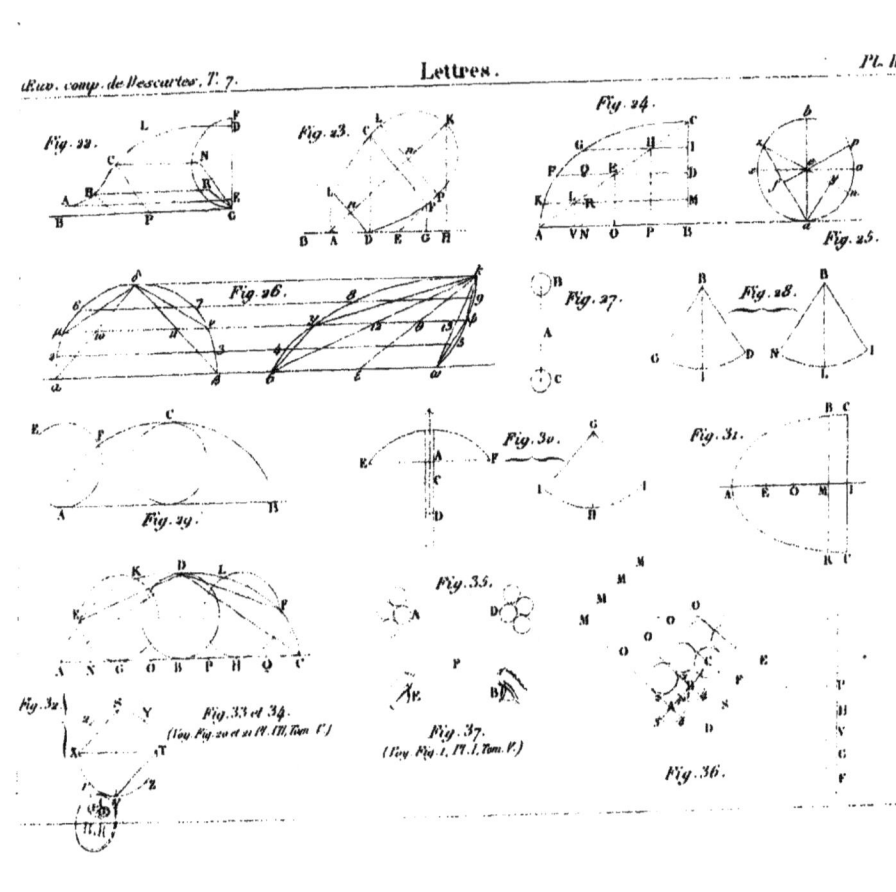

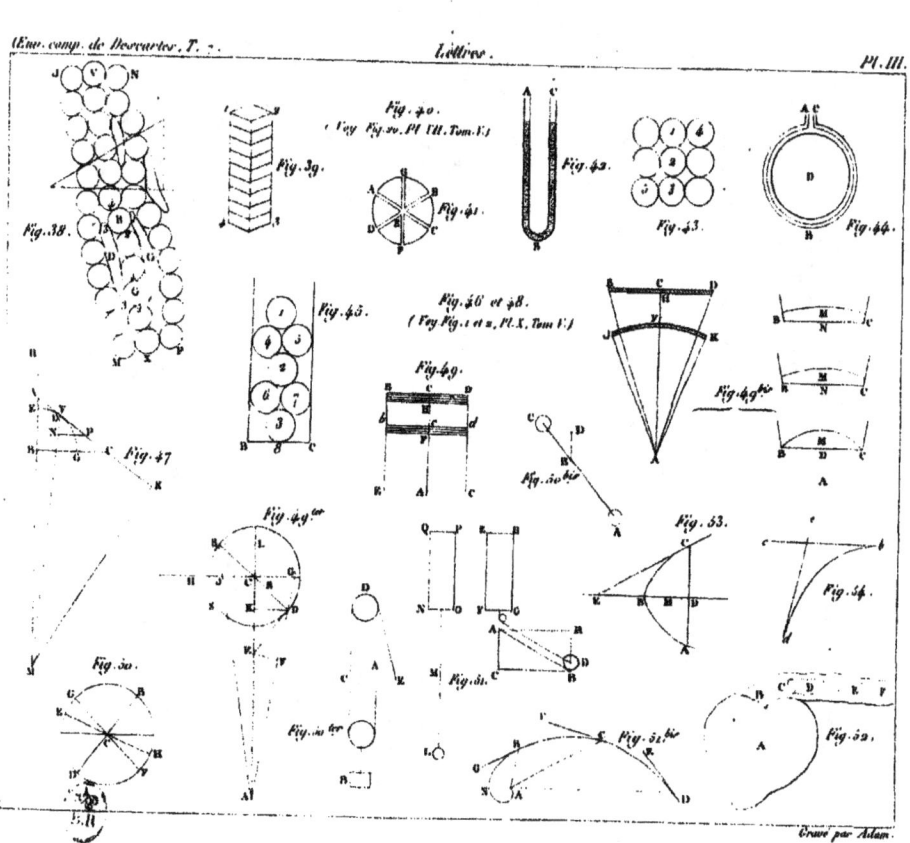

www.ingramcontent.com/pod-product-compliance
Lightning Source LLC
Chambersburg PA
CBHW070527230426
43665CB00014B/1589